LE DICTIONNAIRE DES PROVERBES
ET DICTONS DE FRANCE

Paru dans Le Livre de Poche :

DOURNON

Le Dictionnaire des proverbes et dictons de France

Ouvrage couronné par l'Académie française

PRÉFACE DE JEAN DUTOURD DE L'ACADÉMIE FRANÇAISE

HACHETTE

© Hachette, 1986.
ISBN : 978-2-253-04679-0 – 1re publication LGF

À mes grands-parents
À mes parents
En souvenir

LA GRANDE
MÉMOIRE POPULAIRE

Quand j'étais gamin, c'est-à-dire en révolte contre tout, je m'amusais à triturer les proverbes. Je disais : « Qui paie ses dettes n'amasse pas mousse » ; « Tout péché n'est pas bon à dire » ; « La pauvreté ne fait pas le bonheur » ; « Bien mal acquis n'est pas perdu pour tout le monde » ; « Vérité cachée est à moitié pardonnée » ; « Le mensonge sort de la bouche des enfants » ; « Les bons comptes tuent l'amitié » ; « Le silence est d'or sauf quand on hurle avec les loups » ; etc. Je croyais, grâce à cet exercice badin, atteindre des sommets de pessimisme, ce qui me plaisait beaucoup, car la jeunesse aime le pessimisme ; elle s'imagine, en le professant, qu'elle a plus de savoir que les vieux.

Je me trompais, naturellement. Les vrais proverbes sont plus pessimistes que les faux. C'est le trésor légué par des générations de petites gens qui se sont rudement heurtés au monde et qui ont constaté qu'on ne peut rien sur lui, ou peu de chose. Combien de mécomptes et de catastrophes se cachent derrière chacun de ces proverbes ? Ils sont des recettes pour vivre sans trop de drames, pour échapper autant qu'il se peut à la rapacité des puissants, à la méchanceté de la nature, à la malveillance des voisins, pour n'être pas trop malheureux en famille, pour ne pas être pris constamment au dépourvu. C'est le grand cours de philosophie des humbles, les mille et une manières de se faufiler à travers l'existence quand on est pauvre et quand on est faible.

Je ne voyais rien de tel. Étant un jeune bourgeois et, pis encore, un jeune bourgeois de gauche, je prenais les proverbes pour des leçons de morale bourgeoise, c'est-à-dire pour des blagues séculaires inventées dans le but de me rendre bête et craintif. Je détestais le passé, comme il se doit. À la rigueur, j'en retenais quelques héros : Philippe le Bel, Richelieu, Jean Jaurès, mais j'en répudiais les obscurantismes. Or les proverbes constituaient selon moi les formules même de l'obscurantisme, les niaiseries dont étaient farcies les têtes d'un pauvre peuple que n'avait pas émancipé la République. La Fontaine, poète des proverbes, n'avait pas sa place dans un monde de gauche.

La société voulait me mettre, comme elle disait, « du plomb dans la tête », et moi je ne voulais pas de ce métal pour alourdir ma tête de linotte. Du plomb ! Pourquoi pas de l'or ? On reconnaissait bien là la ladrerie des bourgeois ! À moins que ce ne fussent leurs envies de meurtre devant ce qui leur était supérieur. Le plomb, c'était une balle tirée dans la nuque, afin de tuer mes idées, mon originalité, mes ambitions, mon audace. J'écoutais avec délices les imbéciles faire des gorges chaudes sur la « sagesse des nations ». Je ne voulais pas de cette sagesse-là, moi, de cet esprit terre à terre, de ces petites vues, de cette école de prudence et de renoncement, je voulais à chaque instant brûler mes vaisseaux... quoique je n'eusse pas de vaisseaux, ni même de radeau, ni même de barcasse.

Je détaille un peu tout cela pour montrer comme on peut se tromper, quand on est jeune et que l'on croit au progrès, sur cette grande question du pessimisme, lequel, en fin de compte, est une clef du monde. On va chercher les vérités au diable, alors qu'elles sont sous nos yeux, bien rangées par les soins des hommes qui nous ont précédés sur la terre. On se croit un monstre et l'on s'aperçoit en vieillissant que la nature est bien plus féroce que vous, que l'on n'était qu'un bon jeune homme, et qui avait des illusions, comble de honte !

On comprend que la gauche n'aime le peuple qu'abstraitement, ou idéalement, qu'il la dégoûte et l'horrifie sitôt qu'elle a affaire à lui de façon charnelle. Elle est, à son égard, comme une belle dame visitant un hôpital, qui voit des plaies qu'elle n'imaginait pas, qui sent des odeurs qui l'offusquent, où des gens meurent sans panache. De là son mépris pour les humbles qui composent les nations et qui en sont la grande voix anonyme. Cette voix dit sans cesse le contraire de ce que la gauche veut entendre. Si encore elle le proclamait avec fureur, si elle le criait ! Pas même. Elle le murmure avec des sourires résignés, avec humour, ma foi ! Ce réalisme ou ce cynisme est insupportable aux personnes qui nourrissent de grands rêves.

Il me semble que l'on ne pourra parler sérieusement de progrès que lorsque les proverbes auront disparu complètement de la mémoire des hommes, ou que si, par hasard, un érudit en citait un, ses interlocuteurs y verront quelque vestige de l'Antiquité, comparable aux inscriptions des hypogées pharaoniques. Ce n'est pas pour demain.

Le travail qu'a fait Jean-Yves Dournon est bon et utile pour l'homme de l'an deux mille qui, peut-être, sera entouré de jouets scientifiques et vivra dans le meilleur des mondes possibles, à savoir la démocratie, mais qui ne sera guère différent, dans ses rapports avec ses semblables et avec lui-même, des paysans du Moyen Âge auxquels on doit la plupart des maximes de vie ici recensées.

Jean Dutourd,
de l'Académie française.

A

A
Être marqué à l'A.
Être doué, avoir un mérite supérieur, comme la monnaie de Paris que l'on tenait pour la meilleure. Un A la distinguait des autres monnaies du royaume.

Il n'a pas fait une panse d'A.
Il n'a rien écrit.

▶ **B.**

Abandon
L'abandon fait le larron.
Une chose, une personne que l'on néglige est vite convoitée. Proverbe tiré de l'*Heptaméron* de Marguerite de Navarre (1559).

Abbaye
Il est de l'abbaye de Longchamp,
Il tient des dames.
Se dit d'un homme qui aime les femmes. L'abbaye de Longchamp était une communauté de femmes, riche et puissante, fondée au xiiie siècle. Au xvie, le dérèglement s'y installa. Henri IV y trouva une de ses maîtresses.

▶ **Moine.**

Abeille

Un essaim qui tourne derrière chez soi ne vaut pas
d'être ramassé (Auvergne).

Si tu aimes le miel, ne crains pas les abeilles (Landes).

Abomination

L'abomination de la désolation.
Expression proverbiale tirée de l'Écriture sainte. S'emploie pour se
récrier contre une chose qui choque les usages reçus.

Abondance

Abondance engendre fâcherie.
Car l'abondance engendre la jalousie.

La trop grande abondance ne parvient pas à maturité.
Au propre, trop de fruits épuisent le suc nourricier et la récolte est
mauvaise. Au figuré, trop entreprendre risque de nuire à chaque entreprise.

De l'abondance du cœur la bouche parle.
Un amour ardent se fait toujours entendre.

Abondance engendre satiété.
Lorsqu'on a trop de tout, l'on n'apprécie plus rien.
▶ **Biens, surplus.**

Aboyer

**Tous les chiens qui aboient ne mordent pas. – Chien qui
aboie ne mord pas.**
Ceux qui menacent le plus ne sont pas toujours à craindre.

Aboyer à la lune.
Crier hors de propos, proférer des menaces vaines.

Jamais bon chien n'aboie à faux.
Un homme sage ne se fâche pas sans raison. Un autre proverbe nous
enseigne :

L'aboi d'un vieux chien doit-on croire.
▶ **Chien.**

Abri ▶ Homme

Abricot
Quand l'abricot est en fleur
jours et nuits ont même longueur.

Absence, absents
Les absents ont toujours tort.

L'absence est l'ennemie de l'amour.

Un peu d'absence fait grand bien.

Absent n'est point sans coulpe ni présent sans excuse.
Il faut s'abstenir de condamner les personnes qui sont inculpées pendant leur absence.

L'éloge des absents se fait sans flatterie.
Vers de Gresset (1709-1777). Ceux qui se font attendre, on ne les ménage pas.

Les os sont pour les absents.
Ceux qui ne font pas valoir leurs droits dans une affaire sont mal servis.

Absence d'une heure et d'un jour
Compte pour dix ans en amour (Provence).
▶ **Cœur.**

Absinthe
Le jus d'absinthe est fort amer,
Mais il guérit le mal de mer.

Abstinence
En juin, juillet et août
ni femme ni choux.
Il faut éviter, durant les périodes de grande chaleur, tout ce qui peut nuire au bon équilibre physique.

Accommodement, Accommoder
On l'a accommodé tout de rôti.
On l'a fort maltraité.

Accommodez-vous, le pays est large.
Se dit de quelqu'un qui prend ses aises, sans se soucier des autres.

Un mauvais accommodement vaut mieux qu'un bon procès.
Ce que confirme cet autre proverbe :

Un maigre accord est préférable à un gros procès.
▶ Procès.

Accords
Être de tous bons accords.
Être de bonne humeur ; consentir aux souhaits des autres. Métaphore empruntée à la musique.

Accouchée
Le caquet de l'accouchée.

Elle est parée comme une accouchée.
Elle s'est mise sur son trente et un. Sa toilette est soignée.

Accusé
Il faut garder une oreille pour l'accusé.
Il faut écouter celui qu'on accuse avant de le condamner.

Acheter
Acheter chat en poche.
C'est acheter de confiance et être trompé par le vendeur, alors que :

Acheter par francs et vendre par écus.
C'est vendre avec un bénéfice excessif.

Mieux vaut acheter qu'emprunter.
Ce n'est pas toujours vrai, car un service en vaut un autre et entretient

l'amitié, mais le conseil est bon si l'on oublie de rendre ce qui vous a été prêté.

Qui bon l'achète, bon le boit.
Se dit du vin en particulier, mais aussi de toute marchandise.

Acheteur
Un œil suffit au marchand,
L'acheteur en a besoin de cent.
Le marchand ne se trompe jamais quant à la valeur de ce qu'il va vendre, mais l'acheteur doit veiller à ne pas se faire « rouler », car :

Il y a plus de fols acheteurs que de fols vendeurs.

Action
Une bonne action ne reste jamais sans récompense.
À défaut de reconnaissance, une bonne action établit la sérénité dans notre esprit.
▶ **Intention.**

Admirateur, Admiration
L'admiration est la fille de l'ignorance.
Les ignorants admirent n'importe quoi.
▶ **Sot.**

Adorer ▶ Or

Adultère
Dans la maison de l'adultère
Rien n'y prospère.

Adversité
L'adversité est la pierre de touche de l'amitié.

L'adversité est l'épreuve du courage.

L'adversité rend sage.
Quitard note fort justement « que l'influence de l'adversité n'est vraiment salutaire que dans la première jeunesse [...], passé cet âge, elle

afflige plus qu'elle n'éclaire ». Il signale ce proverbe écossais : « L'adversité est saine à déjeuner, indifférente à dîner, et mortelle à souper. »

Affaire(s)

Les affaires sont les affaires.
Léon Bloy note : « C'est l'ombilic des lieux communs, c'est la culminante parole du siècle. » Primitivement, le sens était : « Il faut s'occuper sérieusement et exclusivement des choses de son état. » (Augé).

Il n'y a point de petites affaires.
Si l'on veut s'enrichir, il ne faut rien négliger.

Avoir affaire à la veuve et aux héritiers.
À forte partie.

Chacun sait ses affaires.
Se dit pour ne pas entrer dans les motifs de la conduite de quelqu'un ; lorsqu'on refuse un conseil.

Il vaut mieux avoir affaire à Dieu qu'à ses saints.

Ceux qui n'ont point d'affaires s'en font.
L'oisiveté lasse, on se crée des soucis, et vient la déprime.

Avoir plus d'affaires que le légat.
Être débordé de travail (le pape se déchargeait de beaucoup de tâches sur son légat, celui-ci était toujours débordé).

Les affaires font les hommes.
Car ils y apprennent à vaincre les ruses de la vie.

À demain les affaires sérieuses.
Se dit lorsque, las de s'occuper de son travail, on envoie tout promener pour aller se distraire.

Dieu nous garde d'un homme qui n'a qu'une affaire.
Montesquieu a écrit : « Les gens qui ont peu d'affaires sont de très grands parleurs : moins on pense, plus on parle. »

Les affaires, c'est l'argent des autres.
Déjà cité dans *Le Moyen de parvenir* (Béorable de Verville, 1610). Les banquiers, comme les gouvernements, ont fait de ce proverbe leurs choux gras.

Sortir les braies nettes d'une affaire.
S'en retirer heureusement.

Tel fiance qui n'épouse pas.
Ce n'est pas toujours celui qui entreprend une affaire qui en profite, alors que :

Quand on est seul on devient nécessaire.
Parce qu'il n'y a pas de concurrent, d'exploiteur.
▶ **Beurre, Congrès, Miel, Pâte.**

Affection
L'affection aveugle la raison.
Car l'amour nous rend aveugle.

On voit toujours par les yeux de son affection.
C'est pourquoi l'on est parfois berné.

Affliction
L'affliction ne guérit pas le mal.
« Scapin fait un excellent calcul lorsque, au lieu de s'affliger, il rend grâce à Dieu de tout le mal qui ne lui est point arrivé » (Quitard).

Afrique
Qu'y a-t-il de nouveau en Afrique ?
Ce proverbe, souvent cité au xixᵉ siècle, a pour origine Pline le Naturaliste, qui donne l'explication suivante : des animaux de différentes espèces s'accouplent, il en provient des monstres ; de là le proverbe grec que « l'Afrique apporte toujours quelque chose de nouveau ».

Âge
L'âge n'est fait que pour les chevaux.
Peu importe l'âge que l'on a pourvu qu'on le porte bien. Signifie aussi qu'il est impoli de parler de la vieillesse devant des personnes âgées.

Chaque âge a ses plaisirs.
Seul le début de ce vers de Boileau *(Art poétique)* est passé en proverbe. Citons-le en entier : « Chaque âge a ses plaisirs, son esprit et ses mœurs. » Autre vers, assimilé à un proverbe :

D'âge en âge on ne fait que changer de folie.
(La Chaussée, *L'École des mères,* 1744.)

Quand les cheveux commencent à blanchir,
Laisse la femme et prends le vin.
Chaque âge a ses plaisirs!... *(Monaco).* Ce qui, à tout prendre, vaut
mieux que :

Bonjour lunettes, adieu fillettes.

Agneau
Être doux comme un agneau.

Où le loup trouve un agneau
Il y en cherche un nouveau.
Là où l'on a trouvé du profit, on y revient.

D'où vient l'agneau, là retourne la peau.
Équivalent de :

Bien mal acquis ne profite point.

Mieux vaut tondre l'agneau
que le pourceau.
Mieux vaut abuser les riches que les pauvres, les premiers rapportant
plus.

Aide
Un peu d'aide fait grand bien.
Quelque évident que soit un droit, il est bon de le faire appuyer.

Aide-toi, Dieu, le Ciel t'aidera.

On aide bien au bon Dieu à faire de bon blé.

Tel nuit qui ne peut aider.

Dieu aide à trois sortes de personnes : aux fous, aux
enfants et aux ivrognes.

À qui se lève matin, Dieu aide et prête la main.
▶ Dieu.

Aigle

L'aigle ne chasse point aux mouches.
L'homme supérieur ne s'arrête pas aux bagatelles.

L'aigle n'engendre pas la colombe.
Ce sont les qualités ou les défauts du père que l'on retrouve chez ses enfants.

Aiguille

L'on ne peut cacher aiguille en sac.
La vérité finit toujours par se faire connaître.

Il faut une aiguille pour la bourse et deux pour la bouche.
Le mauvais emploi de l'argent est moins préjudiciable que le mauvais emploi des paroles.

Chercher une aiguille dans une botte de foin.

Disputer sur la pointe d'une aiguille.
Sur une chose qui n'en vaut pas la peine.

Qui prête son aiguille sans gage en perd l'usage.
Il faut prendre des précautions avant de prêter *(Limousin)*.

Aiguillette

Courir l'aiguillette.
Courir les amourettes, fréquenter les prostituées.

Nouer l'aiguillette.
Faire un maléfice pour empêcher la consommation du mariage.

Il ne fait pas bon un maître qui serre de vieilles aiguillettes.
On gagne peu au service d'un avare.

Ail

Si l'on savait ce que l'ail vaut
On en planterait des journaux.

Les vertus de l'ail sont bien connues. *Journal* = surface qu'un ouvrier travaille en une journée. Un autre dicton nous dit de ne pas mélanger ail et oignon :

Ail et oignon
Font du poison.
► **Météorologie.**

Aile

Voler de ses propres ailes.
Sans la protection de personne.

Vouloir voler avant d'avoir des ailes.
Entreprendre quelque chose sans en avoir la faculté, la force.

Tirer une plume de l'aile de quelqu'un.
Lui extorquer de l'argent.

C'est la plus belle plume de son aile.
C'est le plus beau fleuron de sa fortune.

En avoir dans l'aile.
Primitivement, se disait d'une personne amoureuse ou qui avait éprouvé une disgrâce. Se dit d'une personne qui a trop bu. Signifie aussi être dans la cinquantaine (allusion homonymique à la lettre numérale L).

Tirer d'une chose pied ou aile.
En tirer profit d'une manière ou d'une autre.

Baisser l'aile.
Être triste, fatigué.

À qui veut jouir d'aile, il faut lever la cuisse.
Sens grivois jouant sur « aile », « elle », au XVIIe siècle. Pour découper convenablement une volaille, il faut lever la cuisse avant de lever l'aile.

Ne battre que d'une aile.
Aller couci-couça.
▶ **Pas.**

Aimer
Qui aime bien châtie bien.

Aimer quelqu'un comme la prunelle de l'œil, de ses yeux, comme ses yeux.
Ou, trivialement :

Comme ses petits boyaux.

Aimer comme la colique, comme les chiens aiment les coups de bâton.

Qui m'aime, aime mon chien.

Quand on n'a pas ce que l'on aime, il faut aimer ce que l'on a.
Variante :

Qui n'a pas ce qu'il aime aimera ce qu'il a.

C'est trop aimer quand on en meurt.

Il lui sera beaucoup pardonné, parce qu'elle a beaucoup aimé.

Qui m'aime me suive.

Il faut aimer les gens, non pour soi, mais pour eux.
Jolie maxime de Collin d'Harleville (*L'Optimiste*, 1788).

Il faut aimer pour être aimé.
Proverbe rapporté par Sénèque : *Si vis amari, ama.*

Mieux vaut aimer bergères que princesses.
La fortune ne fait pas le bonheur.

Aimer mieux de loin que de près.
Marque que l'on ne se soucie point d'avoir un commerce avec quelqu'un.

Il faut connaître avant d'aimer.
« Maxime bonne pour l'amitié, mais inutile pour l'amour, qui n'est jamais déterminé par la réflexion » (Quitard).

Aimer est bon, mieux être aimé.
L'un est servir, l'autre dominer (Bretagne).

Aimer tout le monde et travailler rend heureux dans toutes les conditions (Bretagne).
► Prune.

Air
En avoir l'air et la chanson.
Être réellement ce qu'on paraît.

Je connais des paroles sur cet air-là.
J'ai déjà entendu ces mêmes excuses, alors que :

Jouer le même air.
C'est rabâcher.

Jouer un air à sa façon.
Maltraiter en paroles ou en actions.

Alençon
Alençon, habit de velours et ventre de son,
Plus de bossus que de maisons.
On ne vit pas de l'air du temps.

Allemand
Une querelle d'Allemand.
Est une querelle sans sujet, alors que :

C'est du haut allemand.
Indique quelque chose d'incompréhensible.

Aller
Au long aller, petit fardeau pèse.
S'emploie au propre comme au figuré.

On ne va jamais si loin que lorsqu'on ne sait pas où l'on va.
Mieux vaut avoir un but déterminé si l'on veut l'atteindre rapidement.

Va où tu peux, veux, meurs où tu dois.
Proverbe souvent cité, provenant d'un manuscrit du XVe siècle, au Vatican.

Qui craint le danger, ne doit pas aller sur la mer, en mer.
De même :

Il ne doit pas aller au bois qui craint les feuilles.
Lorsqu'il connaît ses limites, un homme sage ne doit pas chercher à les franchir sous peine de perdre sa tranquillité. Chamfort nous dit : « Il vaut mieux être moins et être ce qu'on est » *(Maximes et Pensées)*.
▶ **Bannière, Temps.**

Almanach
Un almanach jamais ne ment,
s'il neige, tout au loin est blanc,
s'il vente, les branches sont en branle,
s'il pleut, il y a mares partout (Bretagne).

Alouette
Si le ciel tombait, il y aurait bien des alouettes de prises.
Se dit à quelqu'un pour lui signifier qu'il dit des absurdités.

Il attend que les alouettes lui tombent toutes rôties dans le bec.

L'alouette en main vaut mieux que l'oie qui vole.
Mieux vaut un petit profit qu'une fortune incertaine.

S'éveiller au chant de l'alouette.
De grand matin.

Faute de froment, les alouettes font leur nid dans le seigle (Bretagne).
▶ **Avantage.**

Amande, Amandier

Il faut casser le noyau pour manger, en avoir l'amande.
Il faut prendre de la peine avant de retirer du profit.

Il vaut mieux être mûrier qu'amandier.
Il y a plus de profit à être sage qu'à être fou. (L'amandier est le symbole de l'imprudence, parce que sa floraison trop hâtive l'expose aux gelées.)
▶ **Météorologie.**

Amant

La bourse d'un amant est liée avec des feuilles de porreau.
Elle n'est pas liée du tout. Quitard rapporte ce trait charmant à propos de la prodigalité de ceux qui aiment. Voyant sa maîtresse occupée à regarder fixement une étoile, Lord Albemarle s'écria : « Ne la regardez pas tant, ma chère, je ne pourrais pas vous la donner. »

Aux amants et aux buvants
Chemin est court avec le temps.

Ambition

C'est l'ambition qui perd les grands hommes.
Un des lieux communs de Léon Bloy.

Qui entre pape au conclave en sort cardinal.
Rien n'est jamais acquis.

Amboise

Le dormir doré est en l'ermitage d'Amboise.

Amende

Amende surannée ne doit pas être payée.
Une amende ancienne (surannée) n'est plus due.
▶ **Battus.**

Amender (s')

Jamais cheval ni méchant homme n'amenda pour aller à Rome.
On ne se corrige pas de ses vices en voyageant.

Mal vit qui ne s'amende.
Celui qui ne se corrige pas de ses défauts vit mal.

De ce que l'on ne peut amender, il ne faut pas trop s'inquiéter.
Il faut s'accommoder de ses défauts si l'on ne peut les corriger !

Ami

Il est bon d'avoir des amis partout.

Mieux vaut avoir un ami à la cour que de l'argent dans sa bourse.

Ami à vendre et à dépendre.

Le faux ami ressemble à l'ombre d'un cadran.
L'ombre ne se montre que lorsque le soleil brille...

Pour se dire ami, il faut avoir mangé ensemble un minot de sel.
L'amitié ne peut se former subitement.

Au besoin on connaît l'ami.
Dès le xiiie siècle on disait :

Au besoing voit-on son ami.
Traduction probable du proverbe latin : « Un ami sûr se connaît dans les circonstances difficiles » (Ennius, 239-169 av. J.-C.).

Un bon ami vaut mieux que cent parents.
Proverbe confirmé par :

Beaucoup de parents et peu d'amis.
À rapprocher de : « Le sort fait les parents, le choix fait les amis » (Delille, 1738-1813).

Il faut louer tout bas ses amis.
On lit dans les *Proverbes* de Salomon :

« Qui loue son ami à haute voix, attire sur lui la malédiction. »

Un ami est un autre nous-même.
Mot de Zénon, fondateur de la secte des stoïciens, devenu proverbe.

Qui n'est pas grand ennemi n'est pas grand ami.

Il vaut mieux perdre un bon mot qu'un ami.

Un ami en amène un autre.

Aime-toi et tu auras des amis.

Il ne faut pas compter avec ses amis.

Il faut aimer ses amis avec leurs défauts.

Il faut éprouver les amis aux petites occasions et les employer aux grandes.

Il faut se dire beaucoup d'amis et s'en croire peu.

Dieu me garde de mes amis !
Je me garderai de mes ennemis.

Ami de plusieurs, ami de nuls (personne).

Ami de table est variable.

Entrailles, cœurs et boursettes,
Aux amis doivent être ouvertes.

L'un ami pour l'autre veille.

Par trop cruel à son ennemi
Sera rude à son ami.

Riche homme ne sait qui lui est ami.

Les vieux amis et les vieux écus sont les meilleurs.

Les amis de nos amis sont nos amis.

Si ton ami est borgne, regarde-le de profil.
Jules Renard s'est souvenu de ce proverbe recueilli par Panckoucke (1749).

Qui cesse d'être ami ne l'a jamais été.
Proverbe contredit par :

Aujourd'hui ami, demain ennemi.

On ne se gêne pas avec les amis.
L'on doit pouvoir agir sans contrainte avec ses amis.

L'ami par intérêt est une hirondelle sur les toits.
Il ne peut y avoir d'amitié sans réciprocité.

Est bien ami de la maison
Celui qui s'essuie au tablier (Provence).
▶ **Bourse, Compte, Honteux, Mort, Prêter, Service, Vilain.**

Amitié

L'amitié d'un grand homme est un bienfait des dieux.

Il faut découdre et non déchirer l'amitié.
Il faut se séparer progressivement d'un ami, car on doit du respect pour le passé commun.

La véritable amitié se voit dans le malheur.

Le plus bel âge de l'amitié est la vieillesse.

Il ne faut pas laisser croître l'herbe sur le chemin de l'amitié.
N'oublions pas que :

Les petits présents entretiennent l'amitié.

L'amitié rompue n'est jamais bien soudée.

L'amitié rompue ne se renoue point sans que le nœud paraisse ou se sente.

L'amitié demande du retour.

Bonne amitié est une seconde parenté.

Amitié de gendre, soleil d'hiver.

Vieille amitié ne craint pas la rouille.

▶ **Contrat, Donner, Table.**

Amour

Il n'y a pas de belles prisons ni de laides amours. — Il n'est nulle laide amour, ni belle prison.

Amour, amour, quand tu nous tiens,
On peut bien dire : Adieu prudence.
Vers de La Fontaine, dans « Le Lion amoureux ».

Amour, tu perdis Troie.
Vers de La Fontaine, dans « Les Deux Coqs ». S'emploie pour rappeler les dangers de l'amour.

Quand la pauvreté entre par la porte
Amour s'en va par la fenêtre.

L'amour et la pauvreté font ensemble mauvais ménage.

Amour vainc tout
Et argent fait tout.

Amour apprend aux ânes à danser.

Amours et mariages qui se font par amourettes finissent par noisettes.

Amours nouvelles
Oublient les vieilles.

Amour, toux, fumée et argent
Ne se peuvent cacher longuement.

En amour est folie et sens.

Grand amour cause grand dolour.

Le temps est cher en amour comme en guerre.

Amour et mort, rien n'est plus fort.

L'amour le plus parfait est le plus malheureux.

L'amour fait perdre le repas et le repos.

Lorsqu'un vieux fait l'amour
La mort court alentour.

Après l'amour, le repentir.

L'amour ne loge point sous le toit de l'avarice.

On revient toujours à ses premières amours.

Vieilles amours et vieux tisons
S'allument en toutes saisons.

L'amour sied bien aux jeunes gens et déshonore les vieillards.

L'amour fait passer le temps et le temps fait passer l'amour.

Amour de belle-fille et de gendre
Est comme une lessive sans cendre (Provence).

Qui d'amour se prend, de rage se quitte (Provence).
Enfin :

Fin qui le fait, imbécile qui le dit (Provence).
▶ **Filer, Fou, Heureux, Jasmin, Main, Menthe, Plaisir, Premier, Thym.**

Amoureux
Amoureux de carême, qui n'ose toucher à la chair.
S'emploie pour désigner un amoureux timide.

Amuser (s')
On n'est pas sur terre pour s'amuser.
Un des lieux communs de Léon Bloy.

An
Vivre le grand an.
Vivre très longtemps.

Au nouvel an,
Étrennes aux enfants.

Il vaut mieux dix ans glaner
Qu'une seule année moissonner.
Les petits gains accumulés font plus au bout du compte. Proverbe confirmé par :

Une épingle par jour fait huit sous par an.

L'an passé est toujours le meilleur.
On n'est jamais heureux sur le moment et l'on regrette le temps passé.

Je m'en moque comme de l'an quarante.
Se dit d'une chose qui ne doit inspirer aucune crainte.
▶ Jour de l'an, Météorologie.

Ancre
Deux ancres sont bons *(sic)* au navire.
« Deux précautions valent mieux qu'une. »

Recours à Dieu, l'ancre est rompue.
Dans une situation désespérée, seul le recours vers Dieu peut nous sauver.

Âne
L'âne du commun est toujours le plus mal bâté.
Les affaires d'une communauté sont plus mal gérées que celles d'un particulier.

À laver tête d'un âne on perd sa lessive, son savon.
C'est peine perdue de vouloir instruire une personne stupide.

Il cherche son âne et il est dessus, il est monté dessus.
Il cherche ce qu'il a entre les mains, sur lui.

Pour un point, faute d'un point, Martin perdit son âne.
Peu de chose a manqué pour que l'affaire réussît.

Nul ne peut faire un âne boire, si ce n'est quand il a soif. — C'est folie de faire boire un âne s'il n'a soif.
Il faut vouloir les choses en leur temps.

Il ressemble à l'âne de Buridan.
Il ne sait pas se décider.

Âne avec le cheval n'attelle.
Il ne faut pas apparier des gens de condition différente.

Faire l'âne pour avoir du son.
Faire l'imbécile, ou le gracieux, pour mieux tromper.

Être sérieux comme un âne qu'on étrille, comme un âne qui boit dans son seau.
Ne pas parler, garder une attitude distante.

Nul ne sait mieux que l'âne où le bât le blesse.
Celui qui souffre sait mieux que personne où il a mal.

Il y a plus d'un âne à la foire qui s'appelle Martin.
Beaucoup de personnes portent le même nom.

Les chevaux courent les bénéfices, et les ânes les attrapent.
On arrive plus vite à la fortune par des intrigues que par un mérite véritable.

L'âne frotte l'âne *(Asinus asinum fricat).*
Se dit de deux ignorants qui se louent mutuellement.

Mener l'âne.
Regarder les autres faire ce que soi-même on aurait voulu exécuter.

C'est un âne parmi les singes.
Un sot qui, sans le savoir, est le jouet des autres.

C'est l'âne du moulin.
C'est celui sur qui retombent tous les mauvais traitements, même s'il est innocent.

Votre âne n'est qu'une bête. — Pour vous prouver, montrer que votre âne n'est qu'une bête.
Vous ne savez pas ce que vous faites.
Pour vous prouver que vous vous trompez.

Cela ne vaut pas le pet d'un âne mort.
Cela n'a aucune valeur, importance, alors que :

Vouloir tirer des pets d'un âne mort.
C'est tenter l'impossible, et que :

Chantez à l'âne, il vous fera des pets.
C'est n'obtenir qu'ingratitude en rendant service à une personne stupide.

On l'a sanglé comme un âne.
On l'a châtié sévèrement.

Qui femme croit et âne mène,
Son corps ne sera là sans peine.
L'on est malheureux d'avoir à mener son âne lorsqu'il est obstiné, l'on est encore plus malheureux lorsqu'on se fie aveuglément à une femme.

Le jour du jugement viendra bientôt, les ânes parlent latin.
Se dit lorsqu'une personne parle avec assurance de ce qu'elle ignore.

L'âne de la montagne porte le vin et boit de l'eau.
Se dit d'une personne qui a toute la peine sans avoir le profit.

Les ânes ont les oreilles longues, parce qu'on ne leur a pas mis de béguin.
Pour que les enfants acquièrent de la vigueur, il ne faut pas les entraver par des vêtements trop serrés.

Qui est âne et veut être cerf se connaît au saut du fossé.
C'est devant la difficulté que l'on reconnaît la valeur.

Braire comme des ânes en plein marché.

Brider l'âne par la queue.
Faire une chose dans le sens opposé à celui dans lequel elle doit être faite.

Opiniâtre comme un âne rouge.
Comme le peut être un cardinal ignorant, qui s'obstine en son opinion.

Mangeant du foin vous sentez l'âne.
Correspond à :

La caque sent toujours le hareng.
On est toujours marqué par ses fréquentations.

Près des ânes l'on attrape des coups de pied.
Indique le danger des mauvaises fréquentations.

Si vous donnez de l'avoine à un âne, il vous paiera d'un coup de pied.

Une petite mouche fait péter un bel âne.
Petite cause, grand effet. En *Provence* :

Petit aiguillon pique un gros âne.

De nombreux proverbes provinciaux citent l'âne. À titre d'exemples, nous en citerons quelques-uns en provenance de l'*Auvergne* :

Le meilleur âne garde toujours un coup de pied pour le maître. — Compte plutôt sur ton âne que sur le cheval du voisin. — Tire un poil d'un âne : il ne sera jamais si poilu. — Jamais un coup de pied d'ânesse n'a tué un âne. — Il vaut mieux être un âne vieux qu'un savant mort. — Pour un âne, on ne ferme pas le moulin. — Quand l'âne tire, c'est qu'il croit étrangler son maître. — Chacun bâte son âne. — Bride l'âne avant qu'il ne te morde. — Si l'âne avait choisi, il ne serait pas âne.
▶ Bourges, Braire, Météorologie, Patience, Pont, Sac, Soulier, Travail, Veau.

Angevin
Angevin,
sac à vin,
Angevine,
sac à...
▶ Tourangeaux.

Angleterre
[...] D'Angleterre
Ne vient bon vent ni bonne guerre.
Proverbe du xvııe siècle.

Anguille
Il y a quelque anguille sous roche.
Il se trame quelque intrigue.

Il ressemble aux anguilles de Melun, il crie avant qu'on l'écorche.
Se dit de quelqu'un qui se plaint avant de sentir le mal.

Échapper comme une anguille.
Surtout au figuré, se dit d'une personne qui se tire toujours d'affaire.

Femme se retourne mieux qu'anguille.
L'esprit d'une femme est plein de ruse.

Écorcher l'anguille par la queue.
Commencer par où il faudrait finir.

Par trop presser l'anguille, on la perd.
En exigeant trop, on risque de tout perdre.

Rompre l'anguille sur le genou.
Tenter l'impossible.

Toujours pâté d'anguille.
Les meilleures choses lassent.

La nuit on prend les anguilles.
C'est à la nuit que les femmes prudes se laissent approcher *(Bretagne)*.
▶ **Femme.**

Année ▶ Météorologie

Antibes
Faire tout à rebours comme les cordeliers d'Antibes.
Marquer une sotte maladresse.

Août ▶ Météorologie

Apothicaire
Un apothicaire sans sucre.
Se dit d'une personne qui n'est pas fournie des choses qui appartiennent à sa profession.
▶ **Valoir.**

Apparence
Sur l'apparence est bien fou qui se fonde.

Les apparences sont souvent trompeuses.

Mors doré ne rend pas le cheval meilleur.

▶ Tête, Vin.

Appétit
L'appétit vient en mangeant.
Plus on a, plus on veut avoir. Ovide disait : « Plus on a bu, plus on a soif » ; et Rabelais : « L'appétit vient en mangeant et la soif s'en va en buvant. »

En mangeant l'on perd l'appétit.
Le désir satisfait, on devient blasé.

Il n'est chère que d'appétit.
La faim est le meilleur assaisonnement.

L'appétit est le meilleur cuisinier.
Autre proverbe qui montre que, lorsqu'on est affamé, n'importe quelle nourriture est trouvée bonne :

Il n'est sauce que d'appétit.
▶ Pain, Viande.

Apprendre
Ce n'est pas à un vieux singe qu'on apprend à faire des grimaces.

On apprend en faillant.
Les erreurs que l'on commet apprennent à les éviter.

**Ce qui s'apprend au maillot,
On s'en souvient jusqu'à la tombe.**
En *Auvergne* l'on dit :

**Ce qu'on apprend au ber
Dure jusqu'au ver.**
▶ Fou, Père, Savoir.

Apprentis
Apprentis ne sont pas maîtres.
Seule l'expérience rend savant, ou habile.

Araignée
Araignée du matin, chagrin ;
Araignée du soir, espoir.
▶ Femme, Météorologie.

Arbre
Quand l'arbre est tombé, chacun court aux branches.
On ne ménage pas celui qui est accablé par le sort.

L'arbre ne tombe pas du premier coup.
Il faut beaucoup d'efforts pour réussir dans une affaire.

On ne jette des pierres qu'à l'arbre chargé de fruits.
On n'attaque que ceux qui ont du mérite. On ne médit que de ceux qu'on envie.

Couper l'arbre pour avoir le fruit.
Se priver d'un profit lointain.

Il faut se tenir au gros de l'arbre.
Du côté du plus fort alors que :

S'en tenir au gros de l'arbre.
C'est être attaché aux traditions.

**Arbre trop souvent transplanté
Rarement fait fruit à planté.**
À planté : en abondance.
Correspond à :

Pierre qui roule n'amasse pas mousse.

Qui aime l'arbre aime la branche.
Il faut respecter ceux qu'on aime dans les plus petites attentions.

Vieil arbre d'un coup ne s'arrache.
Il est difficile de vaincre un adversaire avisé.

L'arbre tombe toujours du côté où il penche.
L'homme agit souvent selon ses inclinations.

Chaque arbre se connaît à son fruit.

▶ **Doigt, Plier.**

Arc
Débander l'arc ne guérit pas la plaie.
René, duc d'Anjou, ayant perdu sa femme en 1453, prit pour devise un arc à la turque dont la corde était rompue, voulant marquer par là qu'il n'effaçait pas de son cœur l'amour qu'il avait pour elle.

Avoir deux cordes à son arc.
Ne pas être embarrassé ; savoir se tirer d'une mauvaise affaire.

Arc-en-ciel ▶ Météorologie

Argent
On ne peut vivre sans argent. — Faire travailler l'argent. — L'argent ne fait pas le bonheur, mais...
Trois lieux communs de Léon Bloy.

L'argent est un bon serviteur, mais c'est un mauvais maître.
Une phrase de Caligula est à l'origine de ce proverbe souvent attribué à Bacon :

Il n'y eut jamais un meilleur esclave ni un plus mauvais maître.

L'argent fait tout. — Argent fait rage, amour, mariage.
Vérité qui remonte dans la nuit des temps. L'argent permet d'acquérir même les consciences. Heureusement, un autre proverbe nous met en garde :

Argent fait perdre et pendre gens.

Argent comptant porte médecine.
L'argent est un remède à tout mal, hormis à l'avarice.

Qui a de l'argent a des pirouettes.
Celui qui a de l'argent « saute et danse volontiers », car il a de quoi se réjouir, alors que le pauvre est assimilé à un crapaud :

Chargé d'argent comme un crapaud de plumes.

L'argent est rond pour rouler.
C'est la maxime des prodigues. Celle des avares étant :

L'argent est plat pour s'entasser.

Ne prêtez point votre argent à un grand seigneur.

Ne prête pas ton argent à celui à qui tu serais obligé de le redemander le chapeau à la main.
De toute façon :

Argent prêté ne doit être redemandé.

L'argent emprunté porte tristesse.

L'argent n'a point d'odeur.
Par allusion à la taxe sur les latrines qu'institua l'empereur Vespasien, ce que Juvénal rapporta en ces termes : « L'argent qu'on gagne sent toujours bon, de quelque part qu'il vienne. »

Plaie d'argent n'est pas mortelle.
Un malheur n'est pas tragique si l'on peut l'adoucir par de l'argent — le tout est d'en avoir ! Bien qu'un autre proverbe nous dise que :

L'argent ne fait pas le bonheur.
Pourtant :

Faute d'argent c'est douleur sans pareille.
Confirmé par :

Quand argent fault (manque) **tout fault.**

Qui n'a point argent en bourse ait miel en bouche.
Le pauvre ne peut s'exprimer librement, il lui faut « filer doux » devant les riches, mais ce proverbe nous enseigne aussi qu'avec du « miel en bouche », on peut obtenir par flatterie des faveurs. En revanche :

Marteau d'argent
Ouvre porte de fer.
La fortune aide à vaincre bien des obstacles *(Monaco)*.

L'argent n'a pas, point de maître.
Ni de lois, diraient certains. En tout cas :

Il n'y a rien de plus éloquent que l'argent comptant.

De toute manière :

L'argent est le nerf de la guerre.
Enfin, vérité déjà signalée au xvⁱᵉ siècle :

Les grands font sans argent ce que les petits ne peuvent faire par argent.
De nombreux dictons régionaux se rapportent à l'argent. Voici ceux relevés par Raynal dans son *Jardin des adages* :

Cent soucis ne paient pas une dette. — Compte réglé, moitié payé. — Qui doit n'a rien à soi. — L'argent a la queue lisse. — Qui n'épargne pas un sou n'en aura jamais deux. — Qui dépense et ne compte pas, mange son bien et ne le goûte pas. — Il vaut mieux profit que gloire. — Au jour du Jugement dernier, autant vaudra la merde que l'argent. — Ventre plein donne de l'assurance. — Qui en veut, qui n'en a pas en cherche. — Le gras ne sait pas de quoi vit le maigre. — Il est trop cher le morceau qui étrangle. — Ventre gavé ne cherche pas (de) querelles. — Toujours la misère tombe sur les pauvres. — Les gros mangent les minces. — Il vaut mieux avoir trou, ou reprise, aux cotillons que pli au ventre. — Petit profit emplit la bourse. — Qui tout met dans un pot, tout a perdu en un matin. — Riche qui peut, aisé qui sait, sage qui veut. — Provisions valent rentes. — À pauvres gens, la pâte gèle au four. — Il vaut mieux être ladre que pauvre. — Amasse-son est souvent prodigue-farine. — Pain de vieillesse se pétrit pendant la jeunesse. — Qui mange son capital prend le chemin de l'hôpital.

Il existe de nombreuses variantes suivant les provinces. Par exemple en *Provence* :

**L'argent n'a pas de queue,
Il glisse facilement.**
Ou encore :

La pierre tombe toujours sur le tas.
▶ **Chapon, D, Eau, Guerre, Mer, Mérite, Miel, Ruisseau.**

Armes
Armes parlantes, toutes bonnes ou toutes méchantes.
▶ Plaisir.

Arriver
Arrive qui plante.
C'est-à-dire à tout hasard. Suzzoni cite un proverbe *québécois* remarquable de vérité :

Il vaut mieux arriver en retard qu'arriver en corbillard.

Art
L'art est de cacher l'art.
Proverbe relevé par Lamesangère (1821). C'est le fin du fin de l'art de faire croire qu'il n'y a pas d'art. Par là, l'artiste nous séduit encore plus.

Artémise
Si l'homme savait ce qu'est l'artémise,
Il en mettrait entre chair et chemise.
Artémise = armoise. Dicton qui vantait les vertus de l'armoise mais qui depuis longtemps a perdu tout crédit.

Artichaut
Faire d'une rose un artichaut.
Faire d'une belle chose une laide, d'une bonne une mauvaise.
▶ Cœur.

Artisan
À l'œuvre on connaît l'artisan.
Vers de La Fontaine, « Les Frelons et les Mouches à miel ».

Ascension
C'est comme l'Ascension, ça ne hausse ni ne baisse.
Ça ne change pas, cette fête se situant invariablement quarante jours après Pâques *(Bretagne)*.
▶ Mouton.

Asperges
En moins de temps qu'il n'en faut pour cuire des asperges.
D'une expression latine rapportée par Érasme et employée par Rabelais.

Astres, Astrologue
Les astres peuvent l'homme incliner,
Le sage les peut dominer.
Seul le sage peut vaincre son destin.

Astrologues parlent bien de l'avenir,
Mais ils ne le font pas venir.
Cet autre proverbe se moque ouvertement des astrologues :

C'est un grand astrologue. Il devine les fêtes quand elles sont venues.
Quant à l'expression :

Il n'est pas grand astrologue.
Elle désigne ceux qui manquent de perspicacité, d'habileté.

Attendre
Tout vient à point, à temps à qui sait attendre. – Tout vient à point à qui peut attendre.
« La science des occasions et des temps est la principale partie des affaires », a dit Bossuet. Ceux qui sont patients – et obstinés – parviennent toujours (ou presque) à leur but.

Le chemin de fer et la marée n'attendent pas.
Il est des occasions où il faut être à l'heure.

Il faut attendre le boiteux.
Avant de répandre une nouvelle, il faut attendre que le temps la confirme.

Qui s'attend à l'écuelle d'autrui est exposé à mal dîner.
Compter sur autrui est problématique, mieux vaut compter sur soi :

Ne t'attends qu'à toi seul.
Conseil donné par La Fontaine, dans « L'Alouette et ses petits... ».

On compte les défauts de qui se fait attendre.
► Temps.

Aubépine ► Météorologie

Aubervilliers
Bourgeoise qu'est d'Aubervilliers
D'embonpoint vaut un millier.

Bourgeoise d'Aubervilliers,
Les joues lui passent le nez.

Choux pour choux, Aubervilliers vaut bien Paris.

Aumône
Donner l'aumône n'appauvrit personne.

Joli chemin n'allonge pas, prière ne retarde pas,
aumône n'appauvrit pas.
Un des plus beaux dictons de notre langue. Il nous vient d'*Auvergne*.

Aune
Au bout de l'aune faut le drap.
Faut = manque. Il n'y a pas d'affaire dont on ne voit la fin. À force de
dépenser, il ne reste plus rien.

Savoir ce qu'en vaut l'aune.
S'emploie à propos d'une expérience dont on a été la victime.

Il ne faut pas mesurer les autres à son aune.
Il ne faut pas juger les autres par soi-même, sinon l'on risque de devenir intolérant. De l'intolérance naît la haine, de la haine l'injustice...

Les hommes ne se mesurent pas à l'aune.
Il ne faut pas juger des mérites de quelqu'un par sa taille.

Aussitôt
Aussitôt dit, aussitôt fait.
Exprime la promptitude. C'est l'un des rares proverbes concernant la
parole (voir ce mot) qui est valorisant.

Autrui
Le mal d'autrui n'est que songe.

Qui aime autrui plus que lui-même
Se meurt de soif à la fontaine.
Autre proverbe du XIIIᵉ siècle :

Fais à autrui ce que tu voudrais qu'on te fît.

Ne faites pas aux autres ce que vous ne voulez pas
qu'on vous fasse à vous-même.
▶ Cuir, Habit, Pain, Service.

Auvergnats
Les Auvergnats et Limousins
Font leurs affaires, puis celles des voisins.

Avaler
Avaler le calice, le morceau.
C'est se soumettre à la nécessité.
▶ Pilules, Vin.

Avancer
Quand on n'avance pas, on recule.
Entreprendre, c'est aussi savoir garder l'initiative lorsque surviennent
les difficultés.

Avantage
Un moineau dans la main vaut mieux qu'une grue qui
vole.
Il faut préférer un petit avantage certain à un grand avantage incertain. Correspond à :

Un tiens vaut mieux que deux tu l'auras.

Avare, Avarice

À père avare, enfant prodigue. – À femme avare, galant escroc.

L'avare et le cochon ne sont bons qu'après leur mort.

Quand tous vices sont vieux,
Avarice est encore jeune.
Beaucoup de vices passent avec l'âge, mais rarement l'avarice.

Avarice passe nature.

L'avarice est la mère de tous les maux.

Les avares font nécessité de tout.
Ils n'usent pas de leurs biens et manquent du nécessaire.

L'avarice est comme le feu, plus on y met de bois, plus il brûle.

Avarice de temps seule est louable.

Qui prend toujours et jamais ne donne
À la fin chacun l'abandonne.

Étroit à la farine, large au son.
En parlant de celui qui est généreux de ce qui lui coûte peu.

Tel se met en peine de farine que son pain est cuit.
En parlant de ceux qui se plaignent de manquer alors qu'ils sont riches.

Quand avarice entre au cerveau, Vénus s'en va.
Pour plaire, il faut savoir être généreux envers Vénus...

Il est généreux comme une noix serrée (Provence).
Alors qu'en *Champagne* l'on dit :

Les avares sont comme les porcs : ils ne rendent service qu'après leur mort.
Variante du proverbe cité précédemment.

▶ **Argent, Ceinture, Envie.**

Avenir

L'avenir est perclus de la moitié de ses membres.

L'avenir n'est à personne, l'avenir est à Dieu.
Vers de Victor Hugo *(Les Chants du crépuscule)* devenu proverbe.

Nul ne sait ce que lui garde l'avenir. — Il ne faut pas se fier sur l'avenir.
Mieux vaut profiter aujourd'hui des plaisirs de la vie. Fontenelle, nous rappelle Quitard, disait : « Pourquoi souffrir que des espérances vaines ou douteuses vous enlèvent des jouissances certaines ? »
D'ailleurs :

Bien fou qui s'inquiète de l'avenir.
Georges Bernanos remarque : « On ne subit pas l'avenir, on le fait », et Paul Valéry : « Nous entrons dans l'avenir à reculons. »

Par le passé l'on connaît l'avenir.
Sophocle a écrit : « L'homme sage juge de l'avenir par le passé. » Bien que l'histoire ne se recommence jamais, il est certain que les faits anciens peuvent nous guider dans nos jugements et nous éviter des erreurs.

Si on savait les coups, on prendrait les loups.
« Si on connaissait l'avenir, on ferait bien des choses qu'on ne peut faire », nous dit Lecomte *(Bretagne).*

Aventurer (s')

Celui qui ne s'aventure n'a ni cheval ni voiture.
Correspond à :

Qui ne risque rien n'a rien.

Aveugle

La fortune est aveugle.

Changer, troquer son cheval borgne contre un aveugle.

C'est un aveugle qui en conduit un autre.

C'est un aveugle sans bâton.
Personne à qui il manque tout ce qui lui est nécessaire.

Il n'est pire aveugle que celui qui ne veut pas voir.

Être réduit à la chanson de l'aveugle.
À la misère.

Juger d'une chose comme un aveugle des couleurs.
En juger sans connaissance. D'où :

Ce n'est pas aux aveugles à juger les couleurs (Provence).

Crier comme un aveugle qui a perdu son bâton.
▶ Borgne, Couillon, Hommes et Femmes.

Avis
Autant de têtes, autant d'avis. — Vingt têtes, vingt avis.
Il est impossible de trouver deux personnes ayant exactement la même opinion. « Les gens du même avis ne sont jamais d'accord », vers de Delaville *(Le Folliculaire)*. Rappelons cette boutade de Paul Valéry : « Je ne suis pas toujours de mon avis » *(Carnets)*.

Deux avis valent mieux qu'un.

En cas hâtif, il n'y a avis.

Un bon avis vaut un œil dans la main.
▶ Fou.

Aviser, S'aviser
Un fou avise bien un sage.

Un verre de vin avise bien un homme.

On ne s'avise jamais de tout.

Avocat
Le vent n'entre jamais dans la maison d'un avocat.
Adage remontant au XVIe siècle. Un avocat ne sera jamais pauvre. Balzac nous dit que : « La gloire d'un bon avocat consiste à gagner de mauvais procès » *(Ursule Mirouët)* ; mais leur position, nous apprend un dicton d'*Auvergne*, vient de ce que :

Sans les fous et les sots,
Les avocats porteraient des sabots.

Bon avocat, mauvais voisin.
S'il cherche noise à son voisin, un bon avocat est sûr de gagner sa cause.

Avocats se querellent, et puis vont boire ensemble.
Proverbe remontant au XVIe siècle. De nombreux proverbes tels que celui-ci existent à cette époque, presque tous tombés en désuétude. Citons cependant :

De bon avocat, courte joie. — Avant l'avocat on portait la bourse sur le cul. — L'avocat s'enrichit d'usure. — Les maisons des avocats sont faites de la tête des fols...
▶ **Valence.**

Avoir
Rien n'a qui assez a.
Plusieurs proverbes illustrent la possession :

Qui plus a plus convoite.
Remonte au XIIIe siècle. Et la convoitise étant un vilain défaut, ceux qui en sont atteints sont punis :

Celui qui tout convoite tout perd.
Sans oublier que :

Trop n'est pas assez.
Paroles que Beaumarchais a mises dans la bouche de Figaro.

Il n'y a point assez, s'il n'y a trop.
Marque que l'on forme souvent des désirs immodérés. Proverbes atténués par :

Mieux vaut peu que rien.

Contentement passe richesse.
Sur le désir de possession, Cicéron a donné ce proverbe célèbre :

La fontaine, elle-même, dit qu'elle a soif.

Chose acquise à suée est plus chérie qu'héritée.

On ne peut pas avoir le lard et le cochon.
On ne peut pas tout avoir *(Bourbonnais).*

Celui qui se contente de ce qu'il a est heureux.
Traduit du breton : « *En hani goutant ag er péh en des e zou eurus.* »
▶ **Aimer, Avantage, Risquer, Savoir.**

Avril ▶ **Météorologie**

B

B
Être marqué au B.
Avoir un défaut corporel dont le nom commence par B : bancal, bègue, bigle, boiteux, borgne, bossu.

Ne savoir ni A ni B.
Ne rien savoir.

On n'a pas plus tôt dit A qu'il faut dire B.
Une concession ne va jamais seule.

Bague
Avoir une belle bague au doigt.
Une belle propriété, un emploi lucratif et peu fatigant.

Baguette
Commander à la baguette.
Avec sévérité.

Être servi à la baguette.
Avec respect et promptitude.

Bailler
La bailler belle à quelqu'un.
Lui faire des promesses sans effet.

Bâilleur
Un bon bâilleur en fait bâiller deux.
Exprime la contagion du mauvais exemple.

Baiser
Il ne faut pas tant baiser son ami à la bouche que le cœur lui en fasse mal.
Il ne faut multiplier les marques d'amitié.

Le baiser est un fruit qu'il faut cueillir sur l'arbre.

Balai
Avoir rôti le balai.
Avoir mené une vie déréglée.

Balle
Enfant de la balle.
Enfant élevé dans la profession de son père.

La balle cherche le joueur.
L'occasion se présente d'elle-même à celui qui sait en profiter.
C'est pour cela que :

Il faut prendre la balle au bond.

Bannière
Cent ans bannière,
Cent ans civière.
Après une longue opulence, une longue misère.

Faire de pennon bannière.
S'élever en grade.

Il faut l'aller chercher avec la croix et la bannière.
Se dit de quelqu'un qui se fait attendre.

Aller au-devant de quelqu'un avec la croix et la bannière.
Faire un accueil cérémonieux.

Banquets
Les fols font les banquets et les sages les mangent.
▶ Fou.

Baptiste
Tranquille comme Baptiste.
Se dit d'un homme qui reste apathique alors qu'il devrait agir.

Barbe, Barbier
Faire bien la barbe à quelqu'un.
Braver une personne, se moquer d'elle.

Barbe rousse, noir de chevelure,
Est réputé faux par nature.

Barbe bien étuvée, barbe à demi rasée.
Une affaire bien préparée est à moitié faite.

Du côté de la barbe est la toute-puissance.
Vers de Molière (*L'École des femmes*, III, 2) devenu dicton. Un proverbe du xvie siècle dit :

On connaît bien au pommier la pomme,
À la barbe l'homme.

Reprenons notre chèvre à la barbe.
Reprenons notre propos.

Avoir de la barbe au menton.
Être un homme résolu.

La barbe ne fait pas l'homme.

En la grande barbe ne gît pas le savoir.

Un barbier rase l'autre.
Illustre la solidarité d'une même profession.

Basque

Courir, sauter comme un Basque.

Les Basques sont renommés pour leur agilité. Autrefois, les grands seigneurs les employaient comme coureurs. Pour désigner une supercherie l'on dit :

Un tour de Basque.

Tous les Basques iront au ciel :
Le diable lui-même n'entend rien à ce qu'ils disent.

Bastille

Gratter la Bastille avec les ongles.

C'est faire une chose inutile.

Bât

Chacun sait où le bât blesse.

On connaît seul la cause de sa douleur, de ses difficultés.

▶ **Âne.**

Bateau

Arriver en trois bateaux.

Se dit d'une personne dont on veut relever l'importance.

Tout bateau qui n'est pas baptisé
Est conduit par le diable et jeté sur les rochers (Bretagne).

Bâtiment

Quand le bâtiment va, tout va.

Phrase prononcée à l'Assemblée nationale en 1848 par un ouvrier du nom de Martin Nadaud.

Bâton

Mener une vie de bâton de chaise.

Il est comme un bâton épineux, merdeux, on ne sait par quel bout le prendre.

Il est d'un caractère si difficile qu'on ne peut entretenir aucune relation avec lui.

Mettre des bâtons dans les roues.

Faire quelque chose à bâtons rompus.

Sans aucune suite, mais non pas sans soins, contrairement à ce qu'on imagine.

Battre l'eau avec un bâton.

Tenter des efforts inutiles.

Faire sauter à quelqu'un le bâton.

L'obliger à faire quelque chose contre son gré.

Battre
Battre le chien devant le loup.

Feindre une colère pour tromper une tierce personne.
Variante :

Battre le chien devant le lion.

Faire une réprimande à quelqu'un pour qu'une tierce personne présente, à qui l'on n'ose s'adresser directement, profite de la leçon.

Il fait bon battre un glorieux.

Il est aisé de donner des coups à une personne vaine, parce qu'elle aura honte de se plaindre. Un autre proverbe indique :

Bats le méchant, il empirera ;
Bats le bon, il s'amendera.

Qui, dès le xvie siècle, posait déjà le problème de la répression.
▶ Rivière, Sac.

Battus
Les battus paient l'amende.

Au Moyen Âge, on pensait que le droit était du côté du vainqueur, d'où les combats singuliers. Ce « jugement de Dieu » fit commettre bien des injustices.

Baudet
Chante à un baudet, il te fera un pet.

Baume
Cela fleure comme baume.

Se dit en parlant d'une affaire avantageuse.

Beau

Beau est qui vient et plus beau qui apporte.
Correspond à :

Les petits cadeaux entretiennent l'amitié.

Beau et bon l'on ne peut pas être.

Beaune

Il n'est pain que de froment, vin que de Beaune.
Proverbe du xvıe siècle, ainsi que celui-ci :

Le vin de Beaune ne perd sa cause que par faute de comparer.

Beauté

Beauté n'est qu'image fardée.

Il n'est point de si belle rose qui ne devienne gratte-cul.
En vieillissant, la beauté se fane. Horace disait : « Les fleurs du printemps ne conservent pas toujours leur beauté », et un autre proverbe :

La feuille tombe à terre, ainsi tombe la beauté.

Beauté sans bonté est comme vin éventé. — Beauté ne vaut rien sans bonté. — Beauté sans bonté, ce n'est rien à compter.

On ne va pas avec la beauté de sa femme au moulin.
La beauté ne remplace pas le pain *(Bretagne)*.

Sous la crasse, la beauté s'y cache (Bretagne).
▶ **Femme, Sagesse.**

Bec

Les bègues sont ceux qui ont le plus de bec.
Ceux qui parlent le moins bien sont ceux qui parlent le plus.

Faire le bec à quelqu'un.
Lui faire la leçon, afin qu'il ne dise rien de compromettant dans une affaire.

Prendre quelqu'un par le bec.
Faire tomber quelqu'un en contradiction.

Tenir quelqu'un le bec dans l'eau.
Le tenir dans l'incertitude.

Passer la plume par le bec à quelqu'un.
Le frustrer des espérances qu'on lui a données, le prendre pour dupe.
▶ **Alouette, Poule.**

Bécasse
Tendre le sac aux bécasses.
Tendre un piège à quelqu'un, lui nuire.

Aile de perdrix, cuisse de bécasse.
Les gourmets préfèrent l'aile de la perdrix et la cuisse de la bécasse.

Béjaune
Montrer son béjaune.
Montrer son inexpérience (béjaune, en fauconnerie, désigne un jeune oiseau).

Bénéfice
Il faut prendre le bénéfice avec les charges.
Pour avoir le bon, il faut accepter aussi les inconvénients.

On ne peut avoir en même temps femme et bénéfice.
On ne peut cumuler deux avantages.
▶ **Âne.**

Bénitier
Pisser au bénitier.
Braver le respect humain, faire quelque action, même criminelle, pour faire parler de soi.

S'agiter comme un diable au fond d'un bénitier.

Besoin
Le besoin fait la vieille trotter.

Besoin fait vieille trotter
Et l'endormi réveiller.
En cas de nécessité, l'on trouve toujours de nouvelles forces, ainsi que le confirme cet autre proverbe :

Qui a besoin de feu le prend avec la main.
▶ **Vieux.**

Bête
Reprendre, prendre du poil de la bête.
Chercher son remède dans la chose même.

Morte la bête, mort le venin.
Un ennemi mort ne peut plus nuire. Notre ressentiment s'éteint à la mort de notre ennemi.

Quand Jean bête est mort, il a laissé bien des héritiers.
Il y a toujours des sots.

Qui se fait bête, le loup le mange.
Il ne faut pas être trop bon, sinon l'on est victime.

Porter sa bête dans sa figure.
Il y a des rapports frappants entre les bêtes et les hommes.

Deux bêtes paissent bien en un pré.
Il y a possibilité d'entente pour le même désir.

Il faut avoir mauvaise bête par douceur.
C'est en usant de bons procédés qu'on vient à bout des personnes portées au mal.

Il faut prendre la bête par les cornes.
Pour venir à bien d'une tâche, il faut commencer par le début.

En vieille bête pas de ressource.
L'on ne peut compter sur les gens âgés.

Il n'y a si petite bête qui ne puisse sauver sa vie.
Si petit soit-on, on arrive toujours à vaincre le sort.

À qui la bête fait le prix.
C'est au vendeur à faire son prix *(Bretagne)*.

▶ **Vieux.**

Beurre
On ne saurait manier le beurre qu'on ne s'en graisse les doigts.
À manier de l'argent, on en tire souvent profit.

Qui approche le beurre du feu ne l'empêche pas de fondre.
À vouloir trop risquer, on risque de tout perdre.

Promettre plus de beurre que de pain.
Promettre monts et merveilles.

Mettre le beurre du côté de sa langue.
Attirer à soi la couverture, se garder la meilleure part *(Bretagne)*.
▶ **Boulanger, Promesse.**

Bien
Tout est bien, qui finit bien.
L'issue heureuse d'une entreprise fait oublier les soucis qu'elle a pu causer.

Bien perdu, bien connu.
On ne connaît son bonheur que quand on l'a perdu. Autre proverbe qui nous indique notre manque de jugement sur la valeur des choses :

Quand le puits est à sec, on sait ce que vaut l'eau.

Il ne faut attendre son bien que de soi-même.
Mieux vaut compter sur soi que sur les autres.

Nul bien sans peine.
On n'a rien sans mal.

Le bien lui vient en dormant.
Se dit d'une personne qui a toutes les chances sans se donner de mal.

Je prends mon bien partout où je le trouve.
Réponse de Molière à ses détracteurs qui l'accusaient de plagier les auteurs anciens.

Grand bien ne vient pas en peu d'heures.
Il y faut du travail et de la patience.

Il ne faut pas délibérer pour faire le bien.
Une action charitable doit être spontanée.

Il faut faire le bien pour lui-même.
Maxime de Confucius devenue proverbe. Un autre proverbe nous enseigne :

Entre la chair et la chemise, il faut cacher le bien qu'on fait.

Bien mal acquis ne profite point, jamais.
Car la conscience crée des remords. Meurier (1568) citait déjà :

De bien mal acquis courte joie.

Il faut rendre le bien pour le mal.
Parole tirée de l'Évangile et contredite par : « Œil pour œil, dent pour dent. » Un proverbe indien rejoint notre proverbe et loue la bonté de l'homme, bonté dont notre civilisation a bien besoin :

L'homme qui pardonne à son ennemi, en lui faisant du bien, ressemble à l'encens, qui parfume le feu qui le consume.

Tout passera, sauf le bien que tu as fait.

Qui fait le bien trouve le bien (Monaco).
▶ **Femme, Mal, Mieux, Sang, Tenir.**

Bienfait
Rien ne vieillit plus vite qu'un bienfait.

Un bienfait n'est jamais perdu.

On s'attache par ses bienfaits.
De même que :

Les petits cadeaux entretiennent l'amitié.
Les bienfaits créent des liens. N'oublions pas cependant, avec Corneille, qu'« un bienfait perd sa grâce à le trop publier » *(Théodore)*.
▶ **Ingrat, Injures, Reconnaissance.**

Bienheureux
Bienheureux les pauvres d'esprit.
C'est-à-dire ceux qui sont pauvres par esprit de mortification et non, comme l'on interprète souvent à tort ce proverbe, par manque d'intelligence.

Biens
Abondance de biens ne nuit pas.
Si la richesse ne donne pas le bonheur, du moins elle ne l'empêche pas.

Les biens viennent, les biens s'en vont, comme la fumée, comme toute chose.
Marque la fatalité et le caprice de la fortune.
▶ **Abondance, Vie.**

Biscuit
Il ne faut pas s'embarquer sans biscuit.
Il faut toujours prendre ses précautions, comme le marin avant de s'embarquer.

Bisque
Prendre bien sa bisque.
Profiter habilement de quelque avantage (métaphore prise du jeu de paume).

Blâmer
Sans la liberté de blâmer, il n'est pas d'éloge flatteur.
Une des plus belles maximes au service de la liberté (Beaumarchais, *Le Mariage de Figaro*).

Blanc
Il n'est pas blanc.
Il est dans une situation fâcheuse.

Il a mangé son pain blanc le premier.
▶ **Bonnet, Merle.**

Blé
En petit champ croît bon blé.
Le mérite n'est pas proportionnel à la taille, ou encore signifie que l'on s'occupe mieux de ses affaires lorsqu'on en a peu.

Crier famine sur un tas de blé.
Se plaindre alors qu'on est riche.

Par nuit semble tout blé farine.
Indique les illusions de la prospérité.

**Quand du blé tu vois l'épi,
Dans six semaines viens le quérir.**

De la fleur au grain sept semaines il y a.
Dictons nés de l'expérience, ainsi que :

Beaucoup de paille, peu de grains.
Et :

**Avec le blé se cueillent
Et la paille et l'ivraie.**
Ce dernier dicton a valeur de proverbe puisque l'on peut entendre qu'il n'y a de bonnes affaires sans inconvénients. Autre dicton agricole :

Terre noire fait bon blé (Auvergne).
▶ **Herbe, Moudre.**

Blois
Toutes les femmes de Blois sont rousses et acariâtres.
Dicton dont on se sert pour réfuter une personne qui veut conclure du particulier au général.
▶ **Roux.**

Bœuf
Avoir un bœuf sur la langue.
Avoir reçu de l'argent, pour ne point parler (dans l'Antiquité grecque, une pièce de monnaie avait pour symbole un bœuf).

Être le bœuf.
Supporter pour les autres toutes les corvées.

Dieu donne le bœuf, et non pas la corne.
Dieu nous accorde des grâces, mais il faut que nous nous aidions. Il faut se contenter de ce que l'on vous donne.

Bœuf saignant, mouton bêlant.
Le bœuf doit être mangé peu cuit ; le mouton encore moins.

Il est de la paroisse de Saint-Pierre-aux-Bœufs, le patron des grosses têtes.
Se disait, à Paris, d'une personne stupide.

Vieux bœuf fait sillon droit.
L'expérience est utile.

Bœuf lassé va souef.
Souef = doucement.

Mieux vaut en paix un œuf
Qu'en guerre un bœuf.
La tranquillité n'a pas de prix ; il vaut mieux se contenter de peu.
Un autre proverbe nous enseigne à profiter modestement de ce que l'on a :

Mieux vaut promptement un œuf
Que demain un bœuf.
Quant à :

On a beau mener le bœuf à l'eau s'il n'a soif.
Signifie que l'on ne peut forcer quelqu'un s'il n'en a pas envie.

Les bœufs se prennent par les cornes et les hommes par la langue.
Un autre proverbe dit :

On prend les bêtes par les cornes
Et les hommes par la parole (Auvergne).

Le bœuf emplit la grange,
Mais s'il l'emplit, il la mange (Auvergne).

Faute de bœuf, on fait labourer par son âne (Auvergne).

Les grands bœufs ne font pas les grands labours (Savoie).

Ce n'est pas pour un mauvais pas qu'on tue un bœuf (Savoie).
▶ **Charrue, Erreur, Espérer, Voler.**

Boire

C'est la mer à boire.
Une affaire difficile. S'emploie le plus souvent au sens négatif :

Ce n'est pas la mer à boire.

Il boirait la mer et les poissons.

Il en a plus bu que je ne lui en ai versé.
Se dit en parlant d'une personne ivre.

Qui a bu boira.

À petit manger bien boire.

**Au matin bois le vin blanc,
Le rouge au soir pour faire sang.**

Boire comme un chantre.
Le chant augmente la soif, d'où la réputation que l'on fait aux chanteurs. De même :

Boire comme un saunier.
Saunier = marchand de sel.

Buvez, ou allez-vous-en.
Il faut s'accommoder à l'humeur des personnes avec qui l'on vit ou s'en séparer.

Boire à cloche-pied.
Boire un vin médiocre.

Boire à tire-larigot.
Plusieurs explications sur l'origine de ce proverbe. Le larigot est une petite flûte d'ivoire qui rend un son fort haut. Pour en tirer un son, il faut souffler à perdre haleine, d'où une grande soif. Autre explication : l'archevêque de Rouen, Eudes Rigaud, offrit une grosse cloche à son église, *la Rigaude*. Fort difficile à mettre en branle, les sonneurs, après la peine, buvaient *à tire la Rigaude*, énormément.

Trop boire noie la mémoire.

Tu as bu le bon, bois la lie.

Je boirai après vous.
Je vivrai plus longtemps que vous.

Épeler en rasades.
Proverbe tombé en désuétude, mais l'on peut le remettre à l'honneur en souvenir de Ronsard :

> Neuf fois au nom de Cassandre,
>   Je vais prendre
> Neuf fois du vin du flacon,
> Afin de neuf fois le boire
>   En mémoire
> Des neuf lettres de son nom.

C'est-à-dire que l'on porte autant de toasts que le prénom de la bien-aimée a de lettres.
▶ **Âne, Eau, Fontaine, Poire, Vin.**

Bois
Le bois tordu fait le feu droit.
Quand le dessein est honorable, on peut recourir à des moyens illégaux. Tous moyens sont bons pour arriver.

Il n'est feu que de bois vert.
Il n'y a pas d'activité plus grande que celle de la jeunesse. L'expression « ce sont bois verts » désigne des personnes inutiles ou inexpérimentées.

Trouver visage de bois.

À gens de village, trompette de bois.

Faire flèche de tout bois. – De tout bois on fait feu.
Tout mettre en œuvre pour réussir.

Tout bois n'est pas bon à faire flèche.
Il faut savoir choisir les moyens que l'on emploie.

Être volé comme dans un bois.
Être la dupe de quelqu'un.

On verra de quel bois je me chauffe.
Ce que je sais faire ; contient une menace.

Il n'est bois si vert qu'il ne s'allume.
Quelque patient qu'il soit, un homme poussé à bout finit par s'emporter.

Qui a peur des feuilles n'aille au bois.
Quand on a peur, il ne faut pas affronter une situation.

Quand il n'y a pas de bois mort on en fait.
► **Doigt, Faim, Ruine.**

Boîtes
Dans les petits boîtes, les bons onguents.
Autre proverbe pour flatter les personnes de petite taille :

Dans les petits sacs, les fines épices.
Proverbe qui rejoint cet autre :

En petite tête gît grand sens.

Bon
Nul n'est trop bon et peu le sont assez.
Proverbe qui date du xiiie siècle. Il est toujours d'actualité. Marivaux s'en est-il souvenu lorsqu'il a écrit : « Dans ce monde, il faut être un peu trop bon pour l'être assez » *(Le Jeu de l'amour et du hasard)*; et Françoise Mallet-Joris dans *La Maison de papier* : « Quand on dit qu'on a été bon, c'est qu'on n'a pas été assez bon. » Mais un proverbe du xve siècle nous met en garde :

Aux bons souvent meschet.
Aux bons il arrive souvent malheur.
► **Brebis.**

Bonheur
Il n'est point de bonheur sans nuage.

Ni l'or ni la grandeur ne nous rendent heureux.
Vers de La Fontaine devenu proverbe (« Philémon et Baucis »).

Le bonheur fuit celui qui le cherche (Auvergne).

On ne peut avoir la bûchette et le cul chauffé.
C'est-à-dire tous les bonheurs à la fois *(Bretagne)*.
▶ **Heureux, Malheur.**

Bonnet
Opiner du bonnet.
Adopter l'opinion d'autrui sans examen.

Jeter son bonnet.
Renoncer à une entreprise, alors que :

Jeter son bonnet par-dessus les moulins.
C'est braver le qu'en-dira-t-on, se mettre au-dessus des bienséances.

Prendre quelque chose sous son bonnet.
Avancer une chose sans preuve.

Chausser son bonnet.
C'est s'opiniâtrer, alors que :

Mettre son bonnet de travers.
C'est se livrer à sa mauvaise humeur.

C'est bonnet blanc, blanc bonnet.
C'est la même chose.

Triste comme un bonnet de nuit sans coiffe.
▶ **Tête.**

Bonté
Bonté faite en charité n'est jamais perdue.

Bonté qui n'est sue ne vaut rien.
▶ **Beauté, Charité.**

Borgne
Mieux vaut être borgne qu'aveugle.

Au pays des aveugles les borgnes sont rois.
Parmi les gens incapables, les médiocres brillent. C'est à tort que l'on emploie : *Au royaume...*
▶ **Cheval.**

Bornes
Il y a des bornes qu'il ne faut pas franchir.
Un des lieux communs de Léon Bloy.

Bossu
Le bossu ne voit pas sa bosse
Mais il voit celle de son confrère.
L'homme est ainsi fait qu'il ne voit pas ses défauts mais remarque ceux de son voisin.
▶ **B.**

Bottes
Graissez les bottes d'un vilain, il dira qu'on les lui brûle.
Afin de se dispenser de remercier, un avare se plaindra des services qu'on lui a rendus. En général, les personnes sans éducation se plaignent toujours, quoi qu'on fasse pour eux.

Je ne m'en soucie non plus que de mes vieilles bottes.

Mettre du foin dans ses bottes.
S'emploie généralement en parlant d'une personne qui s'est enrichie par des procédés peu honnêtes, mais également peut indiquer une rentrée d'argent inopinée. Alors que :

Avoir du foin dans ses bottes.
C'est être riche. Ce proverbe vient de la coutume qu'avaient les personnes de condition, au XIVe siècle, de porter des souliers fort longs, d'où la nécessité d'y mettre du foin (un bourgeois avait droit à un soulier d'un pied de long ; un prince avait droit à deux pieds et demi).

Il y a laissé ses bottes, ses houseaux, ses guêtres.
Il est mort, alors que :

Graisser ses bottes.
C'est se préparer à la mort.

Parler à propos de bottes.
Hors de propos.

Bouc
C'est le bouc émissaire.
Désigne une personne sur laquelle on fait retomber toutes les fautes, qu'on accuse de tous les malheurs qui surviennent.

Bouche
Il dit cela de bouche, mais le cœur n'y touche.
Il parle contre sa pensée.

Qui garde sa bouche garde son âme.
Il faut veiller soigneusement sur ses paroles.

Il arrive beaucoup de choses entre la bouche et le verre.
Il suffit d'un moment pour faire manquer une affaire.

Faire venir l'eau à la bouche.
Faire naître le désir d'une chose comme à la vue ou à la pensée d'un mets délicieux, la bouche se mouille, « de la langue jusque dans les profondeurs de l'estomac », précisait Brillat-Savarin.

En bouche close n'entre mouche.
Qui se tait ne commet pas d'erreur, ne s'attire pas d'ennuis.
▶ **Aiguille, Bourse, Coupe, Fou, Vin.**

Bouclier
Une levée de boucliers.
Une entreprise sans effet.

Boue
On n'est jamais sali que par la boue.

Boulanger
Ne sois pas boulanger si ta tête est en beurre.
▶ **Médecin.**

Bourbier
Il n'est que d'être crotté pour affronter le bourbier.
Une fois l'honneur atteint, on ne craint pas de tomber plus bas.

Bourges
Les armes de Bourges.
On dit d'un ignorant assis dans un fauteuil qu'*il représente les armes de Bourges*. Quitard précise qu'il est probable, quoique l'université de Bourges ait eu des professeurs célèbres, que ce dicton a été imaginé par allusion à quelque professeur ignorant de cette université.

Bourgogne, Bourguignons
Jurer comme un Bourguignon.
Au XIIIe siècle, on disait : « Les plus renieurs sont en Bourgogne », parce que les habitants de cette province avaient souvent à la bouche les mots : « Je renie Dieu, si je ne dis vrai. » Mais les Bourguignons jurent-ils plus que les autres ? En tout cas :

Parole de Bourguignon vaut une obligation.

Les Bourguignons ont les boyaux de soie.
Les Bourguignons font leur cette maxime proverbiale que « *un bon repas vaut mieux qu'un bel habit* ».

Il regarde en Bourgogne la Champagne qui brûle.
Il louche.

Bourse
Deux amis à une bourse
L'un chante et l'autre grousse.
Grousse = gronde.

Gouverne ta bouche selon ta bourse.
Il faut se comporter selon sa condition.

La bourse ouvre la bouche.
L'argent délie souvent les langues.
▶ **Diable, Joueur, Profit.**

Bouteille
Ne rien voir que par le trou d'une bouteille.

C'est de la misère en bouteille.
Misère cachée sous l'apparence de la richesse.

Être dans la bouteille.
Dans le secret.

Braire

Un âne chargé ne laisse pas de braire.
La richesse ne masque pas la bêtise.
▶ **Âne.**

Bras

Les bons bras font les bonnes lames.
N'importe quelle arme est bonne dans les mains d'un homme courageux.

Selon le bras, la saignée.
Il ne faut pas vivre au-dessus de ses moyens.

Brebis

À brebis tondue, Dieu mesure le vent.
Dieu proportionne à nos forces les épreuves qu'il nous envoie.

Brebis qui bêle perd sa goulée.
Celui qui parle trop perd son temps.

**Il ne faut qu'une brebis galeuse pour gâter un troupeau.
— Brebis rogneuse fait souvent les autres teigneuses.**
Un grain de raisin gâté fait pourrir la grappe ; de même, une personne perverse peut corrompre toute une société.

Folle et simple est la brebis qui au loup se confesse.
Il ne faut pas faire de confidence à n'importe qui.

Brebis comptées, le loup les mange.
Un excès de précautions n'empêche pas que l'on soit trompé.

Il faut tondre les brebis et non pas les écorcher.
Il faut être modéré dans son profit.

Brebis par trop apprivoisée de trop d'agneaux est tétée.
Plus on est bon, plus on voit sa bonté exploitée.

Brebis mal gardée du loup est tôt happée.

Courage de brebis, toujours le nez en terre.

Faire un repas de brebis.
Manger sans boire.

Il n'est pas toujours saison
De tondre brebis et mouton.

La brebis bêle toujours d'une même sorte.
On ne change guère les manières qui nous viennent de la nature.

Quand les brebis vont au champ,
La plus sage va devant.

Qui se fait brebis, le loup le mange.
Avoir trop de douceur, de mansuétude est dangereux, les méchants en profitent. De même :

Qui se fait trop doux, les mouches le mangent.

Brebis qui n'a bon chef
Bientôt vient à grand meschef.
Meschef = méfait. Proverbe du xvie siècle.

Les brebis qui bêlent le plus ne sont pas les meilleures
(Agen).
▶ **Bête, Bon, Fou, Météorologie, Vache.**

Bretagne, Bretons
Qui a Bretagne sans Jugon a chape sans chaperon.
Le château de Jugon garantissait ce pays des incursions de l'ennemi comme le chaperon (capuchon) garantissait le voyageur de la pluie.

Qui fit Breton fit larron.
Quitard précise que la vérité n'a point été sacrifiée à la rime. Allusion à la coutume de piller les vaisseaux échoués. Pour cela, « les seigneurs riverains [...] faisaient promener pendant la nuit, près des récifs, un bœuf qui portait sur la tête une lanterne allumée et qui avait une jambe liée, afin qu'il imitât par sa marche claudicante les ondulations du fanal d'un navire ».
Heureusement pour les Bretons, ils ont ce fier dicton :

Jamais Breton ne fit trahison.
Le courage des Bretons est légendaire ainsi que leur prudence :

Le Breton menace quand il a féru (frappé).
On frappe d'abord, on s'explique ensuite. Un autre proverbe (XIIIe siècle) :

Ni gras poussin ni sage Breton.
Il est vrai que déjà au XIIe siècle, le Breton n'était guère considéré :

Il n'y a pas de poulet gras ni de Breton savant.

Qui promet mer, monts et montagne,
Crédit n'aura en toute Bretagne.
Le Breton est méfiant et ne se laisse pas prendre aux belles promesses.
Proverbe attesté dès le XVIe siècle.
▶ **Normand.**

Bride
Mettre la bride en main. — Mettre la bride sur le cou.
Donner la liberté.
▶ **Cheval.**

Brioche
Faire une brioche.
Une faute en musique et, par extension, en quelque chose que ce soit.

Brochet
S'ennuyer comme un brochet dans le tiroir d'une commode.

Un brochet fait plus qu'une lettre de recommandation.
Lorsqu'on sollicite une faveur, mieux vaut offrir un bien périssable. Le brochet était réputé un mets délectable. Proverbe du XVIe siècle.

Bruine ▶ Météorologie

Bruit
Faire plus de bruit que de besogne.
Parler beaucoup et faire peu.

Faire beaucoup de bruit pour rien.
Donner de l'importance à des choses qui n'en ont pas.

Il n'aime pas le bruit s'il ne le fait.
Il condamne chez les autres ce qu'il se permet.
▶ **Tonneaux.**

Brûler
Brûler ses vaisseaux.
Par allusion aux capitaines qui brûlaient leurs vaisseaux afin que leurs soldats, privés de retraite, fussent déterminés à vaincre, signifie que l'on se met dans l'impossibilité de reculer.

Brûler de l'encens devant quelqu'un.
Le flatter outrageusement.

Brume
Dans la brume, tout le monde est pilote.
Quand tous sont ignorants, personne n'est capable de commander.
▶ **Météorologie.**

Buisson
Il n'est si petit buisson qui ne porte son ombre.
Le plus faible ennemi peut être nuisible.

Trouver buisson creux.
Ne pas trouver ce qu'on attendait.

C

Cadeaux
Les petits cadeaux entretiennent l'amitié.
Les attentions font toujours plaisir et disposent en votre faveur, à condition qu'elles soient sincères. Un autre proverbe nous dit :

On donne un œuf pour recevoir un bœuf.
▶ **Brochet, Cheval.**

Caen
Si tu veux être heureux,
Va entre Caen et Bayeux.

Cage
La belle cage ne nourrit pas l'oiseau.
On peut manquer de tout dans une habitation luxueuse.

Il vaut mieux être oiseau de campagne qu'oiseau de cage. — Mieux vaut être oiseau de bocage que de cage.
La captivité la plus douce ne vaut pas la liberté.

Mieux vaut moineau en cage que poule d'eau qui nage.
Un petit bien vaut mieux que de grandes espérances (proverbe d'origine espagnole).

Quand la cage est faite, l'oiseau s'envole.
Une fois la maison achevée, le maître meurt.
▶ **Avantage.**

Caille
Chaud comme une caille.
Buffon a reconnu qu'il y avait plus de chaleur dans les cailles que dans les autres oiseaux. Un médecin du xvɪᵉ siècle conseille aux époux de porter un cœur de caille sur eux s'ils veulent être heureux. Cette expression proverbiale désigne aussi une femme ardente.
▶ **Météorologie.**

Calendes
Renvoyer aux calendes grecques.
Renvoyer une chose indéfiniment, les Grecs n'ayant pas fait usage des calendes dans leur chronologie.

Calice ▶ Avaler

Calomnie
La calomnie s'arme du vraisemblable.
Proverbe tiré d'un texte de Sénèque : « C'est toujours à l'aide du vrai que le mensonge attaque la vérité. »

Calomniez, calomniez : il en restera toujours quelque chose.
Cette phrase, qu'on trouve déjà chez Bacon, résume parfaitement la fameuse tirade de Bazile (*Le Barbier de Séville,* II, 8).
▶ **Langue, Raillerie.**

Canard
Vendre, donner un canard à moitié.
Mentir, tromper ; d'où le mot *canards,* « fausses nouvelles ».

Le canard et le pigeon,
Manger d'or, chier de plomb.
Dicton qui souligne la finesse de la chair mais marque les fientes désagréables de ces animaux.
▶ **Météorologie.**

Cape
N'avoir que la cape et l'épée.
Que son mérite personnel.

Carême
Arriver comme marée en carême.
Se dit d'une chose qui arrive fort à propos, alors que :

Arriver comme mars en carême.
Se dit d'une chose, d'un événement qui doit se produire inévitablement, le carême se situant toujours au mois de mars.

L'eau gâte moult le vin,
Une charrette le chemin,
Le carême le corps humain.
▶ **Pâques.**

Carnaval
Si le carnaval venait trois fois l'an
Tout nus il mettrait les gens.
Le carnaval occasionnait autrefois de folles dépenses, d'où cet autre dicton :

Mieux vaut un peu chaque jour que trop au carnaval.

Pendant le carnaval
Se marie canaille.
▶ **Météorologie.**

Casaque
Porter casaque de diverses couleurs.
Se ranger facilement à toutes sortes de partis.

Catholique
Il ne faut pas être plus catholique que le pape.
Un des lieux communs de Léon Bloy.

Catholique à gros grains.
Peu scrupuleux, par allusion aux catholiques qui ne disaient de leur chapelet que les *pater*, marqués par de gros grains.
▶ **Roi.**

Cause
Les petites causes produisent souvent de grands effets.

Il n'y a pas d'effet sans cause.

Ceinture
Large de bouche, étroit de ceinture.
Généreux en paroles, en réalité avare.

Parler sous la ceinture.
Promettre de l'argent à quelqu'un pour l'engager dans une entreprise.
▶ **Renommée.**

Céleri
Si les femmes savaient ce que le céleri vaut à l'homme,
Elles en iraient chercher jusqu'à Rome.
Les mérites aphrodisiaques du céleri ont donné naissance à d'autres dictons :

Le céleri, arbre à grimper,
Il fait monter le père sur la mère.
Et :

Le céleri rend les forces aux vieux maris.

Cendre
Mieux vaut la cendre divine
Que du monde la farine.
Remonte au XVIe siècle. Il vaut mieux préparer son ciel que vivre dans les périls du monde.

Cerises
Si toute l'année il y avait des cerises,
Messieurs les médecins n'iraient plus qu'en chemise.
Dicton qui vante les vertus médicinales de ce fruit.
▶ **Colombe, Médecin, Pois, Ventre.**

Cernoir
Faire de l'arbre d'un pressoir le manche d'un cernoir.
Réduire presque à rien une chose considérable, se ruiner par de folles
dépenses (l'arbre d'un pressoir est une pièce de bois fort longue ; le
manche d'un cernoir a la dimension d'une clef de montre).

Chambre
Avoir des chambres à louer dans la tête.
N'avoir pas sa raison entière.

Chameau
Rejeter le moucheron et avaler le chameau.
Éviter de petites fautes et s'en permettre de grandes.

**Il est plus facile à un chameau de passer par le trou
d'une aiguille qu'à un riche d'entrer dans le ciel.**
Proverbe tiré de l'Évangile.

Champ
À faible champ fort laboureur.
Lorsque le paysan a peu de terres, il faut qu'il travaille durement pour
se nourrir car :

En petit champ croît bon blé.

Champagne, Champenois
Être du régiment de Champagne.
Se moquer de l'ordre.

**Regarder en Picardie (ou en Gâtinais) pour voir si la
Champagne brûle.**
Avoir des yeux louches, loucher.

Il ne sait pas toutes les foires de Champagne.
Se dit d'un homme qui se croit bien informé du fond et des détails
d'une affaire alors qu'il ne l'est point.

Quatre-vingt-dix-neuf moutons et un Champenois font cent bêtes.

Lorsque César conquit la Gaule, le principal revenu de la Champagne consistait en troupeaux de moutons; les Champenois payaient au fisc un impôt en nature. Pour favoriser le commerce, César exempta de la taxe les troupeaux au-dessous de cent têtes; les Champenois, rusés, n'eurent plus que des troupeaux de quatre-vingt-dix-neuf têtes. Instruit, César décida que le berger serait compté pour un mouton et paierait comme tel.

► **Bourgogne.**

Chance
La chance est en l'air, elle tombe sur la canaille.
Correspond à :

Chance vaut mieux que bien jouer (Bretagne).

Chandeleur ► Météorologie (février)

Chandelier, Chandelle
Brûler la chandelle par les deux bouts.
Dissiper sa fortune, sa santé en menant une vie dissipée.

Mettre la lumière sur le chandelier.
Ne pas cacher la vérité.

Il n'est si petit saint qui ne veuille sa chandelle.
Tous aspirent à la considération.

La chandelle qui va devant éclaire mieux que celle qui va derrière.
Faire le bien de son vivant est plus méritoire que de laisser des legs; ou encore à propos des aumônes faites promptement et sans regret.

À chaque saint sa chandelle.
Pour réussir, il faut se rendre favorables tous ceux qui peuvent vous aider.

Donner une chandelle à Dieu et une au diable.
Se ménager toutes les parties.

Devoir une belle chandelle à Dieu.
Lorsque l'on a échappé à un danger, on dédie à Dieu, en signe de reconnaissance, un cierge.
▶ **Femme, Jeu.**

Chanter
Chanter avant la fête.
Se réjouir, peut-être à tort.

**Qui bien chante et qui bien danse
Fait un métier qui peu avance.**

Tel chante qui n'est pas joyeux.

Chapelle
**Il n'est si petite chapelle
Qui n'ait sa dédicace et fête son saint.**

Chapitre
N'avoir pas voix en chapitre.
N'être pas consulté. *En* est ici pour *dans le*, allusion à l'assemblée d'une communauté religieuse, d'où la locution :

Avoir voix au chapitre.
Avoir autorité pour parler.

Chapon
Chapon de huit mois, manger de rois.
Dicton qui indique l'âge idéal pour déguster un chapon.

Qui mange chapon, perdrix lui vient.
Le bien vient à ceux qui en ont déjà. Variante :

Qui chapon mange chapon lui vient.
L'argent va à l'argent.
▶ **Géline.**

Charbonnier
La foi du charbonnier.
Foi simple, sans examen. Cette expression proverbiale vient d'un conte. Le diable, déguisé en docteur de Sorbonne, entra dans la cabane d'un charbonnier pour le tenter. Il lui dit : « Que crois-tu ? — Je crois en la Sainte Église. — Et que croit la Sainte Église ? — Elle croit ce que je crois », répondit le charbonnier.

Charbonnier est maître chez soi.
Provient de la réponse que fit un paysan à François Ier qui s'était réfugié chez lui :

Or, par droit et par raison,
Chacun est maître en sa maison.

Charité
Charité bien ordonnée commence par soi-même.
S'emploie surtout en mauvaise part lorsqu'on veut attirer l'attention de quelqu'un sur ses propres défauts.

Mieux vaut charité plein la main que biens plein le four.
▶ **Aumône, Bien, Bonté, Don, Main.**

Charretier, Charrue
Il n'est si bon charretier qui ne verse.
Il n'est personne, aussi habile soit-on, qui ne commette un jour une faute.

C'est une charrue mal attelée.
Se dit d'une entreprise dont les associés ne s'entendent pas.

Mettre la charrue devant les bœufs.
Commencer par ce qui devrait être la fin.
▶ **Carême, Cheval, Femme.**

Chasse, Chasser, Chasseur
Qui va à la chasse perd sa place.
Lorsqu'on a une bonne place, il faut être vigilant pour la garder.

Qui deux choses chasse, ni l'une ni l'autre ne prend.

Ne sont pas tous chasseurs qui sonnent du cor.

Jamais chasseur
N'a nourri son père (Provence).

À vieux chasseur, il faut jeune chien.
À jeune chasseur, il faut vieux chien (Bourgogne).
▶ **Chien, Saint, Vent.**

Chat
On ne peut prendre de tels chats sans mitaines.
Se dit d'une affaire particulièrement délicate à traiter.

Le chat parti, les souris dansent.
Quand le maître est parti, chacun se dissipe.

La nuit tous les chats sont gris.
La nuit efface les défauts, au point que l'on ne distingue une belle
femme d'une laide. Correspond à :

À la chandelle, la chèvre semble demoiselle.

Le mou est pour le chat.
Se dit de ce qui revient de droit à quelqu'un.

À bon chat, bon rat.
Les deux protagonistes sont de force équivalente.

Chat échaudé craint l'eau froide. — Chat échaudé ne
revient pas en cuisine.
Une fois que l'on a été trompé dans une affaire, l'on se méfie.

À tard se repent le rat
Quand par le col le tient le chat.

Amis comme chien et chat.

Il n'y a pas de quoi fouetter un chat.

Il ne faut pas réveiller, éveiller le chat qui dort.
Mieux vaut éviter d'attirer l'attention des personnes pouvant nuire.

Il est éveillé comme un chat qu'on châtre.

Il est propre comme une écuelle à chat.
Sa propreté est douteuse.

Jeter le chat aux jambes de quelqu'un.
C'est lui vouloir tout le mal possible.

Il est comme le chat qui tombe toujours sur ses pieds.
Se dit d'une personne qui sait se tirer avec adresse de toutes les situations.

Qui naquit chat court après les souris.
Le naturel perce toujours en dépit de l'éducation.

C'est un nid de souris dans l'oreille d'un chat.
Marque une situation périlleuse ; indique une chose impossible.

Appeler un chat un chat.
Nommer les choses par leur nom.

Emporter le chat.
Partir sans payer ou sans prendre congé.

Il ne faut pas faire passer tous les chats pour des sorciers.
Il ne faut pas conclure du particulier au général.

Faire de la bouillie pour les chats.
Se tourmenter pour une chose dont personne ne doit tirer avantage.

Jamais petit chat n'a porté rat à sa mère.
Une mère ne doit pas trop attendre de ses enfants.
▶ **Chien, Météorologie, Singe, Souris, Vivre.**

Château
Ville prise, château rendu.
Au figuré, quand le principal est acquis, l'accessoire suit.
▶ **Espagne.**

Chaussure
Il a bien trouvé chaussure à son pied.
Il a rencontré qui peut lui résister ; il a trouvé ce dont il avait besoin.

Il n'y a aucune mauvaise chaussure qui ne trouve sa pareille.
Indique que la canaille s'assemble toujours.

Avoir un pied dans deux chaussures.
Faculté de choisir entre deux partis également avantageux.

Chemin

Bonnes terres, mauvais chemins.
Les chemins longeant les bonnes terres sont défoncés par de nombreux passages.

À chemin battu il ne croît point d'herbe.
Là où il y a trop de personnes à s'occuper d'une affaire, il n'y a rien à gagner.

En tout pays, il y a une lieue de mauvais chemin.
Dans toute entreprise, il y a des obstacles. En revanche :

On fait bien du chemin en un jour.

Le plus court chemin est la ligne droite.
Contredit par :

Les plus courts chemins ne sont pas toujours les meilleurs.

Qui trop se hâte reste en chemin.
« Il ne faut pas agir avec précipitation », disait Platon ; Caton : « Assez tôt, si assez bien » ; et Chilon, un des Sept Sages de la Grèce : « Hâte-toi lentement. »

Il ne faut pas aller par quatre chemins.
Il arrive un moment où il faut savoir se décider.

Beau chemin n'est jamais long (Provence).
▶ Fuir, Pluie, Rome.

Cheminée

Faire une croix à la cheminée.
Se dit à propos d'un fait rare, d'un événement agréable et inattendu. Correspond à l'expression latine « Jour digne d'être marqué par une pierre blanche ». Les Italiens disent : « Faire une croix avec un charbon blanc. »

Nouvelle cheminée est bientôt enfumée.
Tout ce qui est nouveau perd de son intérêt. Le sens grivois n'est pas
attesté.

Chemise
**La chemise est plus proche que le pourpoint. — La chair
est plus proche que la chemise.**
Nos intérêts nous touchent plus que ceux d'autrui ; nous devons penser à nos propres affaires avant de penser à celles de nos parents.

Que ta chemise ne sache ta guise.
Ta façon de penser. Allusion à la réponse du sénateur Q. Metellus le
Macédonique à qui l'on demandait pourquoi il agissait comme il le fai-
sait après avoir levé le siège de Contébrie en Espagne, et qui répondit :
« Si ma tunique savait mon secret, je brûlerais à l'instant ma tunique. »
Il faut savoir cacher sa pensée, même à ses proches, et suivre le conseil
de Piron : « Un dessein qu'on évente est tout près d'avorter » ; et se
souvenir de cet autre proverbe :

Un mot dit à l'oreille est entendu de loin.
▶ Charité, Vin.

Chère
Grande chère, petit testament.
Celui qui mène un grand train laissera peu à ses héritiers. Un autre
proverbe est employé en ce sens :

Grosse cuisine, maigre testament.

Cheval
**Cheval de foin cheval de rien,
Cheval d'avoine cheval de peine,
Cheval de paille cheval de bataille.**
Proverbes indiquant les mérites du cheval.

**Quand le foin manque au râtelier, les chevaux se
battent.**
La pauvreté crée bien des conflits.

Il n'est si bon cheval qui ne bronche.
L'homme le plus avisé peut se tromper ; l'homme le plus sage peut pécher.

Il n'est si bon cheval qui ne devienne rosse.
L'âge diminue l'homme.

À méchant cheval, bon éperon.
Dans les situations périlleuses, il faut redoubler de fermeté.

À cheval hargneux, il faut une écurie à part.
Il en est de même pour les hommes.

Il fait toujours bon tenir son cheval par la bride.
Il faut toujours surveiller ses intérêts.

Il est aisé d'aller à pied quand on tient son cheval par la bride.
Il est facile de supporter quelque ennui lorsque le remède est à proximité.

Il vaut mieux être cheval que charrette.
Mieux vaut commander qu'obéir.

À cheval donné, ne lui regarde pas en la bouche.
Il ne faut pas être exigeant quand on vous fait un cadeau.

Un bon cheval va bien tout seul à l'abreuvoir.
Paroles dites par une personne qui se sert elle-même.

L'avoine fait le cheval.
Le travail doit être récompensé à sa juste valeur.

Cela ne se trouve point dans le pas d'un cheval.
C'est une chose difficile à trouver.

Il ne faut pas changer un cheval borgne contre un aveugle.
Ce proverbe nous met en garde contre trop de précipitation, confirmé par :

Cheval courant, sépulture ouverte.

Qui veut un cheval sans défaut doit aller à pied.
À force de se montrer exigeant, l'on risque de tout perdre.

À bon cheval bon gué.
Lorsque l'on a de bons outils, on fait du bon travail ; lorsque l'on monte un bon cheval, on n'a pas de souci à se faire.

Le cheval à l'œil véron
Est tout méchant ou tout bon.
Autre constatation, sous forme de conseil :

N'achapte (achète) pas cheval jouant de la queue.
Enfin, ce proverbe du XVIIe siècle :

Un cheval qui pète devance le vent.
▶ **Âge, Amender, Apparence, Bénéfice, Femme, Mouche, Raison, Vin, Yeux.**

Chevalier
Nul chevalier sans prouesse.
Seuls les actes font le vrai mérite.

Faveurs, femmes et deniers font de vachers chevaliers.
Par les faveurs, la protection des femmes et l'argent, on peut prétendre au mérite sans le posséder.
▶ **Roi.**

Cheveux ▶ Âge

Chèvre
Où la chèvre est liée, attachée, il faut qu'elle broute.
Il faut se contenter de ce qu'on a.

On n'a jamais vu chèvre morte de faim.
On survit aux épreuves si l'on s'endurcit.

La chèvre a pris le loup.
Se dit quand une personne mal intentionnée a eu le dessous avec une personne moins habile qu'elle.

Cela est lié comme crottes de chèvre.
Se dit d'une personne qui tient des propos sans suite.

Ménager la chèvre et le chou.
Ménager les deux parties pour conserver les bonnes grâces de chacun.

Il serait amoureux d'une chèvre coiffée.
Il s'éprend de n'importe quelle femme, quelque laide qu'elle soit.
Autre proverbe :

À la chandelle, la chèvre semble demoiselle.

Prendre la chèvre.
Se fâcher, s'emporter sans raison.
▶ **Chat, Femme, Fortune.**

Chien
Chien hargneux a toujours les oreilles déchirées.
Aux gens querelleurs, il arrive toujours des ennuis.

Bon chien chasse de race.
Les enfants héritent souvent des qualités — et des défauts — de leurs parents. Appliqué à une femme, ce proverbe se prend en mauvaise part.

Il n'est chasse que de vieux chiens.
L'expérience des vieillards est toujours utile.

On ne peut empêcher le chien d'aboyer, ni le menteur de mentir.
Correspond à :

Chassez le naturel, il revient au galop.

Quand on veut noyer son chien, on dit qu'il a la rage, la gale.
On accuse les personnes que l'on veut perdre. Dans *Les Femmes savantes* (II, 5), Molière utilise ce proverbe :

Qui veut noyer son chien, l'accuse de la rage.

Pendant que le chien pisse, le lièvre s'en va.
La moindre hésitation, le plus petit retard fait perdre l'occasion.

Autant vaut être mordu d'un chien que d'une chienne.
Entre deux choses également à craindre, tout revient au même.

Un chien regarde bien un évêque.
On ne doit pas s'offenser d'être regardé par un inférieur, car aussi humble soit-on, on doit pouvoir s'adresser aux grands de ce monde.
En *Auvergne,* on ajoute :

... Et un chat un avocat.

Il fait comme ce chien de Jean de Nivelle qui s'enfuit quand on l'appelle.

Vient de la conduite de Jean de Montmorency, seigneur de Nivelle, qui, ayant donné un soufflet à son père, fut cité à la cour du Parlement. Malgré des sommations, il s'enfuit en Flandre. Cette action le rendit méprisable et on le surnomma « chien de Jean de Nivelle ». Au XVIᵉ siècle, le proverbe devint :

**Le chien de maître Jean de Nivelle
S'enfuit toujours quand on l'appelle.**

Mauvais chien ne trouve où mordre.

L'occasion manque toujours à ceux qui ne sont pas doués pour la saisir.

**Qui se couche avec les chiens
Il se lève avec des puces.**

Il faut se méfier de ses relations. À fréquenter des voleurs, on se retrouve voleur, des menteurs, menteur... Autre forme de ce proverbe :

Qui hante chiens, puces remporte.

Les chiens ne font pas des chats.

Correspond à :

L'aigle n'engendre pas la colombe.

À bon chien bon os.

Ce qui serait logique si les hommes étaient justes. Un autre proverbe en doute :

À bon chien il n'arrive jamais un bon os.

À méchant chien court lien.

Autre proverbe :

Tel chien tel lien.

On n'accorde à chacun que selon son mérite.

**Qui veut frapper un chien
Facilement trouve un bâton.**

**Chien une fois échaudé
D'eau froide est intimidé.**

Chien échaudé craint l'eau froide.

Par petits chiens le lièvre est trouvé
Et par les grands est happé.
Rien de nouveau sous le soleil, puisque ce proverbe date du xvɪᵉ siècle
et montre que les petits travaillent pour le profit des grands.

Pour l'alouette le chien perd son maître.
Combien se sont laissé séduire par l'apparence et s'en sont mordu les
doigts !

Qui réveille le chien qui dort, s'il le mord, il n'a pas tort
(Auvergne).
Autres proverbes de cette province :

Où le chien jappe, il faut qu'il mange. — Quand il faut
baiser le cul du chien, autant vaut aujourd'hui que
demain. — Un évêque mort ne vaut pas un chien en vie.

Chien sur son fumier est hardi (Bretagne).
▶ Aboyer, Battre, Chasseur, Chat, Femme, Loup,
Météorologie, Mort, Plaisir, Sifflet, Temps, Vache.

Choisir
À force de choisir, on finit par se tromper (Provence).

Chose
Il ne faut pas mépriser les petites choses.
Une vieille légende rapporte que Jésus, se promenant avec ses dis-
ciples, aperçut un morceau de fer à cheval et pria saint Pierre de le
ramasser. Celui-ci, dédaignant une si pauvre trouvaille, le repoussa du
pied. Le Seigneur le prit et le vendit à un forgeron. Avec ce gain, il
acheta des cerises. La route était longue, la soif ardente. Jésus laissa
tomber les cerises et saint Pierre se baissa pour les ramasser. Jésus lui
dit avec douceur : « Souviens-toi qu'il ne faut jamais mépriser les
petites choses. »

Il ne faut pas négliger les petites choses.
La négligence des menus détails fait souvent avorter une grande
affaire. Confucius enseigne que « l'attention aux petites choses est
l'économie de la vertu ».

Chaque chose a son temps.
Rien n'est plus passager qu'une mode. De même, les plaisirs ne sont plus les mêmes aux différents âges de la vie.

Chose défendue, chose désirée.
Depuis Adam et Ève, nous sommes soumis à la tentation. Plus une chose est défendue, plus nous sommes attirés vers elle.

Chose accoutumée rarement prisée.
Souvent, par habitude, l'on ne se rend plus compte du bonheur que l'on a.

Chose bien commencée est à demi achevée.
▶ **Pain, Promesse, Valoir.**

Chou
Ce n'est pas le tout que des choux, il faut le lard avec.

Envoyer quelqu'un planter ses choux.
Le priver de son emploi.

Il s'y entend comme à ramer des choux.
Il n'y connaît rien.

Un bouillon de chou
Fait perdre au médecin cinq sous.
Médecine naturelle, les propriétés du chou guérissent certains maux *(Anjou)*. Autre dicton :

Choux réchauffés
Mauvais dîner.
▶ **Abstinence, Aubervilliers, Chèvre.**

Chute
De grande montée, grande chute.
▶ **Monter.**

Ciel ▶ Femme, Météorologie

Cimetière
Cela ne sert à rien de devenir un jour l'homme le plus riche du cimetière.
Devant la mort, on est tous égaux *(Nord)*.
▶ **Mort, Veau.**

Clerc
Il ne faut pas parler latin devant les clercs.
Évitons de parler d'un sujet devant ceux qui le connaissent mieux que nous.

Les bons livres font les bons clercs.
La lecture des bons livres nous instruit.

Ce n'est pas un grand clerc.
Ce n'est pas un homme habile.

Faire un pas de clerc.
Commettre une faute par inadvertance ou par inexpérience.

Les plus grands clercs ne sont pas les plus fins.
En dehors de leur science, ils ne savent rien et, de ce fait, se font facilement duper.

À bon clerc, demi-mot suffit.
▶ **Danse.**

Cloche
Sonner la grosse cloche.
C'est mettre en œuvre les moyens extrêmes.

Fondre la cloche.
C'est tenir à la conclusion d'une affaire ; prendre enfin un parti.

Penaud comme un fondeur de cloche.
Être étonné de voir avorter une affaire sur laquelle on comptait.

Qui n'entend qu'une cloche n'entend qu'un son, n'entend rien.
On ne peut juger d'une affaire que si l'on a entendu les deux parties.

On ne peut sonner les cloches et aller à la procession.
On ne peut faire plusieurs choses à la fois.

C'est le son des cloches, auxquelles on fait dire tout ce qu'on veut.
S'applique aux personnes qui disent tantôt blanc, tantôt noir, ou qui font écho aux paroles d'autrui.
▶ **Entendre.**

Clocher
Un grand clocher est un mauvais voisin.
La proximité des grands apporte souvent des ennuis.
▶ **Voisin.**

Clou
Un clou chasse l'autre.
Un nouvel amour remplace l'ancien. Un nouveau souci succède à l'ancien.

River le clou à quelqu'un.
Le mettre à la raison une fois pour toutes.

Cochon
Où il y a un joli cochon, il y a bonne soupe.
La propreté de la soue indique une ferme bien tenue *(Auvergne)*.
▶ **Porc, Vie.**

Cœur
Le cœur haut et la fortune basse.
Avoir plus de générosité que de fortune.

Cœur d'artichaut, une feuille pour tout le monde.

Loin des yeux, loin du cœur.
L'absence équivaut à l'oubli.

De l'abondance du cœur la bouche parle.
Si le sujet vous passionne, on en parle savamment.

Avoir le cœur à la bouche.
C'est s'exprimer avec franchise.

Les sages ont la bouche dans le cœur, et les fous le cœur dans la bouche.
Les sages cachent leurs pensées; les fous les disent.

Ce qui est amer à la bouche est doux au cœur.
Ce qui est désagréable au goût est souvent salutaire à la santé.

On a beau prêcher qui n'a cœur de rien faire.
On exhorte inutilement un lâche ou un paresseux.

Il dit cela de bouche, mais le cœur n'y touche.
Parler contre sa pensée.

Cœur qui soupire n'a pas ce qu'il désire.

Le cœur mène où il va.
Chacun se laisse entraîner par son penchant.

Avoir un cœur de citrouille.
Se dit d'une personne qu'on taxe de mollesse, de lâcheté.

Mauvais cœur et bon estomac.
Pourrait être la devise des égoïstes!

Cœur blessé ne se peut aider.
L'on ne peut rien pour aider à surmonter les chagrins d'amour.

Cœur étroit n'est jamais au large.
Un cœur avare n'a pas de générosité.

Cœur ne peut mentir.
Ce que le cœur dicte ne peut être mauvais.

Bon cœur ne peut mentir.

À vaillant cœur, à cœur vaillant, rien d'impossible.
Les forts surmontent tous les obstacles. Devise du grand argentier de Charles VII, Jacques Cœur (1395-1456).
Citons enfin deux proverbes étrangers pour leur beauté :

Le cœur est un enfant, il espère ce qu'il désire (Turquie).

Le monde est une mer, notre cœur en est le rivage (Chine).

▶ **Tête, Vilain.**

Coffre
Cette fille est belle comme un coffre.
Elle n'est pas belle, mais elle a une grosse dot.

Raisonner comme un coffre.
Déraisonner.

Cognée
Il ne faut pas jeter le manche après la cognée.
Il ne faut pas abandonner une affaire par dégoût ou découragement.
D'un proverbe du xvie siècle :

Celui-là est fou qui jette...

Aller au bois sans cognée.
Entreprendre sans avoir les atouts nécessaires pour réussir.

Mettre la cognée à l'arbre, à la racine de l'arbre.
Entreprendre vigoureusement quelque chose, plus particulièrement en vue de démolir.

Coiffé
Il est né coiffé.
Avoir une chance insolente, un bonheur constant (se dit par allusion à la membrane graisseuse qui couvre la tête de certains nouveau-nés).

Colère
La colère se passe en disant l'alphabet.
La réflexion est le meilleur moyen pour réprimer sa mauvaise humeur.
Un autre proverbe, du xiiie siècle, nous met en garde :

Colère n'a conseil.
Heureusement, il y a un remède à la colère :

Petit homme abat bien un grand chêne,
Et douce parole grande ire (colère).

Si tu es en colère,
Va pisser dans le poulailler (Bourgogne).
▶ **Colombe, Homme.**

Colin-Tampon
Se moquer, se soucier de quelqu'un, de quelque chose comme de colin-tampon.
N'en faire aucun cas, n'y attacher aucune importance.

Colombe
Craignez la colère de la colombe.
N'irritez pas quelqu'un de doux, il peut sortir de ses gonds. Méfiez-vous de la colère d'une femme. Proverbe inspiré de Virgile : « On sait ce que peut une femme furieuse. » Et de l'Ecclésiaste : « Il n'y a pas de colère au-dessus de la colère de la femme. »

À colombes soûles, cerises sont amères.
À l'exemple des colombes qui se gorgent de cerises au point d'en être dégoûtées, une trop grande abondance gâte le plaisir de vivre.
Ce qui est confirmé par :

Au dégoûté le miel est amer.
Avoir tout à satiété est peut-être nuisible, mais cependant n'oublions pas que :

Abondance de biens ne nuit pas.
► Ventre.

Colonie
Périssent les colonies plutôt qu'un principe.
Phrase historique que l'on peut assimiler à un proverbe par l'emploi que l'on en a fait. Rappelons les faits. En mai 1791, à l'Assemblée constituante, il était question de revenir sur l'émancipation des Noirs et de ne pas accorder à ceux-ci les mêmes droits qu'aux Blancs. Dupont de Nemours s'écria « qu'il vaudrait mieux sacrifier les colonies qu'un principe », Robespierre enchérit : « Périssent les colonies, s'il doit nous en coûter notre honneur, notre gloire, notre liberté ! »

Commander ► Obéir

Commencement
Il y a un commencement à tout.
En tout, il faut un apprentissage ; il ne faut jamais désespérer de rien.

Heureux commencement est la moitié de l'œuvre.
De même :

Qui bien engrène bien finit.
Le bon début d'une affaire est le garant de sa bonne exécution.
▶ **Chose.**

Compagnie
Par compagnie, on se fait pendre. — La mauvaise compagnie pend l'homme. — Il vaut mieux être seul qu'en
mauvaise compagnie.
Ceux que nous fréquentons peuvent nous entraîner à des actions
mauvaises.

Il n'est si bonne compagnie qui ne se sépare, qui ne se
quitte.
Les choses les plus agréables ont une fin. Ce proverbe s'emploie principalement lorsqu'on quitte une personne sous un prétexte quelconque.
▶ **Fréquenter, Seul.**

Compagnon
Qui a compagnon a maître.
Les associés sont dépendants l'un de l'autre.

Comparaison
Comparaison n'est pas raison.
Une comparaison n'est pas un argument.

Toute comparaison cloche.
Il y a toujours quelque chose d'incomplet dans une comparaison.

Toutes comparaisons sont odieuses.
On blesse l'amour-propre de deux personnes que l'on compare.

Complaire
On ne peut complaire à tous.
La diversité des hommes est telle que l'on ne peut plaire à chacun.
Proverbe du xve siècle.
▶ **Contenter.**

Compte
Erreur n'est pas compte.
Reconnaître une erreur n'est pas la réparer, comme dans le jeu de dames l'on dit : « Souffler n'est pas jouer. »

Les bons comptes font les bons amis. — Les vieux comptes font des amis courts. Les comptes courts font les amis longs (Provence).

À tout bon compte revenir.
Lorsqu'on est sûr de son premier calcul, on peut sans crainte recompter, surtout lorsque l'on sait que :

Qui compte sans son hôte, il compte deux fois.

**Qui compte tout
Doit tout acheter.**
Qui n'est pas généreux ne recevra rien *(Pays d'oc)*.
▶ **Ami.**

Con
[...] À force de jouer au con, on finit toujours par se casser quelque chose.
Employé par S. Lentz dans *Les Années-Sandwiches*. Cette expression triviale pourrait passer en proverbe.

Confession
Confession faite par force ne vaut rien.
Remonte au xve siècle. Des aveux obtenus par la contrainte ne peuvent être retenus.

Faute de parler, on meurt sans confession.
▶ **Metz.**

Congres
Aller aux congres sans crochet.
Entreprendre une affaire sans avoir les moyens ou la faculté de la mener à bien.

Connaître
Connais-toi toi-même.
Sentence de Chilon, un des Sept Sages de la Grèce (VIe siècle av. J.-C.), écrite en lettres d'or au fronton du temple de Delphes. Socrate en fit sa devise et Montaigne y puisa sa philosophie en précisant : « Qui se connaît, connaît aussi les autres ; car chaque homme porte la forme entière de l'humaine condition. »

Pour connaître quelqu'un, il faut avoir mangé un minot de sel avec lui.
Avoir partagé avec lui de nombreux repas.

Tu t'y connais comme truie en fine épice et pourceau en poivre.
Tu n'y connais rien.
▶ **Aimer, Vosges.**

Conscience
Une bonne conscience est un doux oreiller.

Quand la bourse se rétrécit la conscience s'élargit.

Conseil
À parti pris point de conseil.
Avec quelqu'un de buté, inutile de raisonner.

Ne pèche point qui pèche par conseil.
On ne mérite pas d'être blâmé si l'on se trompe après avoir pris conseil.

Écoute les conseils de tous et prends celui qui te convient.

Les Italiens ont un proverbe plein de sagesse :
Sel et conseil ne se donnent qu'à celui qui les demande.

Ce que chacun sait n'est pas conseil.
Lorsque l'on donne un conseil, celui-ci doit être utile et non un lieu commun.
▶ **Femme, Vieux.**

Contentement, Contenter (se)
Contentement passe richesse.
Une vie heureuse et tranquille vaut mieux que de grands biens. Molière cite ce proverbe dans *Le Médecin malgré lui* (II, 1). Dès le XVIᵉ siècle, existait cet autre proverbe :

Bienheureux est qui se contente
De ce que Dieu lui mande pour rente.
▶ Avoir.

Contenter
On ne peut contenter tout le monde et son père.
Qui correspond à cet autre proverbe :

Autant de têtes, autant d'avis.
Est cité dans la fable de La Fontaine : « Le Meunier, son Fils et l'Âne », où il est démontré que l'on ne peut suivre tous les conseils que l'on vous prodigue. Savoir se contenter de ce que l'on a est illustré par :

Celui qui n'a pas le moyen d'acheter un mouchoir n'a qu'à se moucher avec les doigts (Nord).

Contrat
De mauvais contrat, longue dispute.
Au contraire :

Contrats clairs, amitié longue (Monaco).

Convoiter, Convoitise
Qui tout convoite tout perd.
De même :

Qui trop embrasse mal étreint.
L'excès, en tout, est nuisible.

À convoitise rien ne suffit.
La convoitise est certainement une des causes du malheur des hommes.
▶ Avoir, Désir, Envie.

Coq
Être comme un coq en pâte.
Avoir tout le bien-être possible.

Le coq de la paroisse.
Homme qui est au-dessus des autres, par sa fortune, par la considération dont il jouit. On nomme aussi « coq de la paroisse, du village », celui qui court après toutes les filles.
▶ **Météorologie, Poule.**

Corbeau
Quelque temps qu'il fasse,
Mieux vaut pie que agasse.
Agasse = corbeau.

De mauvais corbeau mauvais œuf.
De mauvaises fréquentations il n'arrive que des désagréments (le corbeau est réputé être mangé par ses petits s'il ne peut subvenir à leurs besoins).

Corbeaux avec corbeaux
Ne se crèvent jamais les yeux,
Non plus que les brigands grands maux
Ne se font, l'un l'autre.
Mais mieux ou plus simplement :

Les corbeaux ne crèvent pas les yeux aux corbeaux.
Les méchants ne se combattent pas entre eux. La réputation du corbeau est exécrable :

Nourris un corbeau, il te crèvera l'œil.
Avec cette variante :

Élève un corbeau, il te crèvera les yeux.
Ou encore :

Qui lave le corbeau ne le fait pas blanc.

En *Savoie* :
Jamais un corbeau n'a fait un canari.

Corde

Il ne vaut pas la corde pour le pendre.
Se dit d'une personne méprisable.

Il a de la corde de pendu dans sa poche.
Réussir dans toutes ses entreprises, gagner au jeu.

On verra beau jeu si la corde ne rompt.
Si rien ne vient entraver un projet, celui-ci donnera d'heureux résultats.

Il ne faut point parler de corde dans la maison d'un pendu.
Il faut éviter de parler devant les gens de choses semblables à celles qui peuvent leur être reprochées ou qui leur rappellent de mauvais souvenirs arrivés à leur famille.

Trop tirer rompt la corde.
À force d'abuser, on lasse son interlocuteur et l'on n'obtient plus rien.
► **Arc, Puits.**

Cordonniers

Les cordonniers sont toujours les plus mal chaussés.
Ceux qui exercent une profession négligent de profiter de leur art.

Corneille

Y aller de cul et de tête, comme une corneille qui abat des noix.
Agir étourdiment ; se donner beaucoup de mal pour arriver à ses fins.
Par allusion à la corneille qui abat précipitamment des noix qui, une fois à terre, profitent aux autres.

Bayer aux corneilles.
Regarder en l'air niaisement ; par extension, faire le badaud.
► **Météorologie.**

Corps

À vieux corps, point de remède (Bourbonnais).
► **Rate, Tailler.**

Corsaire
À corsaire, corsaire et demi.
Pour vaincre, il faut se montrer plus audacieux que celui qui vous attaque.

Coteau
Être de l'ordre des coteaux.
Un fin gourmet. Expression fort usitée au XVIIe siècle. Quitard rapporte les propos de l'évêque du Mans, M. de Lavardin : « ... pour le vin, ils n'en sauraient boire que des trois coteaux d'Aï, de Haut-Villiers et d'Avenay. »

Cou
Qui a un signe au cou
Est heureux plus qu'il ne veut (Auvergne).

Couché
On est plus couché que debout.
Le temps de la vie est bien court.
▶ Chien, Héritier, Lever, Lit.

Coude
Il ne se mouche pas du coude.
Homme fort habile. Se prend souvent ironiquement si l'on ajoute :

... On le voit bien sur sa manche.
▶ Yeux.

Couillon
Il vaut mieux être couillon qu'aveugle,
L'on peut voir ses semblables (Provence).
▶ Pardonner.

Coupe
Il y a loin de la coupe aux lèvres.
Avant de réaliser un vœu, une affaire, bien des entraves sont sur notre chemin. Par allusion aux Romains qui mangeaient à demi couchés sur

des lits. Les coupes où ils buvaient étaient larges et il arrivait souvent que le breuvage se répande avant de pouvoir être absorbé. D'où ce vieux proverbe :

**De la main à la bouche
Se perd souvent la soupe.**
Les espoirs les plus sûrs peuvent ne pas se réaliser.
▶ **Bouche, Vin.**

Cour
Qui s'éloigne de la cour, la cour s'éloigne de lui.
De la fin du xvᵉ siècle, ce proverbe est toujours d'actualité, de même que :

À la cour le roi, chacun y est pour soi.
Chacun travaille à son intérêt.

La cour rend des arrêts, et non pas des services.
Paroles que l'on attribue à Séguier, chancelier de France sous Richelieu et Mazarin.

Courir
Mieux vaut tenir que courir.

Rien ne sert de courir, il faut partir à point.

Courtisan
Un courtisan doit être sans humeur et sans honneur.
Paroles du duc d'Orléans probablement inspirées d'un passage de Sénèque.

Couteau
Qui frappe du couteau mourra de la gaine.
Celui qui donne la mort mourra lui-même de mort violente.

Les mauvais couteaux coupent les doigts et laissent le bois.
Il faut, pour réussir, avoir de bons outils.

Coutume
Une fois n'est pas coutume.
S'emploie surtout pour signifier que l'on ne refera pas une erreur, mais s'applique aussi pour signifier qu'on ne recommencera pas à accorder une faveur.

Coutume vainct droit.
La coutume prime le droit. Proverbe que confirme Pascal : « La coutume contraint la nature. »

Couture
De forte couture, forte déchirure.
Plus intime, plus étroite est la relation, plus violente est la rupture quand elle survient.
▶ **Amitié.**

Cracher
Ne crachez pas dans le puits, vous pouvez en boire l'eau.
Un des *Cent Proverbes*, d'origine moscovite, illustrés par Grandville.

Qui crache en l'air reçoit le crachat sur soi.
À agir inconsidérément, on est sa propre victime. À rapprocher de cet autre proverbe :

À pisser contre le vent, on mouille sa chemise.

Crier
Qui crie se décrie.
Un homme qui se met en colère montre sa mauvaise foi *(Auvergne)*.
▶ **Fâcher (se).**

Critique
La critique est aisée, et l'art est difficile.
Vers de Destouches, devenu proverbe. Remarquons que si la critique est aisée, il ne s'ensuit pas forcément qu'elle soit fausse, comme trop souvent on le pense en citant ce proverbe, parfois attribué, à tort, à Boileau. Dans le *Premier Faust*, Goethe a écrit : « Les hommes déprécient ce qu'ils ne peuvent comprendre. »

Croire
Chacun croit aisément ce qu'il craint et ce qu'il désire.
On tient pour probables les choses auxquelles on pense continuellement. Montaigne écrit : « Qui craint de souffrir, il souffre déjà ce qu'il craint. »
▶ **Eau.**

Croix
Jouer à croix et à pile. — Jeter une chose à croix et à pile.
C'est l'abandonner au hasard.

N'avoir ni croix ni pile.
Pas un sou. Ces proverbes ont vieilli, car ils ont trait aux anciennes pièces de monnaie qui portaient sur une face une croix.

La croix est l'échelle des cieux.
Le symbole du Christ en croix est ici clairement désigné. C'est par les souffrances librement offertes que l'on gagne le ciel.

Chacun porte sa croix en ce monde.
Chacun a ses peines.
▶ **Bannière, Cheminée.**

Crosse
Crosse d'or, évêque de bois.
Ce dicton date du viii⁰ siècle. On demandait au futur saint Boniface s'il était permis de se servir d'un calice de bois. Il répondit : « Autrefois, l'Église avait des calices de bois et des évêques d'or ; aujourd'hui, elle a des calices d'or et des évêques de bois. »

Croupières
Tailler des croupières à quelqu'un.
Lui chercher des embarras.

Cruche
C'est une cruche sans anse.
Un sot sur lequel la raison n'a point de prise.

Tant va la cruche à l'eau qu'à la fin elle se brise, se casse.
À force de braver un danger, on finit par y périr. Beaumarchais a joué sur le mot « cruche » pour parodier ce proverbe :

[...] qu'à la fin elle s'emplit.
▶ **Mouche.**

Cuir
Faire du cuir d'autrui large courroie.
Être fort libéral du bien d'autrui, vivre aux dépens des autres.

Cuisine
Petite cuisine agrandit la maison.
En modérant les dépenses journalières de la table, l'on s'enrichit.
▶ **Chère, Maison.**

Cul
Il ne faut pas péter plus haut que le cul.
Il ne faut pas entreprendre plus qu'on ne peut faire ; on dit plus élégamment :

Se moucher plus haut que le nez.
Mais la bonne vieille tradition gauloise garde son charme dans ce dicton :

Quand on veut péter plus haut que son cul, on se fait un trou à l'échine (Auvergne).

Prendre son cul pour ses chausses.
Se méprendre grossièrement.

Mettre quelqu'un à cul.
C'est lui ôter tous ses moyens, alors que :

S'aller frotter le cul au panicaut.
C'est perdre son temps inutilement (le panicaut est une sorte de chardon).

On lui boucherait le cul d'un grain de millet.
Se dit d'une personne en proie à une grande frayeur.

Demeurer entre deux selles le cul à terre.
Se dit d'une personne qui, ayant deux opportunités pour réussir, rate tout.

Qui veut vivre longuement
À son cul donne du vent.
Exemple de la truculence de certains dictons *(Pays d'oc)*, et cet autre, de même provenance :

S'il faut baiser le cul du chien
Tant vaut aujourd'hui que demain.
Inutile de remettre à demain une démarche désagréable.
▶ **Corneille.**

Cupidité
À vouloir trop avoir, l'on perd tout.
De tout temps la cupidité a eu mauvaise réputation : « La cupidité tue la poule aux œufs d'or » (Ésope). « La cupidité se tourne contre celui qui s'y livre » (Ménandre).
▶ **Convoitise.**

D

D
Tout se fait dans le monde par quatre grands D.
À savoir : Dieu, Diable, Dame, Denier.

Danger
Au danger on connaît les braves.
C'est dans les circonstances tragiques que l'on découvre le véritable caractère d'un homme, mais par ailleurs :

Le danger dissout tous les liens.

Citons ce vers de Regnard passé en proverbe :
C'est dans les grands dangers qu'on voit les grands courages.

Danger passé, saint moqué.
La Fontaine (« Jupiter et le Passager ») s'est souvenu de ce proverbe :
« Ô ! combien le péril enrichirait les Dieux,
Si nous nous souvenions des vœux qu'il nous fait faire !
Mais le péril passé, l'on ne se souvient guère
    De ce qu'on a promis aux Cieux. »
▶ **Vilain.**

Danse, Danseur
Après la panse, la danse.
Lorsqu'on a fait bonne chère, il faut s'amuser.

Jamais danseur ne fut bon clerc.
Celui qui trop s'amuse ne peut faire de bonnes études.

▶ **Chanter, Ménétrier, Mieux, Toujours.**

Dauphinois
Dauphinois,
Fin matois,
Ne vous y fiez pas.

Décembre ▶ Météorologie

Découvrir
Plus on se découvre plus on a froid.
Un autre proverbe dit :

Qui chante ses maux épouvante.
Plus on se dit malheureux, plus autrui se détourne de vous.

Défaut
Qui a le défaut
A le soupçon.
Une personne mauvaise pense que les autres le sont aussi *(Monaco)*.
▶ **Bossu.**

Défiance
La défiance est mère de sûreté.
Si l'on ne veut pas être trompé, il faut toujours être sur ses gardes.
Cependant :

La défiance appelle la tromperie.
En effet, trop de défiance amène l'homme dont la sincérité est mise en question à tromper sciemment son interlocuteur. Quiconque est trop soupçonneux invite à le trahir.

Déluge
Après moi le déluge.
Peu importe ce qui arrivera après la mort. Attribué parfois à Louis XV mais paroles prononcées plus probablement par la Marquise de Pompadour. Un proverbe grec dit :

Que la terre après moi des flammes soit la proie.

Demain

Ne remets pas à demain ce que tu peux faire aujourd'hui.

Proverbe fort ancien qui remonte, dit Blaise de Montluc, à Alexandre le Grand qui en avait fait sa devise. N'oublions pas cependant que :

La nuit porte conseil.

Demande, Demander

À folle, sotte demande, point de réponse.

Qui ne demande rien n'a rien.

Expression du vieux proverbe :

Qui ne prie ne prend.

Lorsqu'on demande, il faut se souvenir du conseil de Sénèque : « Qui demande timidement enseigne à refuser. »

Il n'en coûte rien de demander.

Démanger

Gratter quelqu'un où il lui démange.

Flatter ses goûts.

Déménagement, Déménager

On est toujours trop riche quand on déménage.

Trois déménagements valent un incendie.

Démenti

Un démenti vaut un soufflet.

Si les Grecs et les Romains concevaient que l'homme est sujet à l'erreur et acceptaient un démenti sans en être offensés, en revanche, au Moyen Âge, un démenti était considéré comme un affront.

Dent

C'est l'histoire de la dent d'or.

Se dit en parlant d'une chose qui a passé pour vraie et qui par la suite s'est révélée fausse. Fontenelle rappelle l'origine de ce proverbe dans son *Histoire des Oracles*.

Avoir une dent de lait contre quelqu'un.
Une vieille animosité.

Dents aiguës et ventre plat
Trouve tout bon qu'est au plat.
Lorsque l'on est affamé, toute nourriture est la bienvenue.

Les gourmands font leurs fosses avec leurs dents.
Proverbe du xvii siècle que nos diététiciens ont remis à la mode.

Les dents ne lui font plus mal.
Il est mort.

Il ne sert à rien de montrer les dents lorsqu'on est
édenté.
Rien ne sert de menacer si l'on n'a pas les moyens d'agir *(Agen)*.

Ne pas avoir la gale aux dents.
Avoir bon appétit *(Bretagne)*.

Qui a des dents n'a pas de pain,
Qui a du pain n'a pas de dents.
On a rarement en temps voulu ce dont on a besoin *(Monaco)*.
▶ **Langue, Mentir, Vin, Yeux.**

Dépenser
Qui dépense plus qu'il ne gagne,
Il meurt pauvre et rien ne gagne.

Qui plus dépense qu'il n'a vaillant,
Il fait la corde où il se pend.

Trop tard se repent qui tout dépend.

Qui dépense et ne compte pas,
Mange son bien et ne le goûte pas.

Derniers
Aux derniers, les bons.
Sous-entendu : morceaux. Soit que les premiers aient choisi sans discernement, soit qu'ils aient été modérés, il arrive souvent que les derniers servis soient les mieux traités.
▶ **Race.**

Désespérer
Il ne faut jamais désespérer.
Rappelons-nous ce vers de Verlaine : « L'espoir luit comme un brin de paille dans l'étable. » Dans une situation désespérée, une lueur peut apparaître.

Désir, Désirer
On ne peut désirer ce qu'on ne connaît pas.

Plus on désire une chose, plus elle se fait attendre.

Qui désire est en peine.
De nombreux auteurs nous mettent en garde contre nos désirs, illustrant ce proverbe tombé curieusement en désuétude, de même que :

N'est pauvre qui a peu, mais qui désire beaucoup.
Directement inspiré de Sénèque, saint Paul disait que c'est une grande richesse que de se contenter de ce qu'on a, et Voltaire : « Qui borne ses désirs est toujours assez riche. » Quitard termine l'analyse de ce proverbe par : « C'est un grand bonheur d'avoir ce qu'on désire », disait quelqu'un à un philosophe. Celui-ci répliqua : « C'en est un bien plus grand de ne désirer que ce qu'on a. » Notre société de consommation ignore donc ce proverbe pourtant plein de sagesse. Un autre proverbe, du xiii⁰ siècle, constate pourtant que :

Manche désirée fait court bras.
Et aussi :

Chose défendue et prohibée est souvent la plus désirée
(xvi⁰ siècle).
Contracté en :

Chose défendue, chose désirée.
▶ **Convoitise.**

Dette
Qui paie ses dettes s'enrichit.

Cent ans de chagrins ne paient pas un sou de dettes.
Il est inutile de s'en faire.

Déshabiller saint Pierre pour habiller saint Paul.
Faire une dette nouvelle pour acquitter l'ancienne ; se tirer d'une difficulté en s'en créant une nouvelle.
▶ **Argent, Pâques, Reconnaissance, Temps, Terme.**

Deuil
Ne ris pas de mon deuil,
Quand le mien sera vieux, le tien sera neuf (Provence).
▶ **Mort.**

Devoir
Fais ce que dois, ce que tu dois, advienne que pourra.
Faire son devoir sans en espérer de récompense, voire en s'exposant à des inconvénients, est le propre de l'homme vertueux. Cet ancien proverbe (1456) a été pris pour devise par plusieurs familles — dont celle des La Rochefoucauld. L'amiral Touchard (1810-1879) avait choisi :

On n'a jamais fini de faire son devoir.

Diable
Il regarde le diable sur le poirier.
Il est louche.

Il n'est pas si diable qu'il est noir.
Il n'est pas si méchant qu'il paraît.

Le diable n'est pas toujours à la porte d'un pauvre homme.
On n'a pas toujours la mauvaise chance contre soi.

Il vaut mieux tuer le diable non pas que le diable vous tue.
Il vaut mieux infliger à l'adversaire le mal qu'il vous veut faire.

Le diable pourrait mourir que je n'hériterais pas de ses cornes.
Personne ne me donne jamais rien.

Quand il dort, le diable le berce.
Se dit d'un homme toujours inquiet.

Quand le diable fut vieux, il se fit ermite.
Libertin dans sa jeunesse, dévot dans sa vieillesse.

Le diable est aux vaches.
Tout est confusion, en discorde.

Loger le diable dans sa bourse.
Une bourse vide est un mal.

Le diable bat sa femme et marie sa fille.
Alternance du beau et du mauvais temps. En *Anjou* l'on dit :

La Sainte Vierge qui boulange
Du pain pour les anges.
Pour faire du pain, il faut de l'eau pour le pétrir et de la chaleur pour le cuire.

Le diable chante la grand-messe.
Se dit d'un hypocrite qui prend le masque de la vertu.

C'est le diable à confesser.
Une chose difficile à exécuter.

Le diable était beau quand il était jeune.
Avant d'être banni du Ciel, le diable faisait partie des anges et sa jeunesse fut belle et pure. L'expression « la beauté du diable » désigne donc le charme qui vient de la jeunesse et qui peut constituer en soi une beauté.

Le diable sait beaucoup parce qu'il est vieux.
Les personnes âgées ont de l'expérience.

Ce qui vient du diable retourne au diable.
Correspond à :

Bien mal acquis ne profite jamais.

C'est péché de calomnier le diable.

Crever l'œil du diable.
C'est parvenir en dépit de l'envie.

Envoyer quelqu'un au diable de Vauvert.

Le diable prend ce qu'on ôte à Dieu.

On connaît le diable à ses griffes.
Par ses actions.

Tirer le diable par la queue.
C'est travailler beaucoup pour gagner misérablement sa vie.

Le diable ne dort jamais.
Sous-entendu : il est toujours prêt à nous faire commettre de mauvaises actions. Il faut d'autant plus s'en méfier que :

Plus a le diable, plus veut avoir (XIIIe siècle).
▶ **Bénitier, D, Dieu, Ennui, Femme, Mariage, Médisant, Menteur.**

Dieu

Dieu n'en demande pas tant.
Un des lieux communs de Léon Bloy.

C'est le cœur qui sent Dieu, et non la raison.
Une pensée de Pascal...

Dieu fait bien ce qu'il fait.
Vers de La Fontaine, devenu proverbe (« Le Gland et la Citrouille »).

L'homme s'agite, mais Dieu le mène.
Parole de Fénelon (*Sermons*, 1685) devenue proverbe, correspond à :

L'homme propose et Dieu dispose.
Ce proverbe remonte au XVIe siècle, sous la forme :

Ce que l'homme propose, Dieu autrement dispose.
Mais n'oublions pas le dicton :

Aide-toi, Dieu t'aidera.

Laisse faire le Seigneur,
C'est un grand ancien (Monaco).

Si Dieu n'existait pas, il faudrait l'inventer.
Voltaire, dans *Le Pour et le Contre*, créa ce proverbe.

L'on ne peut servir ensemble et Dieu et le diable.
Proverbe fort ancien (XIVe siècle) qui montre déjà que l'homme doit savoir ce qui le rendra meilleur.

Dieu vous bénisse et vous fasse le nez comme j'ai la cuisse.
Beaumarchais, dans *Le Barbier de Séville*, eut ce joli mot devenu proverbe.

En petite maison, la part de Dieu est grande.
C'est souvent chez les humbles que l'on trouve les vertus voulues par Dieu (proverbe remontant au XIIIe siècle).
Dieu et la charité ont donné naissance à de nombreux proverbes :

Qui du sien donne, Dieu lui redonne. — Qui donne aux pauvres prête à Dieu. — Donner à Dieu n'appauvrit jamais.

Dieu regarde les mains pures plutôt que les mains pleines.

À qui Dieu plus a donné, plus est à lui obligé. — Qui a peu, Dieu lui donne.

La sagesse du monde est folie devant Dieu.
Dieu juge les choses différemment de nous.

Chacun pour soi, Dieu pour tous.
Proverbe attesté dès le XVIe siècle.

Il y a un Dieu pour les ivrognes.

Dieu donne le froid selon le drap.
Correspond à :

À brebis tondue, Dieu mesure le vent.
Ce proverbe et les dictons suivants donnent la mesure de l'endurance à ceux qui comptent sur la providence divine :

À toile ourdie, Dieu envoie le fil.
Dieu aide celui qui a commencé un travail.

Là où Dieu veut, il pleut.
Rien ne se fait sans la volonté divine.

Ce que Dieu trempe, Dieu le sèche (Auvergne).

Le bon Dieu donne des cones (cornes) à bignette comme elle peut les porter.
C'est-à-dire : Dieu ne nous envoie que les maux que nous pouvons supporter *(Bretagne)*.

Dieu aime la créature à qui il envoie du mal pour lui souvenir de lui.

Un des 115 proverbes sur *Dieu*, recensés par Le Roux de Lincy. Heureusement, tous ne sont pas aussi fatalistes. Par exemple :

Dieu n'oublie pas les siens. — Dieu nous donne tout ce que nous avons. — Dieu qui est juste paiera selon que chacun fera. — Celui est bien gardé, qui de Dieu est gardé.

Mais :

Celui est bien pauvre que Dieu hait. — Faire loyauté et Dieu la vous fera. — Rien n'est bien fait que ce que Dieu a parfait.

N'oublions pas que :

Dieu voit tout puisque Tout vient de Dieu.

Terminons par un dicton *monégasque* :

Il ne faut jamais plaisanter
Ni avec Dieu,
Ni avec ses saints.
▶ Affaire, D, Femme, Mariage, Médecin, Peuple.

Différé

Ce qui est différé n'est pas perdu.

Un autre proverbe précise :

La punition boite, mais elle arrive.
▶ Punition.

Digérer

Bien jaser et goguer
Fait à moitié digérer.

Goguer = plaisanter *(Bourgogne).*

Dijon

Il n'est ville sinon Dijon ;
Il n'est moutarde qu'à Dijon.

Dimanche
Du dimanche au matin la pluie
Bien souvent la semaine ennuie.

Naquit un dimanche ou fête
Qui n'aime que besogne faite.
▶ **Rire.**

Dindon
Être le dindon de la farce.
Être la risée des autres, le dindon étant le symbole de la sottise. Altération probable de l'expression « dindon de la fable » qui désigne une personne qui, se croyant plus maligne que les autres, finit par être tournée en ridicule.

C'est la danse des dindons.
Se dit en parlant d'une chose qu'on a l'air de faire de bonne grâce, alors qu'on n'en a pas envie.

Dire
Ce qui est dit est dit.
Il n'y a point à revenir sur ce qu'on a dit.

Bien dire fait rire, bien faire fait taire.
Seules les actions comptent.

**Ce n'est pas tout évangile
Ce qu'on dit parmi la ville.**
Il ne faut pas croire tout ce qui se dit en ville. Rapport campagne-ville.

Il est plus facile de dire que de faire. — Du dire au fait, il y a long trait.
Comme les deux proverbes précédents, celui-ci date du XVIe siècle. Ils expriment tous trois des vérités de tout temps.

Dire quelque chose de but en blanc.
Sans prendre de précautions, par allusion à l'endroit d'où l'on tirait (le *but* ou *butte*) sur le blanc (la *cible*).
▶ **Ami, Mot, Nenni.**

Discours
Les grands discours font les longs jours.
Les longs discours ennuient.

Discussion
De la discussion jaillit la lumière.
Un autre proverbe (xıvᵉ siècle) nous apprend que :

Toute discussion porte profit.

Diseur
Les grands diseurs ne sont pas les grands faiseurs.
Ceux qui promettent le plus sont ceux qui tiennent le moins, d'où l'adage :

Grand vanteur, petit faiseur.
(Avec, parfois, un sous-entendu érotique.)
Deux proverbes étrangers sont particulièrement savoureux :

Qui est large de bouche est étroit de main (Italie).

La langue longue est signe de main courte (Espagne).

Un faiseur vaut mieux que cent diseurs.

L'entente est au diseur.
Celui qui parle passe toujours pour en savoir plus que celui qui se tait.

Doigt
Il ne faut pas mettre le doigt entre l'arbre et l'écorce.
Il ne faut pas se mêler des querelles qui surgissent entre un mari et une femme ; par extension, éviter de se mêler des affaires de personnes qui sont liées.

Quand ce n'est pas mon pouce, c'est mon doigt.
Lorsque ce n'est pas un souci, c'est un autre *(Artois)*.

Don, Donner
Recevoir sans donner fait tourner l'amitié.
En effet, et un autre proverbe nous dit :

Qui prend s'oblige.
Il faut qu'il y ait réciprocité, car :

On ne donne rien pour rien.
Les présents que l'on fait ne sont que les arrhes de ceux qu'on attend.

Il n'est si bel acquis que le don.
La meilleure acquisition est celle pour laquelle on n'a rien à donner en retour.

À donner donner, à vendre vendre.
Il faut se comporter selon les circonstances.

Donner tard, c'est refuser.
Proverbe confirmé par :

Qui donne tôt donne deux fois. − Qui tôt l'accorde donne deux fois.
Variante :

Qui tôt donne, deux fois donne.
Que l'on trouve déjà dans les *Sentences* de Publilius Syrus (Ier siècle av. J.-C.).

Donner et retenir ne vaut.
Il ne faut pas revenir sur ce qui a été donné.

Qui mal donne perd sa donne.

Donner un œuf pour un bœuf.
Donner peu dans l'espoir de recevoir beaucoup.

Dieu donne le bœuf et non les cornes.
Il ne faut jamais demander plus que ce qui est donné.

Qui donne au commun, ne donne à pas un.
Nul ne nous sait gré de ce que nous donnons au public.

Chose bien donnée n'est jamais perdue.
Proverbe du XVIe siècle qui a donné naissance à :

Un bienfait n'est jamais perdu.

La main qui donne est au-dessus de celle qui reçoit.
Il est plus agréable de donner que de recevoir. Le poète Delille n'a-t-il pas dit : « Le bonheur appartient à qui fait des heureux » ?

Quand le père donne au fils,
Rit le père, rit le fils

Mais, quand le fils donne au père,
Pleure le fils, pleure le père.

Qui donne peu
Reçoit peu (Bretagne).

Il vaut mieux donner la laine que le mouton (Provence).

Ce que l'on garde pourrit,
Ce que l'on donne fleurit.

Le don a inspiré dans tous les pays des proverbes riches d'enseignements :

Ce que tu manges devient pourriture, ce que tu donnes devient une rose (Perse).

À rapprocher de :

Ce qu'on donne luit, ce qu'on mange pue (XVIe siècle).

De même que le fleuve retourne à la mer, le don de l'homme revient vers lui (Chine).

▶ Dieu, Gardon.

Dormir
Qui dort dîne.

Qui dort grasse matinée
Trotte toute la journée.

Le temps perdu à dormir nous oblige à une grande agitation. Celui qui se lève tard « fait honneur au soleil », jolie expression proverbiale.

Qui dort jusqu'au soleil levant, vit en misère jusqu'au couchant.

Et encore :

Trop dormir cause mal vêtir.

Qui se lève tard ne s'enrichit pas.

▶ Chat, Eau, Mort, Renard.

Dos
Il tombe sur le dos et se casse le nez.

Se dit d'un homme qui a tous les malheurs.

Dot ▶ Coffre

Douceur
Plus fait douceur que violence.
Vers de La Fontaine (« Phébus et Borée ») passé en proverbe.
À rapprocher de :

On prend plus de mouches avec du miel qu'avec du vinaigre.
▶ Ruse.

Douleur
Douleur de tête veut manger,
Douleur de ventre veut purger.
Il faut manger pour faire passer un mal de tête, se purger pour faire passer les douleurs de ventre.

Les grandes douleurs sont muettes.
Phrase de Sénèque passée en proverbe et confirmée par le vers de Racine : « La douleur qui se tait n'en est que plus funeste » *(Andromaque)*. Heureusement, Musset nous dit : « Rien ne nous rend si grands qu'une grande douleur » *(La Nuit de mai)*.

Au chaudron des douleurs, chacun porte son écuelle.
Riches ou pauvres, le malheur n'épargne personne. Sartre a écrit : « La douleur, c'est le vide » *(Situations)*.
▶ Tête.

Doute, Douter
Dans le doute, abstiens-toi.
Il vaut mieux ne rien faire que de s'exposer à mal faire.

Qui doute ne se trompe pas.
C'est en approuvant que l'on peut se tromper et non pas en doutant.
▶ Rien, Sagesse.

Dragée
Tenir la dragée haute à quelqu'un.
C'est lui faire attendre une chose promise. Provient du jeu qui consistait à faire voltiger une dragée devant les enfants, sans qu'il leur soit permis de la saisir autrement qu'avec la bouche.

Drap
Le plus riche n'emporte qu'un drap en mourant.
En mourant, on perd tous ses biens.

Il veut avoir le drap et l'argent.
S'emploie pour désigner une personne qui ne paie pas une chose qu'elle a achetée. Allusion à la farce de maître Pathelin qui, par ruse, parvint à conserver le drap qu'il avait obtenu sans payer.

Mettre quelqu'un dans de beaux draps blancs.
C'est médire de quelqu'un, lui découvrir tous ses défauts, le placer dans une situation délicate.
▶ **Aune, Dieu, Mourir.**

Droit
Bon droit a besoin d'aide.
Pour gagner une cause juste, mieux vaut avoir des appuis influents, car le bon droit n'est pas toujours reconnu. Autre proverbe :

La faveur dans le juge a plus d'effet que la loi dans le code.
Et pourtant :

Droit à droit revient (xiiiᵉ siècle).
▶ **Coutume, Force, Rien, Sage.**

E

Eau
L'eau va toujours à la rivière.
La richesse va à ceux qui sont déjà riches.

Goutte à goutte l'eau creuse la pierre.
La persévérance est toujours récompensée.

Il n'est pire eau que l'eau qui dort.
Les gens dissimulés sont ceux dont il faut se méfier le plus.

L'eau trouble est le gain du pêcheur.
On tire profit d'affaires mal gérées.

Les méchants sont buveurs d'eau.
Dans son poème « Chanson morale », le comte L.-Ph. de Ségur (un des compagnons de Rochambeau) écrit : « Tous les méchants sont buveurs d'eau : / C'est bien prouvé par le déluge. »

Croyez cela et buvez de l'eau.
Dicton que l'on adresse à quelqu'un qui a l'air de croire une nouvelle dénuée de vraisemblance.

Mettre de l'eau dans son vin.
Se modérer de gré ou de force.

Ne faire que de l'eau claire.
S'occuper sans succès d'une affaire.

L'eau fait pleurer, le vin chanter.

Il n'a pas soif qui de l'eau ne boit.

Il ne vaut pas l'eau qu'il boit.
Désigne une personne méprisable ; cet autre proverbe, une personne simple :

Il ne saurait trouver de l'eau à la rivière.

Boire eau point ne devez
Aux mois où R trouverez.
Pendant les mois d'hiver, il semble que ce proverbe nous conseille de fortifier notre corps en buvant du vin. Que penser de celui-ci :

Aux mois qui sont écrits en R,
Eau faut mettre dedans son verre.

Donner de l'eau bénite de cour.
C'est donner de belles promesses sans les tenir.

C'est folie puiser l'eau au cribleau.
Entreprendre pour rien est folie.
▶ Bien, Carême, Cruche, Fontaine, Moulin, Plume, Pont, Vin.

Échecs
Au jeu d'échecs, les fous sont les plus près du roi.
Au jeu d'échecs un autre proverbe dit :

Dame touchée, dame jouée.

Échelle
Après lui, il faut tirer l'échelle.
L'usage voulait que l'on fasse monter en dernier à l'échelle patibulaire le complice le plus coupable. D'où l'expression. Il est curieux de noter qu'elle s'emploie en bonne part : « Après lui, on ne peut l'égaler dans ce qu'il a fait. »
Autre proverbe en parlant des gens habiles qui ont réussi :

Il y en a qui, étant montés, voudraient bien tirer l'échelle après eux.
▶ Monde.

Économie, Économiser
Qui économise s'enrichit.

Il n'y a pas de petites économies.

Il ne s'économisera jamais de quoi pisser dans un pot d'argent (Provence).

Écossais
Fier comme un Écossais.
Ce proverbe remonte au xve siècle au moins.

Écouter
Qui se tient aux écoutes entend souvent son fait.
Confirmé par :

Si tu écoutes derrière le mur,
Tu entendras ton tort et ton droit (Auvergne).

Qui écoute et se tait
Laisse le monde en paix.
Ce qui est la sagesse même *(Monaco)*.

Écrits
Les écrits sont des mâles, les paroles des femelles (Auvergne).
Voir ce que nous disons au mot Femme.

Écriture
Est un âne de nature
Qui ne sait lire son écriture.
Ne pas pouvoir se relire soi-même serait-il une preuve de bêtise ?

Éducation ▶ Enfant, Pardonner, Parents, Plier

Effort
Au fond du taillis sont les mûres.
Avant tout plaisir, il faut se donner du mal, ainsi que le confirme cet autre proverbe :

Il faut casser le noyau pour en avoir l'amande.
▶ Noix.

Église
Hors de l'église point de salut.
Au figuré : on ne peut réussir une affaire si l'on n'a pas les appuis nécessaires auprès des gens influents.

Éléphant
Faire d'une mouche un éléphant.
Exagérer une chose pour lui donner de l'importance. Pascal écrit en ce sens : « Grossir un néant en montagne. »

Embrasser ▶ Étreindre

Emprunter
Quand on emprunte, on ne choisit pas.
Il ne faut pas se montrer difficile en cas de nécessité. Mais n'oublions pas ce proverbe arabe : « Un manteau emprunté ne tient pas chaud. »

Enceinte ▶ Ventre

Encens
L'encens entête et tout le monde en veut.
Les louanges, même les plus outrées, flattent l'amour-propre.

Enclume
Être entre l'enclume et le marteau.
Être placé entre deux maux, or :

Entre l'enclume et le marteau, il ne faut pas mettre le doigt.

Il faut être enclume ou marteau.
Se dit dans une alternative embarrassante : ou souffrir ou faire souffrir. Un autre proverbe nous dit :

Il vaut mieux être marteau qu'enclume.
C'est-à-dire qu'il vaut mieux battre qu'être battu.

Enfant
Il n'y a plus d'enfants.
On commence à avoir de la malice de bonne heure.

Traiter quelqu'un en enfant de bonne maison.
Le châtier, comme le faisaient les seigneurs chez qui les enfants de bonne maison étaient envoyés en « apprentissage d'honneur ».

Les hommes sont de grands enfants.
« Il y a toujours quelque chose en nous que l'âge ne mûrit pas », disait Bossuet.

Les enfants sont ce qu'on les fait.
Proverbe extrait des *Adelphes* de Térence. Quitard ajoute : « La destinée morale de chacun d'eux est attachée à l'éducation qu'il reçoit, comme la plante à sa racine. »

Enfant par trop caressé
Mal appris et pis réglé.
Proverbe du XVIe siècle.

Le dernier venu est le mieux aimé.
Impliquerait que l'enfant dernier-né serait trop cajolé, donc capricieux.

Enfants sont richesses de pauvres gens.

Bien labeure qui chastoie son enfant.
« Bien travaille qui élève son enfant » (XIIIe siècle). Dans le même sens on dit :

Qui aime bien châtie bien.
Le verbe *chastier* avait le sens de *élever*, *instruire*, et non *corriger*.

Ce que l'enfant dit au foyer
Est tôt connu jusqu'au moustier.
L'enfant est indiscret.

Celui qui n'a qu'un enfant n'en a aucun. – Qui n'en a qu'un n'en a point.
Ses parents risquent de le perdre et n'auront pas de soutien dans leur vieillesse *(Agen)*.

Un père peut nourrir cent enfants mais cent enfants ne nourrissent pas un père.
Les parents ont parfois affaire à des enfants ingrats *(Savoie)*.

Petits enfants – petite peine
Grands enfants – grande peine (Bretagne).
▶ **Femme, Père, Rossignol, Vérité.**

Enfer
L'enfer est pavé de bonnes intentions.
Trop souvent, les hommes se retranchent derrière la pureté de leurs intentions pour ne pas tenir leurs promesses.

Ennemi
C'est autant de pris sur l'ennemi.

Il n'y a pas de petit ennemi.
Il faut se concilier tout le monde, car, en se vengeant, celui-là que vous pensiez indifférent peut vous nuire.

Plus de morts, moins d'ennemis.
Paroles attribuées à Charles IX le jour de la Saint-Barthélemy. Vitellius, en 69, si l'on en croit Suétone, prononça, après la bataille de Bédriac, ces paroles : « Le cadavre d'un ennemi sent toujours bon. »

Il faut se défier d'un ennemi réconcilié.
L'Ecclésiastique dit : « Ne vous fiez jamais à votre ennemi, car sa malice est comme la rouille qui revient toujours au cuivre. »

Il faut faire un pont d'or à l'ennemi qui fuit.
Rabelais disait : « Plus tôt faites (à vos ennemis) un pont d'argent afin de les renvoyer. » Napoléon usa de ce proverbe dans un bulletin de la Grande Armée.

Mieux vaut un sage ennemi qu'un sot ami.
Tel l'ours de la fable (« L'Ours et l'Amateur des jardins ») qui assomma d'une pierre son ami pour lui éviter d'être importuné par une mouche,

il ne nous faut louer nos amis qu'à bon escient et sans en exagérer les mérites. À l'inverse, un ennemi peut nous dire nos quatre vérités — et par là nous montrer que l'on peut s'améliorer.
▶ **Ami, Buisson, Prêter, Sien, Valet.**

Ennui
Les conseils de l'ennui sont les conseils du diable.
Un des *Cent Proverbes* retenus par Grandville. L'ennui est source de beaucoup de débordements. Le duc de Lévis nous dit : « L'ennui est une maladie dont le travail est le remède. »
▶ **Brochet, Tristesse.**

Enrichir (S')
Qui s'enrichit en six mois se fait quelquefois prendre au bout de l'an.
Une fortune rapidement acquise est toujours douteuse.
▶ **Dette, Vilain.**

Entendeur
À bon entendeur demi-mot.
Entendeur : celui qui comprend bien. Une courte explication suffit aux gens intelligents.

Entendre
Il ne faut pas condamner sans entendre.
Vieux proverbe. Clotaire II, en 614, défendit que l'on condamne un homme libre ou même un esclave sans l'avoir entendu.

Qui n'entend qu'un
N'entend personne (Auvergne).
▶ **Accusé, Cloche, Sourd, Voir.**

Envie
Il vaut mieux faire envie que pitié.
Proverbe universel très ancien, déjà rapporté par Hérodote. L'envie étant la conséquence du bonheur est moins redoutable que le malheur, qui inspire la pitié.

L'envie suit la vertu comme l'ombre suit le corps.

L'envie nuit plus à son sujet qu'à son objet.

Horace disait : « L'envieux maigrit de l'embonpoint d'autrui. »

Les envieux mourront, mais jamais l'envie.

Molière a repris ce proverbe dans *Tartuffe* (Mme Pernelle) mais on le trouve déjà dans le recueil de Ph. Garnier, publié en 1612, et dans le manuscrit de Leyde (xiiie siècle).

Envie passe avarice.

A pour origine un fabliau. Un avare et un envieux rencontrent saint Martin. Celui-ci leur dit : « Que l'un des deux me demande ce qu'il voudra, je promets de le lui accorder sur-le-champ. Quant à l'autre (...) je lui donnerai le double de ce que le premier aura demandé. » Chacun d'eux refusait de parler le premier. L'avare menaça d'assommer l'envieux s'il ne parlait pas. « Eh bien, je vais parler, et tu n'y gagneras rien. » Il fit le vœu d'être borgne. Le seul bénéfice qu'ils retirèrent fut que l'un fut borgne et l'autre aveugle. Quitard conclut : « Ainsi le vice fut puni par le vice même, mais il ne fut pas corrigé. »
▶ **Convoiter, Potier.**

Épargne ▶ Argent, Règle, Temps

Épée

À vaillant homme, courte épée.

Les Lacédémoniens, comme les Romains, braves entre les braves, avaient des épées courtes pour frapper l'ennemi de plus près. À homme habile, il n'est pas besoin de beaucoup d'instruments pour réussir.

La gourmandise tue plus de gens que l'épée.

Les excès de table ne datent pas d'hier !...

Il vaut mieux être percé d'une épée bien luisante que d'une épée rouillée.

Mieux vaut une chute glorieuse qu'un malheur déshonorant.

Quiconque se sert de l'épée périra par l'épée.

Celui qui use de violence sera lui-même victime de la violence.
▶ **Cape, Femme.**

Épervier
On ne saurait faire d'une buse un épervier.
C'est-à-dire d'un sot un habile homme — la buse passant, en fauconnerie, pour un animal stupide.
► **Mariage.**

Épine
Être gracieux comme un fagot d'épines.
Proverbe du XVIe siècle : « C'est-à-dire être rude, rébarbatif. » L'expression : « Il est sur des épines » marque l'impatience d'obtenir quelque chose.
► **Miel, Rose.**

Erreur
Aucun proverbe français n'inclut ce mot, alors que Sénèque nous dit : « Erreur n'est pas crime. » Un proverbe *savoyard* nous conseille :

Ce n'est pas pour un mauvais pas qu'on tue un bœuf.
► **Vérité.**

Espagne
Faire des châteaux en Espagne.
Se repaître d'agréables chimères, d'heureuses et douces illusions comme le faisaient les familles nobles à la fin du XIe siècle en rêvant au pouvoir acquis par Henri de Bourgogne qui alla conquérir gloire et honneur au-delà des Pyrénées.

Espérance, Espérer
L'espérance est le pain des malheureux.
J.-J. Rousseau a-t-il pensé à ce proverbe dans sa *Julie* : « On jouit moins de ce qu'on obtient que de ce qu'on espère » ?

D'un veau on espère un bœuf
Et d'une poule un œuf.
La Fontaine a dû se souvenir de ce proverbe qui remonte au XVIe siècle. L'on peut citer aussi :

Un œuf aujourd'hui vaut mieux qu'un poulet pour demain.
Autrement dit :

Un tiens vaut mieux que deux tu l'auras.

Il vaut mieux tenir un passereau
Que d'espérer un coq (Auvergne).

L'espérance est le songe d'un homme éveillé.
Sentence d'Aristote devenue proverbe ; Rivarol a défini spirituellement l'espérance : « Un emprunt fait au bonheur », ce que les Arabes ont traduit par : « Qui a de longues espérances a de longues douleurs », ou : « Qui voyage sur le char de l'espérance a la pauvreté pour compagne. »
▶ Bœuf, Fou.

Espoir
L'espoir fait vivre.
Relevé par Panckoucke (1749), ce proverbe est un des plus cités de nos jours — il marque une certaine résignation. De même :

Tant qu'il y a de la vie, il y a de l'espoir.

Esprit
Les beaux esprits se rencontrent.
Phrase de Voltaire (À M. Thiérot, 1760) devenue proverbe sous la forme : *Les grands...*

Montesquieu est à l'origine de cette maxime :
Quand on court après l'esprit, on attrape la sottise.
▶ Lettre, Once.

État
Chacun se doit porter selon son état.
Proverbe du xve siècle. *État* : condition.

Étoile
Compter les étoiles.
Perdre son temps.

On ne peut aller contre son étoile.

À midi, étoile ne luit,
Chat-huant ne sort de son nid.

Naviguer par la conduite de l'étoile du pôle.
Se conduire sagement dans ses affaires.
▶ **Météorologie.**

Étourneaux
Les étourneaux sont maigres parce qu'ils vont en troupes.
Il ne résulte rien de bon d'une association.

Être
Il vaut mieux être moins et être ce que l'on est. – Être et paraître sont deux.
L'apparence n'est pas toujours conforme à la réalité.

Ce qui doit être ne peut manquer,
Non plus que la pluie en hiver.
▶ **Fréquenter, Hanter, Mort.**

Étreindre
Qui trop embrasse mal étreint.
Celui qui entreprend trop a du mal à réussir.

Événements
Les grands événements procèdent des petites causes.
Maxime passée en proverbe. Quitard cite Voltaire pour illustrer ce proverbe : « Si Léon X avait donné des indulgences à vendre aux moines augustins qui étaient en possession du débit de cette marchandise, il n'y aurait point de protestants. »
▶ **Feu.**

Exception
L'exception confirme la règle.
Le fait même qu'il puisse exister une exception indique que la règle est établie.
▶ **Règle.**

Excès
L'excès en tout est un défaut.
Proverbe souvent cité. Il faut en toutes choses avoir juste mesure, ce que La Véprie (1495) a transcrit :

En toutes choses a mesure.

Excuser (S')
Qui s'excuse s'accuse.
Un innocent ne doit pas insister pour se justifier.

Expérience
Expérience passe science.
L'expérience vaut mieux que la science de tous les savants. Un autre proverbe nous dit :

Chat échaudé craint l'eau froide.
Alors qu'Aristote nous avait enseigné qu'« on ne prend pas deux fois le renard au même piège », Gruter (1610) nous dit :

Expérience est mère de science.
Science : savoir.

Extrêmes
Les extrêmes se touchent.
Napoléon a dit : « Du sublime au ridicule il n'y a qu'un pas. »

F

Fâcher (Se)
Qui se fâche a tort.
Constatation devenue proverbe. Souvent celui qui a tort recourt à l'invective.

Celui qui se fâche a deux peines : celle de se fâcher et celle de se remettre (Bretagne).
▶ **Battre, Crier.**

Fagot
Il y a fagots et fagots.
Il y a des différences entre des personnes de même condition, des choses de même sorte. Sganarelle prononce ce proverbe dans *Le Médecin malgré lui.*

Petits fagots longs et minces
Fagots commodes à faire du feu,
Fagots passés sous la jambe d'Henri
Fagots commodes à brûler.

Il n'y a si chétif fagot qui ne trouve lien.
Ces deux derniers proverbes nous viennent de *Bretagne.*

Faible ▶ Fort

Faim
La faim chasse le loup hors du bois.
La nécessité fait commettre bien des imprudences.

La faim est une mauvaise conseillère.

La faim étouffe l'orgueil (Savoie).

Fainéant
Il est fainéant comme une herse (Bourgogne).

Faire
Dans tout ce que tu fais considère la fin. — Dans tout ce que tu fais hâte-toi lentement.
Deux proverbes du XIIIᵉ siècle, complétés au XVIᵉ par :

C'est belle chose que bien faire.

Ce qui est fait est fait.
Il ne faut différer à faire ce que l'on doit, car :

Ce qui est fait n'est plus à faire.

Ce qui est fait à temps est toujours bien fait.

Qui bien fera, bien trouvera.
Qui accomplit son devoir sera récompensé.

Il n'est jamais trop tard pour bien faire.
Il faut bien faire et laisser dire. Le bien faire vaut mieux que le bien dire.

Fais ce que tu fais.
Du latin *age quod agis*, « ne t'occupe que de ce que tu as entrepris ».

Tel fait ce qu'il peut qui ne fait chose qui vaille.

On ne fait pas de rien grasse potée.
Pour bien manger, il faut beaucoup dépenser.

Paris ne s'est pas fait en un jour.
Rien ne se peut faire sans le temps nécessaire.

► **Paris.**

Ce qui vaut la peine d'être fait vaut la peine d'être bien fait.
Devise de Nicolas Poussin.

Mal fait qui ne parfait.

À mal enfourner on fait les pains cornus.
Le succès d'une affaire vient de sa préparation.

Fais ce que je dis et non ce que je fais.
Saint Matthieu, parlant des pharisiens, disait : « Faites tout ce qu'ils vous disent, mais ne faites pas ce qu'ils font ; car ils disent ce qu'il faut faire, et ne le font pas. »

Autant fait celui qui tient le pied que celui qui écorche.
Le maître a besoin de serviteurs.

Qui ne fait pas quand il peut
Ne fait pas quand il veut.
Il faut savoir profiter de son temps.

Une chose faite ne doit rien à une chose à faire.

De même :

Il ne faut pas ourdir plus qu'on ne peut tisser.
C'est-à-dire plus qu'on ne peut faire.

De bien faire grand mal vient.
Proverbe du XIIIe siècle. Une bonne action se retourne souvent contre vous.

Il vaut mieux un à faire que cent à commander
(Auvergne).
Province qui nous a légué maints dictons :

Il vaut mieux faire petit et que cela dure. — Qui ne fait rien, mange le foin, qui travaille, mange la paille. — Ce que l'on veut faire est plus beau que ce que l'on fait.

De *Bretagne* :

Mieux vaut faire moins et faire bien.
Variante :

Bien et vite
Ça fait deux.

On ne peut faire un gros nœud sur une petite corde.
C'est-à-dire que l'on ne peut faire grand avec de petites choses.

Faire cent sauts pour une prune.
C'est-à-dire se donner beaucoup de mal pour pas grand-chose.

Un faiseur vaut mieux que cent diseurs.
▶ **Demain, Dire, Homme, Parler, Vanité.**

Familiarité
La familiarité engendre le mépris.
Il faut éviter une trop grande familiarité entre personnes amies ; à plus forte raison envers des inférieurs. Saint Bernard a dit :

Un maître familier nourrit un valet impertinent.

Famille ▶ Laver

Fantaisie
La fantaisie fait la loi à la raison.
Fantaisie au sens ancien d'« imagination ». Aujourd'hui, l'on dirait « caprice ». Dans les deux sens, un désir ardent, donc non contrôlé, est un tyran qui fait céder la raison.

Farine
Réussir mieux en pain qu'en farine.
Terminer heureusement une affaire qui avait été mal engagée.

Quand Dieu envoie la farine, le diable enlève le sac.
Se dit à propos d'une occasion avantageuse dont on n'a pas su profiter.
▶ **Avarice, Cendre, Or.**

Fatigue
La fatigue du corps est la santé de l'âme.

Faute
Qui fait la faute la boit.
Qui commet une erreur doit en supporter les conséquences.

Faute avouée est à demi pardonnée.
▶ **Chameau.**

Faveur
Trop grande faveur n'est pas bonne.
Proverbe du xvᵉ siècle.
▶ **Vin.**

Femme
Qui femme a, guerre a, noise a.
Montaigne a noté qu'il est plus facile d'accuser un sexe que d'excuser l'autre.

Ce que femme veut Dieu le veut.
La Chaussée a transcrit en vers ce proverbe : « Ce que veut une femme est écrit dans le ciel. »

Prendre maison forte et femme à faire.
Acheter une maison solide et épouser une femme jeune pour mieux la modeler est gage de bonheur. Cependant :

Jeune femme, pain tendre et bois vert mettent la maison au désert.

Souvent femme varie,
Bien fol est qui s'y fie.
Devise attribuée à François Iᵉʳ.

Femme et melon
À peine les connaît-on.

Femme et vin
Ont leur venin.
Proverbe du xvrᵉ siècle.

Femme, feu, messe, vent et mer
Font cinq maux de grand amer.

À toute heure
Chien pisse et femme pleure.
Ou, moins grossièrement :

Femme rit quand elle peut,
Et pleure quand elle veut.

Donne l'os au chien, le mensonge à la femme.

L'œil de la femme est belle toile d'araignée.

Comme la lune est variable
Pensée de femme est variable.

Abreuver son cheval à tous guetz,
Mener sa femme à tous festins,
De son cheval on faict une rosse
Et de sa femme une catin.
Proverbe du xvie siècle.

À femme sotte nul ne s'y frotte.

À la fleur de femme fleur de vin.
À la meilleure femme le meilleur vin (xve siècle).

Beauté de femme n'enrichit l'homme.

Celui qui prend la vieille femme,
Aime l'argent plus que la dame.

Ce que femme file de fin matin
Ne vient pas souvent à bonne fin.

Cœur de femme trompe le monde,
Car en lui malice abonde.

Qui croit sa femme se trompe, qui ne la croit pas est
trompé.

Dites une seule fois à une femme qu'elle est jolie, le
diable le lui répétera dix fois par jour.

Femme bonne
Vaut une couronne.

**Femme de bien
Vaut un grand bien.**

**Femme prudente et bien sage
Est l'ornement du ménage.**

La plus belle femme ne peut donner que ce qu'elle a.
Lorsque nous faisons tout ce que nous pouvons, il est indécent d'exiger davantage.

La plus honnête femme est celle dont on parle le moins.

Prends le premier conseil d'une femme et non le second.
Les femmes jugent mieux d'instinct que de réflexion. Montaigne disait « qu'elles ont l'esprit primesautier ».

La femme est toujours femme.
Virgile a-t-il inspiré ce proverbe, lui qui écrivait : *Varium et mutabile semper femina?*

**Bonne femme, mauvaise tête ;
Bonne mule, mauvaise bête.**
Un professeur de droit, au XVIᵉ siècle, dit que Dieu forma dans la femme « toutes les parties du corps qui sont douces et aimables ; mais que pour la tête [...] il en abandonna la façon au diable ».

**Temps, ciel pommelé et femme fardée
Ne sont pas de longue durée.**
Les femmes n'ont rien à gagner à « mettre sur leur visage plus que Dieu n'y a mis », selon la belle expression du troubadour Pierre de Résignac.

Il faut toujours que la femme commande.
Ce n'est qu'en apparence que les hommes sont les maîtres, et le droit du plus fort n'est rien en comparaison du droit du plus fin, dont les femmes ne se vantent que rarement.

**Femme qui prend, se vend ;
Femme qui donne, s'abandonne.**

**Des femmes et des chevaux,
Il n'y en a point sans défauts.**

Les femmes sont trop douces, il faut les saler.

Trois femmes font un marché.
Trois femmes réunies font autant de bruit qu'une foule dans un marché.

La langue des femmes est leur épée, et elles ne la laissent pas rouiller.

La pire chose qui soit c'est une mauvaise femme.
Ce proverbe remonte au XVIe siècle, ainsi que les suivants :

À qui Dieu veut aider sa femme lui meurt. — Les femmes sont toujours meilleures l'année qui vient. — Une femme ne cèle que ce qu'elle ne sait pas.

Femmes sont anges à l'église, diables en la maison et singes au lit.

Le cerveau de la femme est fait de crème de singe et de fromage de renard.

Qui a femme à garder n'a pas journée assurée.

La femme est la clef du ménage.

**Qui a une femme de bien
Vit longtemps bien.**

Belle femme a peine à rester chaste.
Proverbe du XIVe siècle. Du XVIe siècle :

C'est grand miracle si une femme meurt sans faire folie.
Le Roux de Lincy cite 126 proverbes sur les femmes. Presque tous sont en leur défaveur :

Qui prend l'anguille par la queue et la femme par la parole peut dire qu'il ne tient rien (XIIIe siècle).

Les dictons ne valent guère mieux. Voici, à titre d'exemple, ceux ayant l'*Auvergne* pour origine :

**Cheval qui ne bronche pas
Mule qui ne rue pas
Femme qui ne ment pas
N'en cherche pas.**

**Brave femme dans une maison
Vaut mieux que ferme et que cheval.**

Vin qui vieillit s'améliore
Femme vieille devient revêche.

Jolie femme, miroir de fous.

Tache d'huile ne s'enlève pas
Femme torte ne se guérit pas.

Trois châtaignes dans une bogue
C'est une bonne année.
Trois femmes dans une maison
C'est une maison ruinée.

La charrette gâte le chemin
La femme l'homme et l'eau le vin.

La femme ni la toile
Ne se choisissent à la chandelle.

Femme maigre
Femme aigre.

Plus le bouc est bourru, plus la chèvre le lèche.

Elle est comme sainte Marguerite :
Elle va à la messe quand elle est dite.

Les femmes avaleraient leurs dents plutôt que leur langue.

Femme de vin
Femme de rien.

La femme voit quand l'homme est ivre, mais jamais quand il a soif.

Qui prend la fille du voisin
En sait le défaut.

Enfant nourri de vin,
Femme parlant latin
Rarement font bonne fin.

Vieille viande fait bonne soupe.

L'homme a deux bons jours sur terre :
Quand il prend femme et quand il l'enterre.

Deuil de femme morte
Dure jusqu'à la porte.

Femme muette
Jamais battue.

Cartes, femmes et salade
Ne sont jamais trop secouées.

Femme qui aime trop le bal
Peu besogne et la fait mal.

Les filles et les abeilles
Font souvent gratter l'oreille.

Pour Saint-Sylvestre
Celui qui ne bat pas sa femme le matin, la bat l'après-midi.

Les proverbes d'autres provinces ne valent pas mieux.
En *Bourgogne* :
À femme ardente
Fais cour prudente.

Temps et vent et femme et fortune
Changent autant comme la lune.

Femme qui boit du vin
Ne fait jamais bonne fin.

En *Bretagne* :
Femme de marin
Femme de chagrin.

Femmes, moines et pigeons
Ne savent où ils vont.

Une femme, une chèvre et un pis (puits)
C'est pour gâter tout.

La mer a beau être inconstante,
Les femmes le sont plus encore.

Si traîtresse que soit la mer, plus traîtresses les femmes.

Dans le *Nord* :
Celui qui prend une femme, il prend son maître.

Du *Pays d'oc* :
Toute femme qui vante sa vertu, sa vertu lui pèse.

Foi de femme, plume sur l'eau.

Pleurs de femme, fumée de malice.

En *Provence* :
Qu'un lièvre prenne un chien c'est contre nature.
Qu'une femme fasse bien c'est aventure.

De mauvaise femme garde-toi bien
Et de bonne ne te fie en rien.

Qui perd sa femme et quinze sous
C'est dommage pour l'argent.

De la mer naît le sel et de la femme le mal.

Pas d'étoupe près du feu, ni de femme proche de l'homme.

Citons encore un dicton :
Les hommes font les lois, les femmes les mœurs.

Chaque province a son lot de dictons. Nous nous étions borné à cet échantillon mais dans le volume II de *Richesse du proverbe* (université de Lille, 1984), nous avons relevé ces proverbes portugais servant d'exemples pour des séries métonymiques :

Le melon et la femme sont mauvais à connaître. — Le melon et la femme, par le derrière on les connaît. — La figue verte et la fille d'hôtel, en les tâtant mûrissent.

Un proverbe anglais nous a paru riche de sagesse, malgré tout il donne un rôle restrictif à la femme :

L'avis de la femme est de peu de prix, mais qui ne le prend pas est un sot.

Proverbe que l'on pourrait rapprocher des paroles proverbiales que Charles de Blois prononça avant de mourir à Auray pour avoir obéi à sa femme Jeanne de Penthièvre. Celle-ci l'avait obligé à livrer bataille :

Qui trop sa femme croit, en la fin s'en repent.

Comme on le voit, les proverbes français jugent sévèrement la femme. Il en est de même des proverbes étrangers. À titre d'exemples voici neuf proverbes étrangers caractéristiques :

Japonais :

Cœur de femme, œil de chat changent cent fois.

Grec :

Se fier à une femme, c'est se fier aux voleurs.

Latin :

La femme trouve plus facile d'agir mal que bien.

Latin médiéval :

La femme est un animal à cheveux longs et à idées courtes.

Allemand :

Où la femme règne, le diable est Premier ministre.

Italien :

Tout vient de Dieu, sauf la femme.

Kurde :

La femme est une forteresse, l'homme est son prisonnier.

Espagnol :

Une femme et un almanach ne valent que pour un an.

Anglais :

Deux maux sans remède : le vent et les femmes.

Salomon a-t-il inspiré tous ces proverbes en écrivant : « La grâce de la femme est trompeuse et sa bonté n'est que vice » ? Il est vrai que Mahomet les exclut de son paradis alors qu'il y admet le mouton. À croire que les proverbes, qui sont issus de la « sagesse » des Anciens, ne reflètent pas la vérité qui est que la femme est un être charmant et séduisant. En établissant notre *Dictionnaire des citations*, nous avions fait déjà remarquer le côté restrictif du rôle des femmes. J'ai cherché en vain un proverbe en leur faveur. Même en ce cas, il contient une restriction. Par exemple : « L'intelligence de la femme est dans son ornement ; l'ornement de l'homme est dans son intelligence. »

C'est pourquoi dégoûté, écœuré, j'ai abandonné mes recherches et je suis allé dîner avec la plus intelligente, la plus charmante, la plus spirituelle des femmes. Aucun de ces proverbes ne pouvait s'appliquer à elle. J'espère qu'il en est de même pour vous.

▶ **Abstinence, Blois, Cheval, D, Fou, Fuseau, Hommes et Femmes, Maître, Mariage, Recommencer, Secret.**

Fenêtre
Ouvre la fenêtre à Aquilon et Orient,
Ferme à Midi et Occident.

Fer
Battre, forger le fer quand il est chaud.
Profiter de l'occasion propice ; poursuivre activement une entreprise commencée.

Ne pas valoir les quatre fers d'un chien.
Ne valoir absolument rien.

Tant chauffe-t-on le fer qu'il rougit.
À force d'exagérer l'on passe la mesure.
▶ **Lime.**

Fermier ▶ Yeux

Festin
Il n'est festin que de gens chiches.
Lorsque des gens économes se mettent à dépenser, ils le font largement.

Fête

Il n'est pas tous les jours fête.
On ne peut pas se réjouir tous les jours.

Deviner les fêtes quand elles sont venues.
Annoncer comme une grande nouvelle ce qui est déjà connu.

Variante :

Il devine les fêtes quand elles sont passées.

Il ne faut chômer les fêtes avant qu'elles soient venues.
Il ne faut trop se réjouir à l'avance. Molière emploie en fait ce vers :
« Laissons venir la fête avant de la chômer. »

En *Bretagne* :
Il ne faut pas faire le *lian* (lien) avant d'avoir le veau.

Il n'y a point de bonne fête sans lendemain.
Proverbe fondé sur l'usage de festoyer le lendemain d'une cérémonie.
▶ **Lièvre, Ours, Saint.**

Feu

Petite étincelle engendre grand feu.
D'un événement mineur naissent parfois de grandes conséquences.
Correspond à :

Petites causes, grands effets.

En petite cheminée fait-on bien grand feu.
Peu importe la taille du flacon, pourvu qu'on ait l'ivresse.

Il n'y a pas de fumée sans feu. — Il n'est jamais feu sans fumée.
Il y a toujours une part de vérité dans les racontars.

Il ne faut pas jeter de l'huile sur le feu.
Il ne faut pas attiser les querelles. Pythagore disait : « Il ne faut pas attiser le feu avec l'épée. »

Le feu le plus couvert est le plus ardent.
Les grandes passions sont les plus secrètes.

Il n'est feu que de grands, gros bois.
C'est avec les hommes les plus puissants que l'on réussit le mieux.

Il n'y a dans cette maison ni pot-au-feu ni écuelles lavées.
Se dit d'une maison en désordre.

Il faut faire feu qui dure.
Il ne faut pas dépenser son avoir inconsidérément. Pythagore disait : « Ne mets pas au feu le fagot entier », et Racine, dans *Les Plaideurs* : « Qui veut voyager loin, ménage sa monture.
Buvez, mangez, dormez, et faisons feu qui dure. »

Autre proverbe :

Le feu est demi-vie de l'homme.

Mettre le feu sous le ventre à quelqu'un.
Le mettre en colère.

Le feu purifie tout.
Une épreuve douloureuse fait expier les fautes passées.

Si l'on n'est pas brûlé par le feu, on est noirci par la fumée.
Si l'on n'est pas directement mêlé à une affaire louche mais si l'on fréquente ceux qui y participent, on risque d'être éclaboussé.

Il ne faut point mettre le feu où il n'y a pas d'eau.
Il faut s'abstenir d'attiser une querelle si l'on n'est pas certain de l'apaiser.
▶ **Femme.**

Fève
Donner un pois pour une fève.
Donner peu pour obtenir davantage.

Rendre fève pour pois.
Rendre largement la pareille.

Les fèves sont en fleur, fleurissent.

Quand les fèves sont en fleur, les fols sont en vigueur.
Vieux dictons employés pour dire de quelqu'un qu'il est fou. On attribuait à l'odeur exhalée par la fleur des fèves le pouvoir de rendre fou. Un autre proverbe dit :

Il n'est pas fou, mais il tient un peu la fève.
Est-ce pour cela que dès le XVᵉ siècle, on trouvait ce proverbe :

Fèves manger fait gros songer.
▶ **Donner.**

Février ▶ Météorologie

Fiancer ▶ Affaire

Fidélité
Le lierre meurt où il s'attache.
Devise plus que proverbe ; le lierre est le symbole de l'affection constante.

Fier
Fier comme Artaban.
Allusion à un personnage d'un roman de La Calprenède (XVIIᵉ siècle).

Fier comme un pou. — Fier comme un pou sur son fumier.
Se dit d'un homme qui se glorifie dans sa turpitude. « Pou » est mis ici pour « coq ». Napoléon répondit à ceux qui lui conseillaient de prendre un coq gaulois pour emblème : « Non, non ; c'est un oiseau qui chante sur le fumier. » Et il imposa l'aigle.
▶ **Écossais.**

Fièvre
Tomber de fièvre en chaud mal.
Tomber d'un mal dans un pire.

Fièvre de renard qui se guérit en mangeant une poule.
Avoir un appétit de convalescent.

Figue
Moitié figue, moitié raisin.
Moitié bon, moitié mauvais.

Figuier
Jamais figuier
Sans héritier.
Dicton qui indique la lenteur de pousse de cet arbre.

Filer
On ne peut filer si l'on ne mouille.
De même qu'on ne peut bien tordre la filasse sans la mouiller, de même il faut beaucoup boire lorsque l'on mange.

Filer le parfait amour.
Par allusion à Hercule, filant aux pieds de la reine Omphale : c'est entretenir un amour tendre et innocent.

Fille
La plus belle fille du monde ne peut donner que ce qu'elle a.
Nul ne peut donner ce qu'il n'a pas.

Faire d'une fille deux gendres.
Promettre la même chose à deux personnes.

Fille aimant silence a grand science.

Le Roux de Lincy cite un grand nombre de proverbes concernant ce mot. En voici quelques-uns :

Fille brunette de nature gaie et nette. — Fille de vilain se fait toujours prier. — Fille fenestrière ou trottière (qui regarde par la fenêtre et qui aime à sortir) **rarement bonne ménagère. — Fille, pour son honneur garder, ne doit prendre ni donner. — Fille qui au matin se lève son affaire mieux achève. — Fille qui trop se mire peu file. — Filles sans crainte ne valent rien. — Filles sottes à marier sont bien pénibles à garder. — Les filles et les pommes est une même chose. — Qui a des filles est toujours berger. — Un homme riche n'est jamais vieil pour une fille.**

Des filles et des poissons sur le sable ne sont pas faciles à garder longtemps (Bretagne).

Filles et épingles sont à ceux qui les trouvent (Languedoc).

Fille qui écoute est bientôt dessous (Pays d'oc).
▶ **Coffre, Ruine, Vin.**

Fils
Chacun est le fils de ses œuvres.
Chacun tire sa valeur de ses qualités et non de sa naissance ou de sa fortune.

Fin
Fin contre fin ne vaut rien pour doublure.
Une personne rusée ne tire aucun profit à s'associer à une personne aussi rusée qu'elle. Un proverbe régional le traduit par :

Le plus fin n'est pas celui qui chante, c'est celui qui écoute (Agen).

La fin couronne l'œuvre.
L'essentiel, lorsqu'on a entrepris une chose, est de la bien finir. C'est par le résultat que l'on juge les actions.

En toute chose, il faut considérer la fin.
Vers de La Fontaine dans « Le Renard et le Bouc ». Avant d'entreprendre une affaire, il faut être sûr de pouvoir la mener à bonne fin. La maxime du cardinal de Retz était : « Il faut toujours tâcher de former ses projets de façon que leur réussite même soit suivie de quelque avantage. »
▶ **Moyens, Vie.**

Fisc ▶ Rate

Flandres
Les plus belles femmes sont en Flandres.

Fleur
Qui peint la fleur n'en peut peindre l'odeur.
Proverbe destiné aux hypocrites : leur vertu simulée ne peut passer pour naturelle.

Flûte
Ce qui vient de la flûte s'en retourne au tambour.
Les biens facilement acquis se dissipent rapidement. Correspond à :

Biens mal acquis ne profitent point.

Il est du bois dont on fait les flûtes.

Autre proverbe de même sens :
Il est de tous bons accords.
Il est toujours du même avis que celui avec qui il parle.

Foi
Il n'y a que la foi qui sauve.
L'on ajoute souvent « ... et encore ». S'emploie pour marquer qu'il n'y a que peu d'espoir à voir se réaliser ce dont on vient de parler.

Celui qui ne tient foi n'est pas sans trahison.

Foin
Avoir du foin aux cornes.
Provient d'Horace : *Foenum habet in cornu* ; désigne un homme dangereux.

Année de foin, année de rien.
Les pluies, favorables au fourrage, sont catastrophiques pour les autres récoltes.

Quand il n'y a plus de foin au râtelier les ânes se battent.
Lorsqu'il y a pénurie, on se dispute le peu qui reste.
▶ **Âne, Bottes, Cheval.**

Foire
La foire n'est pas sur le pont.
Il est inutile de se presser. Proverbe ayant son origine dans le fait qu'après la clôture d'une foire, les marchands modestes étaient autorisés à continuer leur vente, vente qui avait lieu près d'un pont, voire sur le pont même.

S'entendre comme larrons en foire.
Se mettre d'accord pour tromper un tiers.

Si tu vas à la foire sans argent,
Lève le nez et retourne-t'en (Auvergne).
► **Champagne, Vache.**

Fontaine
Il ne faut pas, jamais dire : fontaine, je ne boirai pas de
ton eau.
Il ne faut pas assurer qu'on ne fera pas telle chose. Allusion à l'aventure d'un ivrogne qui jurait qu'il ne boirait jamais d'eau et qui se noya
dans le bassin d'une fontaine.

Force
Force n'est pas droit.
Ce proverbe est dans Huon de Villeneuse. On trouve également :

Où force règne droit n'a lieu.
En 1863, on attribua à Bismarck ces mots : « La force prime le droit. »
La Fontaine nous enseignait déjà que « la raison du plus fort est toujours la meilleure », vers inspiré probablement de cet autre proverbe :

Les gros poissons mangent les petits.

Dès le xve siècle, on trouve :
Chose faite par force ne vaut rien.
► **Raison, Ruse, Sagesse, Subtilité, Union, Vertu.**

Forgeron
C'est en forgeant qu'on devient forgeron.
En faisant la même chose, on devient habile.

Fort
La raison du plus fort est toujours la meilleure.
Vers de La Fontaine (« Le Loup et l'Agneau »). Au xvie siècle déjà :

Au faible le fort
Fait souvent tort.
► **Mort, Raison.**

Fortune
Chacun est artisan de sa fortune.
Notre bonheur dépend de nous.

La fortune rit aux sots.
Les sots font plus souvent fortune que les gens d'esprit.

Assez va, qui fortune passe.
Celui qui survit à une mauvaise passe en connaîtra une meilleure.

Grande fortune, grande servitude.
On est souvent esclave de sa fortune.

Bien danse à qui la fortune chante. − Nul ne sache danser quand la fortune joue du violon.
La passion du gain rend capable de tout.

Il faut faire contre mauvaise fortune bon cœur.
Se contenter de ce qu'on a.

De la fortune nul n'est content.
On n'est jamais satisfait de son sort. D'ailleurs, la fortune est capricieuse et ne brille que passagèrement, comme nous le rappelle ce vers de *Polyeucte* : « Et comme elle a l'éclat du verre, elle en a la fragilité » (acte IV).
Publilius Syrus avait écrit : « La fortune est de verre ; au moment où elle brille le plus, elle se brise. »

La fortune vient en dormant.
Est un proverbe, à l'origine, grec (allusion au général athénien Timothée (ive siècle av. J.-C.) qui remportait les victoires à son réveil. Autre proverbe d'origine latine :

La fortune aide, sourit aux audacieux *(Audaces fortuna juvat).*
▶ **Aveugle, Chèvre, Sagesse, Santé.**

Fossé
Au bout du fossé la culbute.
Il ne faut pas être trop hardi dans ses actions si l'on veut les réussir.
▶ **Âne, Soldat.**

Fou
Il vaut mieux être fou avec tous que sage tout seul.
Il y a de la folie à vouloir se montrer sage tout seul au milieu des fous.
Montaigne disait que, pour réussir dans le monde, il faut avoir l'air fou
et être sage.

Tête de fou ne blanchit pas.
Ne se faisant pas de soucis, les fous n'ont pas les cheveux qui blan-
chissent.

Fou qui se tait passe pour sage.
Se taire est le meilleur moyen de ne pas dire des sottises.

À chaque fou sa marotte.
Chacun possède une idée fixe, d'où la raison est souvent absente.

Les fous font les fêtes, les sages en ont le plaisir.

Plus on est de fous, plus on rit.

Avec les fous, il faut foller.

Les fous sont plus utiles aux sages que les sages aux fous.
Paroles de Caton passées en proverbe.

Bouche en cœur au sage,
Cœur en bouche au fou.
Le sage est prudent dans ses paroles, le fou a la parole fougueuse,
mais il est souvent sincère. Il ne faut pas suivre ce proverbe à la lettre :

À conseil de fol, cloche de bois.

Il n'y a que les fous qui ne changent pas d'avis.

Variante :
... que les imbéciles...

Qui ne sait être fou n'est pas sage.

Déjà dans le *Roman de Renart* on trouvait :
Il n'est si sage qui ne foloie.
Un brin de folie convient aux hommes.

Le Roux de Lincy est inépuisable sur la folie : d'une longue liste nous
extrayons :

Fol est celui qui femme veut surveiller. — Fou est celui qui se met en volonté d'autrui. — Fol et hors de sens, qui femme prend pour son argent. — Fol est cil qui bien esta, s'il se remue et il lons va seur espérance d'avoir mieus.

C'est-à-dire : Fol est celui qui étant bien se remue et va loin, dans l'espérance d'avoir mieux.

Folle est la quérimonie (plainte) qui est contre le temps. — Fol est qui à plus de lui se prent, ne se joue avec lui.

C'est-à-dire : Fol est qui à plus élevé que lui s'attaque ou bien joue avec lui.

Fol est qui cherche ce qui ne se peut trouver. — Fol est qui se fait brebis entre les loups. — Fol est qui se marie à femme étourdie. — Fol ne voit en sa folie que sens. — À jeune fol rien n'est impossible. — C'est être fou que d'être sage selon raison contre l'usage. — Il est bien fou qui apprendre ne veut. — Il faut être fol en amour. — Il n'est si grande folie que de sage homme. — Un fou fait toujours le commencement.

Le fou se figure que les autres sont plus fous que lui (Bretagne).

▶ **Aide**, **Avocat**, **Banquet**, **Fève**, **Misère**, **Mode**, **Rire**, **Vendre**.

Fouetter
Il n'y a pas de quoi fouetter un page, un chat.

C'est dire si la faute est légère.

▶ **Verges**.

Fougère
Où pousse la fougère,
C'est la bonne terre.

Four ▶ Moulin

Fourmi
Celui qui est trop endormi
Doit prendre garde à la fourmi.
Mieux vaut être sur ses gardes en toutes circonstances.

Frelon
Il ne faut pas émouvoir les frelons.
Il peut être imprudent d'énerver une personne placide. Quelque petits
qu'ils soient, on doit ménager même les plus inoffensifs afin de ne pas
s'en faire des ennemis.

Fréquenter
Dis-moi qui tu fréquentes, qui tu hantes et je te dirai qui
tu es.
Un dicton illustre en mauvaise part ce proverbe :

Mouton crotté, bien souvent
Aux autres cherche à se frotter (Bretagne).
▶ Compagnie.

Frères
Courroux de frères,
Courroux de diables d'enfers.

Friandise
Avoir le nez tourné à la friandise.
Proverbe qui mérite d'être ressuscité dans ses deux significations. Augé
l'ignore, mais Quitard nous indique que ce proverbe vient d'une phrase
proverbiale : « Il est comme saint Jacques de l'Hôpital, il a le nez tourné
à la friandise », allusion à l'emplacement de la statue de saint Jacques
dont le nez pointait vers la rue aux Oies où il y avait beaucoup de
rôtisseries ; on appliquait ce proverbe « à une jeune femme qui a l'air
coquet et éveillé, l'air d'aimer le plaisir ». Oudin (1640) précise : « Elle a
la mine d'une garce. »

Fric
Ce qui vient de fric, s'en va de frac.
Ce qui est mal acquis se dissipe aisément.

Fricassée
Sentir de loin la fricassée.
Avoir un pressentiment des dangers auxquels on s'exposerait en acceptant une invitation. Proverbe cité par Brantôme dans *Capitaines étrangers.*

Froid ▶ Main, Souffler, Vengeance

Frontière ▶ Lisière

Frotter
Qui s'y frotte s'y pique.
La devise de Louis XII est devenue proverbiale.

Fruit
Bon fruit vient de bonne semence.
Ou :

Bon sang ne saurait mentir.
Ce qui est confirmé par :

De noble plante, noble fruit.
La bonne graine donnera une récolte abondante, le bon exemple servira à une bonne conduite, etc.

Fruit précoce n'est pas de garde.
▶ Arbre.

Fuir
Poursuis-le s'il fuit et s'il ne fuit pas, fuis toi-même (Bretagne).
Un homme sûr de lui fera face et sera peut-être dangereux. En fuyant, il faut avoir en mémoire cet autre proverbe :

Un chemin pour qui fuit,
Cent pour qui le poursuit.

Fumée
Il n'y a pas, point de fumée sans feu.
Lorsqu'un bruit, une nouvelle se répand, il y a souvent quelque chose de vrai au fond. Autre signification : quelque précaution que l'on prenne pour cacher une passion, l'on ne peut s'empêcher de la laisser paraître.

La fumée s'attache au blanc.
La calomnie s'attache à la vertu.
▶ **Feu.**

Fumier
Dans l'argile, sable vaut fumier.

Autres constatations :
Labour d'été vaut fumier.

Plus met-on de paille en l'étable et plus y a du fumier.
▶ **Chien, Vendre, Yeux.**

Fuseau
Le fuseau doit suivre le hoyau.
La femme doit travailler lorsque l'homme pioche, travaille.

G

Gagner ▶ Dépenser, Marchand, Procès, Temps

Gain
Petit gain est bel quand il vient souvent.
Correspond à :

Les petits ruisseaux font les grandes rivières.
▶ Argent.

Gale
Il est méchant comme la gale.
▶ Dent, Marier.

Galon
Quand on prend du galon, on n'en saurait trop prendre.
Une fois la porte ouverte à l'ambition, aux honneurs, les hommes ont un penchant naturel à en vouloir toujours plus.

Gardon
Jeter un gardon pour avoir un brochet.
Faire un petit présent pour en recevoir un grand.
▶ Don.

Gascon
Garde-toi d'un Gascon ou Normand,
L'un hâble trop, l'autre ment.
▶ Normand.

Gelée ▶ Météorologie

Géline
Jamais géline n'aima, n'aime chapon.
Géline = poule. Celle-ci ne peut aimer un chapon (coq châtré).
▶ Mieux, Poule.

Gendarme
La crainte, la peur du gendarme est le commencement
de la sagesse.
Ce proverbe est attesté dans Panckoucke (1749).

Gêne
Où il y a de la gêne, il n'y a pas de plaisir.
Un des lieux communs, et non des moins savoureux, retenus par Léon
Bloy. Il n'en faut pas conclure que l'on doit se conduire comme un
goujat. Il faut savoir se gêner pour faire plaisir à autrui. Nouvelle
source de contentement.

Génie
Le génie est une longue patience.
Phrase de Buffon rapportée par Hérault de Séchelles.

Il n'y a point de génie sans un grain de folie.
Proverbe fort ancien que l'on attribue à Aristote (IVe siècle av. J.-C.).

Genièvre
Un buveur de genièvre ne meurt jamais jeune (Nord).

Gentilshommes
Tous gentilshommes sont cousins, et compères tous les vilains.

Gibet
Le gibet ne perd jamais ses droits.
Les criminels sont châtiés tôt ou tard. Un autre proverbe contredit cette affirmation :

Le gibet n'est que pour les malheureux.
Selon que vous serez puissant...
Quitard rapporte cette anecdote à propos de la prétendue justice dissuasive du gibet : un homme échappé d'un naufrage aborde une terre inhospitalière. Il imagine partout des anthropophages prêts à le dévorer jusqu'au moment où il aperçoit un gibet. À l'instant, son cœur ne bat plus que de joie et il s'écrie : « Dieu soit béni ! Je suis dans un pays civilisé. »

Malheureux comme un gibet.
Dans l'Antiquité, le gibet était fait du bois de certains arbres appelés « malheureux » : peuplier, aune, orme. On dit aussi :

Plus malheureux que le bois dont on fait le gibet.
Par allusion au gibet de Montfaucon qui porta malheur à ceux qui le firent construire ou le réparèrent.
▶ **Vérité.**

Givre ▶ Météorologie

Gland ▶ Météorologie, Temps

Gloire
Quand vient la gloire, s'en va la mémoire.
Un homme arrivé oublie souvent ses amis au profit des nouvelles relations qui lui sont plus utiles.
▶ **Argent.**

Glorieux
Il fait bon battre un glorieux, il ne s'en vante pas.
Un homme infatué de lui-même endure les humiliations qu'on lui fait subir plutôt que de s'en plaindre.

Goéland
Qui tue le goéland,
La mort l'attend.
Ce dicton est l'un des rares à faire allusion à une superstition.

Gorge
Faire rendre gorge à quelqu'un.
L'obliger à rendre ce qu'il a pris illicitement. On appelle *gorge* la nourriture de l'oiseau de proie. Le fauconnier la lui arrachait du jabot pour l'obliger à chasser.

L'oiseau ne vole pas sur sa gorge.
Après un bon repas, il ne faut pas se livrer à un exercice violent, à l'exemple des oiseaux qui, repus, ne chassent pas.

Gourmand ► Dent

Gourmandise ► Épée

Goût
Tous les goûts sont dans la nature.
Un des lieux communs de Léon Bloy. Se dit surtout ironiquement en parlant des personnes qui ont des goûts singuliers.

Morceau avalé n'a plus de goût.
Le temps passe et on ne se souvient plus d'un bienfait, d'une mauvaise affaire. Une fois le plaisir passé, il ne reste plus rien.

Des goûts et des couleurs, on ne discute pas.
► **Viande.**

Goutte
Goutte tracassée est à demi pansée.
L'exercice est un bon remède contre la goutte.

Au mal de la goutte
Le mire ne voit goutte.
Mire = médecin.

La goutte vient de la feuillette ou de la fillette.
Jeu de mots passé en proverbe et attribué à l'historien Mézeray.

Gouvernement, Gouverner
Jeune gouvernement suit le vent.
Un nouveau gouvernement cède aux événements.

Toute nation a le gouvernement qu'elle mérite.
Proverbe issu d'une phrase de Joseph de Maistre (lettre du 27 août 1811).

Gouverner, c'est prévoir.
Paroles attribuées à Émile de Girardin.

Belle prestance,
Moitié du gouvernement (Monaco).

Grain
Il y a plus de paille que de grain.
L'affaire n'est pas bonne.

De mauvais grain jamais bon pain.
Correspond à :

De méchant grain trésor vain.
Sans de bons outils on ne fait pas de bon travail ; sans de bons ingrédients, pas de bonne cuisine. En revanche :

Qui sème bon grain recueille bon pain.
C'est un grain de millet à la bouche d'un âne.
Joli proverbe pour dire : c'est peu de chose.
▶ **Vendre.**

Grands (Les)
Promesse des grands n'est pas héritage.

À grands seigneurs, peu de paroles.
Il faut être bref lorsqu'on s'adresse aux gens importants.
▶ **Argent, Parole, Seigneur, Tonnerre.**

Gratter
Trop gratter cuit, trop parler nuit.
De même qu'il faut résister au désir de se gratter lorsqu'on est atteint de démangeaisons, de même il faut résister au désir de parler. On se souvient de Corneille qui a écrit : « Qui parle beaucoup dit beaucoup de sottises. » Voir également :

Trop parler porte dommage.

Ces proverbes sont probablement issus de :

Comme grand dormir n'est pas sans songe
Grand parler n'est pas sans mensonge (xviᵉ siècle).

Après la fête, on gratte sa tête.
Après avoir dépensé, on se repent.
▶ **Démanger.**

Grelot
Attacher le grelot.
Se risquer le premier dans une entreprise périlleuse, par allusion à la fable de La Fontaine : « Conseil tenu par les Rats ».

Grenier ▶ Intelligence

Grenoble
Faire la reconduite de Grenoble.
Renvoyer quelqu'un en le maltraitant, comme le firent les Grenoblois à l'égard de Lesdiguières lorsqu'il voulut surprendre la ville de Grenoble.

L'Isère et le Dragon
Mettront Grenoble en savon, en sablon.
Dragon = Drac, mais le dicton indique ainsi la méfiance qu'il fallait

observer quand l'Isère et le Drac se trouvaient en crue. D'importants travaux ont rendu ce dicton caduc.

Grenouille ▶ Intelligence, Météorologie

Groseillier ▶ Météorologie

Grue ▶ Avantage

Gué
Il ne faut pas louer le gué avant de l'avoir passé.

Guérison
La guérison n'est jamais si prompte que la blessure.
La blessure — malheur, accident, etc. — arrive inopinément et se guérit lentement.

Guerre
À la guerre comme à la guerre.
Il faut savoir supporter philosophiquement les privations. S'emploie souvent « quand l'on balaie les dernières hésitations » avant de se lancer dans une opération.

Qui terre a guerre a.
Qui a du bien s'attire des envieux, des ennemis. Augé note : « Voltaire, jouant sur ce proverbe, a dit : "Qui plume a guerre a." »

La guerre nourrit la guerre.
Les armées trouvent leur subsistance sur le territoire qu'elles occupent.

Si tu veux la paix, tiens-toi prêt à faire la guerre, prépare la guerre.
Du latin : *Si vis pacem, para bellum.*

L'argent est le nerf de la guerre.
Proverbe qui remonte au IIIe siècle av. J.-C. et souvent cité. Rabelais l'a traduit par : « Les nerfs des batailles sont les pécunes. »

Il ne faut pas aller à la guerre qui craint les horions.

Il ne faut pas s'engager dans une affaire si l'on en craint les inconvénients.

Qui a fait la guerre fasse la paix.
Celui qui a engagé les hostilités doit savoir y mettre fin.
▶ **Femme, Terre, Tonner.**

H

Habit

L'habit ne fait pas le moine.
Il ne faut pas juger des personnes sur l'extérieur. Rutebeuf disait :
« L'habit ne fait pas l'ermite. »

Si l'habit du pauvre a des trous, celui du riche a des taches.
Ce proverbe provient d'un vers grec de Théognis : « Les haillons de la misère couvrent la vertu, le manteau de la fortune cache le vice. »

L'habit volé ne va pas au voleur.
Les biens mal acquis ne profitent, dit-on, jamais.

Porter un habit de deux paroisses.
Agir ou parler tantôt d'une manière, tantôt d'une autre.

Habit de velours, ventre de son.
S'emploie pour désigner des personnes qui se privent sur le nécessaire pour mieux paraître.

D'habits d'autrui mal on s'honore.
On feint d'ignorer ce qui provient de la générosité d'autrui. Pourtant :

Tout habit sied bien à qui en a besoin.

Mieux vaut belle panse que belle manche (Artois).
▶ Alençon.

Habitude
L'habitude est une seconde nature.
Un des lieux communs de Léon Bloy. Lorsque l'habitude est source d'enrichissement, elle est à louer.

L'habitude émousse le plaisir.

Quand le camelot a pris son pli c'est pour toujours.
Désigne une personne qui reste sur ses opinions, qui ne se corrige jamais (le camelot est une étoffe en poil de chameau).

Coutume dure
Vaut nature.
Dit un autre proverbe.
▶ **Chose.**

Hallebarde
Cela rime comme hallebarde et miséricorde.
Cela ne rime pas du tout.

Hanter
Dis-moi qui tu hantes, et je te dirai qui tu es.

Hareng
La caque sent toujours le hareng.
S'applique à une personne qui fait voir la bassesse de son extraction. À l'origine (xive siècle), signifiait que l'on devait toujours se méfier des Anglais. On dit aussi :

Le mortier sent toujours les aulx.
▶ **Âne, Vendre.**

Hasard
Il faut laisser quelque chose au hasard.
L'homme, aussi remarquable soit-il, ne saurait tout prévoir. Un ancien proverbe dit :

Ce qu'art ne peut, hasard achève.

Hâte
La trop grande hâte est cause du retardement.
Proverbe attesté par Tive-Live : « Qui se hâte trop finit plus tard. » On retiendra aussi ce proverbe :

Qui se hâte trop se fourvoie.
Trop de précipitation nuit au travail entrepris. Un proverbe grec, rapporté par Aristote, dit : « Le chien en se hâtant fait des petits aveugles. » La Fontaine a dû se souvenir de ce précepte de l'empereur Auguste : « Hâte-toi lentement », lorsqu'il écrivit, en parlant de la tortue : « Elle se hâte lentement » ; et Corneille nous a laissé ce conseil : « Le trop de promptitude à l'erreur nous expose. » D'où cet autre proverbe :

Qui trop se hâte reste en chemin.
▶ Faire.

Herbe
Mauvaise herbe croît toujours, soudain.
Les garnements ont un développement rapide.

La mauvaise herbe croît plus vite que la bonne (Monaco).

Manger son blé en herbe.
Dépenser d'avance ses gains.

L'herbe qu'on connaît, on la doit bien lier à son doigt.
Il ne faut pas se séparer de ceux qui ont notre confiance.

Il a bien fait, il aura de l'herbe.
Donner une récompense à celui qui a bien agi. Ce proverbe « peut être venu des cavaliers qui donnent une poignée d'herbe aux chevaux qui ont obéi », nous apprend Le Roux de Lincy.

Héritier
Qui attend les souliers d'un mort risque d'aller pieds nus.
Il ne faut compter sur un héritage que lorsqu'on est en possession des biens légués. Proverbe allégué aussi par :

N'est héritier que celui qui jouit.

Il ne faut pas se dépouiller, se déshabiller avant de se coucher.
Il ne faut pas se démunir de son vivant.

Avec tes enfants, garde tes cinq doigts et ton pouce (Bourgogne).
▶ Figuier, Grands.

Héros
Il n'y a point de héros pour son valet de chambre.
Montaigne, dans les *Essais* : « Peu d'hommes ont été admirés par leurs domestiques. » Le maréchal de Catinat (1637-1712) est à la source de ce proverbe : « Il faut être bien héros pour l'être aux yeux de son valet de chambre. » Heureusement, les héros sont récompensés, nous apprend un proverbe du XIVᵉ siècle :

Qui pour son seigneur en bataille mort prend,
Dieu a de lui pitié, en gloire où il l'attend.

Heure
Chercher midi à quatorze heures.
Chercher des difficultés là où il n'y en a pas.

Heureux
Heureux au jeu, malheureux en femmes, en amour.
Ceux qui gagnent souvent au jeu ont rarement de la chance en ménage.

Est heureux qui croit l'être.
La mesure du bonheur (et du malheur), c'est l'idée que l'on s'en fait.
Un proverbe du XVIᵉ siècle nous dit :

Soit heureux qui peut,
Il ne l'est qui veut.

On ne doit appeler personne heureux avant sa mort.
Adage provenant d'un mot de Solon à Crésus. Montaigne, lui, écrit : « À mon avis, c'est le vivre heureusement, et non, comme disait Anthisthènes, le mourir heureusement, qui fait l'humaine félicité. »
▶ Sot, Vivre.

Heurter
On se heurte toujours où l'on a mal.

Hirondelle
Une hirondelle ne fait pas le printemps.
On ne peut rien conclure d'un seul exemple.

Quand les hirondelles volent bas, les pavés se prennent pour des nuages.
Nous ne citons cette « phrase-proverbe » que pour illustrer la poésie que peut créer un auteur en partant d'un proverbe. C'est un jeu auquel nous a conviés Cavanna dans son *Agenda 1985*. Avant lui, de nombreux humoristes s'y sont exercés, notamment Pierre Dac, par exemple : « L'amour ne se mouille jamais dans les cœurs desséchés. » C'est le seul exemple que nous citerons dans ce livre, à titre d'échantillon. Évidemment, à « Pauvre », nous aurions pu mentionner : « Qui n'a pas de fond de culotte doit toujours faire face », du même Cavanna.
▶ **Ami, Météorologie.**

Hiver
Si l'hiver est froid et rigoureux
Ton ventre à la table, ton dos au feu.
▶ **Météorologie.**

Homme
Un homme averti en vaut deux.
Un des lieux communs de Léon Bloy. De même :

Deux précautions valent mieux qu'une.

L'homme sans abri est un oiseau sans nid.

Les hommes sont comme les melons :
Sur dix, il y en a un de bon.
Proverbe que l'on retrouve dans de nombreuses régions.

Tous les hommes ont été pétris du même limon.

L'homme est de glace aux vérités, il est de fer pour le mensonge.

Il vaut mieux obliger un honnête homme qu'un homme riche.

Face d'homme porte vertu.
Un homme est fort habile dans les affaires où il est intéressé.

Homme chiche n'est jamais riche.
Proverbe du xvie siècle. La générosité paie toujours et l'homme avare ne s'enrichit pas. De même :

Homme seul est viande à loup.
Car il se trouve sans amis lorsque le danger arrive.

Au riche homme souvent sa vache vêle,
Et du pauvre le loup veau emmène.
L'argent va toujours à l'argent et les pauvres seront encore plus pauvres. Un autre proverbe replace l'égalité des hommes devant le malheur :

À un pauvre homme sa vache meurt et au riche son enfant.

D'un petit homme souvent grand'ombre.
De même, d'un petit événement peut naître une grande cause.

Il faut estimer ce que l'homme fait, non pas ce qu'il peut faire.
Admirable proverbe datant du xvie siècle.

L'homme chet (tombe) en vice facilement,
Mais en vertu dresse lentement.

Quand l'homme est en colère, il a le diable au corps.
Ou encore :

Quand l'homme perd son esprit, il perd tous ses moyens.

L'homme qui veut vivre sans soupçon,
Il se doit bien garder de faire trahison.
Proverbe remontant au xive siècle.

Comment ne pas citer ce proverbe turc pour conclure cet article :
L'homme est plus dur qu'une pierre et plus doux qu'une rose.
▶ **Dieu.**

Hommes et Femmes

L'homme est de feu et la femme d'étoupe.
Le diable vient qui souffle.

Pour faire bon ménage, il faut que l'homme soit sourd et la femme aveugle.

Femme aime tant comme elle peut,
Et l'homme quand il veut.

Il n'est homme ni femme où il n'y ait un si.

Jamais homme sage et discret
Ne révèle à femme son secret.

C'est trop belle chose quand l'homme et la femme s'entr'aiment.

L'homme ne vaut rien,
La femme pas grand-chose,
Mais l'un sur l'autre font le monde (Bourgogne).

Le diable met la femme sous l'homme pour tenir l'homme sous lui (Corse).

Honneur

Les honneurs changent les mœurs.
Les honneurs rendent orgueilleux. Sylla, rapporte Plutarque, homme jovial dans sa jeunesse, devint implacable pendant sa dictature.

L'honneur est le loyer de la vertu.

L'honneur fleurit sur la fosse.
C'est souvent après sa mort que l'on reconnaît les vertus de quelqu'un.

Mieux vaut trésor d'honneur que d'or.
L'honneur est le plus précieux des biens, car :

Honneur perdu ne se retrouve plus.
Déjà dans sa chronique sur la vie de Du Guesclin, Cavelier (xive siècle) rapportait une de ses paroles :

Mieux vaut honneur qu'avoir.

L'opulence et les honneurs
Font de saints des diables (Bretagne).
▶ **Seigneur.**

Honni
Honni soit qui mal y pense.
Selon la tradition, la comtesse Alix de Salisbury laissa tomber en dansant le ruban bleu qui attachait son bas-de-chausses. Édouard III, voyant certains courtisans se moquer, le ramassa et dit à haute voix ce célèbre proverbe. En mémoire de cet événement il créa l'ordre de la Jarretière (1349).

Honte, Honteux
Il n'y a que les honteux qui perdent.
Les timides sont toujours mal partagés. Faute de hardiesse, on manque les bonnes occasions.

Honte fait dommage.
Est un autre proverbe qui renforce le premier. Mais, attention :

Tel pense venger sa honte qui l'accroît.

Jamais honteux n'eut belle amie.
En amour, il faut savoir être entreprenant.
▶ **Vivre.**

Hôpital
L'hôpital n'est pas fait pour les chiens.
Il n'y a pas de honte à aller à l'hôpital. Un des lieux communs de Léon Bloy.

**Procès, taverne et urinal
Chassent l'homme à l'hôpital.**
Trois maux qu'il faut éviter.

Hoquet
**Le hoquet, santé pour l'enfant
Et, pour le vieillard, fin prochaine** (Bretagne).

Horloges
Il est plus difficile d'accorder les philosophes que les horloges.

Proverbe tiré d'une phrase de Sénèque. Quitard rapporte l'anecdote qui concerne Charles Quint, retiré dans un monastère en Estrémadure après son abdication. Dans sa cellule, il s'efforçait de mettre à l'heure une trentaine de montres, sans y parvenir. Il s'écriait : « Quoi, cela m'est impossible ! et quand je régnais j'ai pu croire que je ferais penser mes sujets de la même manière en matière de religion ! Ô mon Dieu ! Quelle était donc ma folie ! » À ce moment, entre un domestique étourdi qui renverse la table et brise les montres. L'empereur s'écrie alors : « Plus habile que moi, tu viens de trouver le seul moyen de les mettre d'accord. »

▶ **Philosophes, Recommencer.**

Hôte
Qui compte sans son hôte compte deux fois.

On se trompe souvent quand on espère une chose qui ne dépend pas entièrement de soi.

L'hôte et la pluie après trois jours ennuient.

Ancienne constatation (xIIIᵉ siècle).

Huître
Raisonner comme une huître.

En dépit du bon sens.

Huppés
Les plus huppés y sont pris.

Même ceux qui se croient les plus habiles y sont pris.

Hypocrite ▶ Fleur

I

Ignorance, Ignorant
La science de l'ignorant, c'est de reprendre les choses bien dites (Pays basque).

Un ancien proverbe nous enseignait déjà que :
Qui ne sait rien, de rien ne doute.

Et Rabelais (5e livre, VIII) nous rappelle que :
Ignorance est mère de tous les vices.

L'ignorance est considérée avec sévérité :
Mieux vaut n'être pas né
Que de rester ignorant (Bretagne).

On trouve, sous forme de dicton, dans l'*Almanach breton*, des conseils moraux : « L'ignorant aime à nier, le savant aime à croire. »
▶ **Admiration.**

Imagination
L'imagination est la folle du logis.
L'activité cérébrale est comparable à un élément appartenant au monde domestique, qui peut toujours troubler l'ordre intérieur.

Impossible

À l'impossible nul n'est tenu.
Personne n'est tenu de faire ce qu'il lui est impossible d'accomplir.
Bien souvent ce proverbe est allégué par des personnes de mauvaise
volonté pour ne pas accomplir ce qui leur déplaît.

L'impossible a plus de force que le serment (Pays basque).

Autre proverbe :
On ne peut pas peigner un diable qui n'a pas de cheveux.
▶ **Cœur, Lune, Possible.**

Inattention

L'inattention fait échouer le navire.
Combien d'accidents ou de malheurs arrivent par manque d'attention !

Ingrat, Ingratitude

Obliger un ingrat, c'est perdre le bienfait. — Obliger un ingrat, c'est acheter sa haine. — Qui oblige fait des ingrats.
Louis XIV disait que, lorsqu'il accordait une grâce, il faisait un ingrat et
vingt mécontents. Mais de là à ne jamais rien accorder pour éviter
l'ingratitude ainsi que l'indique un proverbe florentin :

Ne fais point de bien, et tu n'auras point de mal.
Proverbe heureusement compensé par cet adage oriental : « Donne du
pain à un chien, dût-il te mordre. » Corneille a écrit : « On n'aime point
à voir ceux à qui l'on doit tout » (*Nicomède*, II, 1).

L'ingratitude est la mère de tous les vices.

Il faut compter sur l'ingratitude des hommes.

Proverbe illustré par :
Dépendez un pendu et il vous pendra.

Et par ce dicton :
Fais du bien à un baudet, il te remerciera par ses crottes
(Nord).

Injures
Les injures s'écrivent sur l'airain et les bienfaits sur le sable.
Ce proverbe montre l'ingratitude des hommes. On oublie bien vite les bienfaits mais les injures restent présentes en notre mémoire.

Les injures sont les raisons de ceux qui ont tort.

Le meilleur remède des injures c'est de les mépriser.
▶ **Vin.**

Innocents
Aux innocents les mains pleines.
« La fortune favorise les sots », indiquait déjà un proverbe latin. Ce n'est que justice s'il arrive parfois que les faibles d'esprit soient heureux dans leurs entreprises. S'emploie également lorsque quelqu'un a trop de chance, particulièrement dans les jeux de hasard.

La tête d'un innocent ne blanchit jamais.
Proverbe cité à « Fou », mais n'y a-t-il pas dans ce dicton *(Nord)* une ambiguïté qui indiquerait qu'un innocent, ayant la conscience tranquille, ne se fait pas de cheveux blancs ?
▶ **Repentir.**

Insomnie ▶ Ortie

Intelligence
Quand la maison est trop haute, il n'y a rien au grenier.
La nature développe le corps outre mesure aux dépens de l'esprit. Le chancelier Bacon fit cette réponse à Jacques Ier à propos d'un ambassadeur français fort grand : « Sire, les gens de cette taille sont quelquefois semblables aux maisons de cinq ou six étages, dont le plus haut appartement est d'ordinaire le plus mal garni » (Quitard).

Il n'est pas cause que les grenouilles n'ont point de queue.
Proverbe signifiant qu'un homme n'a aucune intelligence (le phénomène du changement d'un têtard en grenouille était regardé autrefois comme merveilleux).

Intention

C'est l'intention qui fait l'action. — L'intention est réputée par le fait.

Le mérite ou le démérite des actions dépend de l'intention qui les dicte, d'où :

C'est l'intention qui compte.

La bonne intention doit être réputée pour le fait.

Même si la bonne intention est suivie d'un effet malheureux, on doit être reconnaissant. Il faut se méfier de ce proverbe, car :

L'enfer est pavé de bonnes intentions.

Ce que Bossuet a traduit par : « Toutes ces vertus dont l'enfer est rempli. »

Intérêt

Quand l'intérêt commande, la raison est trouble.

Curieusement, nous n'avons pas trouvé de proverbe français consacré au mot intérêt. Celui-ci est d'origine chinoise.

Inutile

C'est bien plus beau lorsque c'est inutile.

Maxime ou proverbe, ce vers est souvent cité (Edmond Rostand, *Cyrano*).

Issoire

Qui bon vin veut très bien boire
Faut aller dedans Issoire ;
Qui à belle femme veut parler
Dans Issoire il faut aller.

Il s'agit de la ville d'Issoire, Puy-de-Dôme. Exemple de proverbe en rime (xviie siècle).

Ivrogne
À la trogne connaît-on l'ivrogne.

Un ivrogne remplit plus souvent son verre que ses engagements.
▶ **Dieu, Médecin.**

J

Jamais
Jamais deux sans trois.
Superstition ou habitude, lorsqu'une chose, généralement désagréable, est arrivée deux fois, cette locution est citée naturellement.
▶ **Tard.**

Janvier ▶ Météorologie

Jarnac
C'est un coup de Jarnac.
Se dit en parlant d'une ruse, d'une manœuvre habile ou imprévue par allusion au duel qui eut lieu le 10 juillet 1547 entre Guy de Chabot, baron de Jarnac, et François de Vivonne. Jarnac, d'un revers de son épée, fendit le jarret de son adversaire.

Jarretière ▶ Honni

Jasmin
Le jasmin donne l'amour à qui ne l'a
Et fait reverdir à qui l'a.
Est-ce à l'odeur prenante et agréable du jasmin que l'on doit ce dicton?

Jaune
Le jaune est le fard des brunes.

Jeu
Le jeu ne vaut pas la chandelle.
Le résultat ne vaut pas le mal qu'on se donne. La variante « n'en » est à proscrire.

Jeu de main, jeu de vilain.
Confirmé par :

Les jeux ne tournent pas toujours à bien (Bretagne).

**Qui en jeu entre
Jeu consente.**
Dès le XIIIᵉ siècle, on faisait valoir qu'il fallait observer les règles du jeu.

À mauvais jeu, bonne mine.
Il ne faut pas laisser deviner, par ses expressions, les cartes que l'on a en main, de même :

Au vrai dire perd-on le jeu.
Signifie qu'en jeu il faut cacher la vérité.

**Qui n'est heureux en fait ou en parler
Jamais à nul jeu ne devra jouer.**
Mise en garde pour les dirigeants, les chefs de guerre : quelle que soit leur valeur, s'ils ne réussissent pas, ils seront disqualifiés (XIVᵉ siècle).
▶ **Heureux, Retour.**

Jeune, Jeunesse
Si jeune savait et vieux pouvait, jamais disette y aurait.
Proverbe ancien qui marque que la condition humaine réunit rarement le savoir et le pouvoir.

Si jeunesse savait, si vieillesse pouvait !
Les jeunes manquent d'expérience, les vieux de forces. Proverbe qui remonte au XVIᵉ siècle.

La jeunesse revient de loin.
Les jeunes résistent mieux à de graves maladies.

Ceux à qui Dieu veut du bien meurent jeunes.
Proverbe fondé sur l'opinion des philosophes qui comptaient la mort

au nombre des biens et démenti par Sapho ainsi que le rapporte Aristote : « La mort est un mal, et la preuve que les dieux en ont jugé ainsi, c'est qu'aucun d'eux n'a encore voulu mourir. »

Jeunesse oiseuse, vieillesse disetteuse. — Qui jeune est fou, vieil en a les frissons.
Celui qui ne prépare pas sa retraite aura une vieillesse difficile.

Il faut bien que jeunesse se passe.
Phrase proverbiale que l'on emploie pour excuser les excès de la jeunesse — surtout amoureux.

Jeunesse rêve, vieillesse décompte.
La jeunesse vit d'espoirs, les vieux de souvenirs.

**Jeunesse et bon sens
Ne peuvent aller ensemble** (Pays d'oc).
▶ **Mort, Oisiveté, Travail.**

Joie
Toute joie fault en tristesse.
Fault = fait défaut. Tout bonheur se termine, comme tout mal d'ailleurs :

À force de mal, tout ira bien.

**De choses tristes et adversaires
En temps de joie il se faut taire.**
Sage conseil (XVIe siècle).
▶ **Teint.**

Joueur
À bon joueur la balle lui vient.
À ceux qui paraissent tout réussir, il a fallu bien de l'entraînement.

À bourse de joueur, il n'y a point de loquet.
Un vrai joueur perdra jusqu'à sa chemise au jeu.
▶ **Balle.**

Jour, Journée
Demain il fera jour.
Attendons demain pour décider ou faire quelque chose, la réflexion est bonne conseillère. Sur le thème : « Il ne faut pas vendre la peau de l'ours... » :

Attendez à la nuit pour dire que le jour a été beau.
Ou encore :

Pour vanter un beau jour, attends sa fin.

Bon jour, bonne œuvre.
Bonne œuvre accomplie un jour de fête.

Les jours se suivent et ne se ressemblent pas. — Les jours se suivent pas à pas, mais ils ne se ressemblent pas.
Les circonstances varient avec le temps ; la vie est un enchaînement de chances et de malchances.

À chaque jour suffit son mal, sa peine.
Il ne faut pas se tourmenter outre mesure. Proverbe favori de Napoléon Ier, venant d'une parole de saint Matthieu.

La journée bien commencée
Semble toujours bientôt passée.

Il n'y a si long jour qui ne vienne à la nuit.
Il n'y a pas de peine qui ne s'estompe.

Long comme un jour sans pain.

Jour qui nous apporte finance,
Est un jour de réjouissance.

Jour de noce et d'enterrement
Sont deux jours de contentement.
Le mariage n'est guère prisé par les auteurs de proverbes !

Il y a encore des jours après aujourd'hui.
Sage constatation qui s'emploie lorsque l'on vous presse d'achever quelque chose. Il ne faut pas être impatient *(Nord)*.

▶ **Louer, Propos, Vendredi.**

Jour de l'an
Lorsque le premier de l'an est un dimanche
Vends ton cheval et ton mulet
Et mets-en le prix en blé en toute sécurité (Bretagne).

Quiconque travaille le premier jour de l'an
Travaille tous les jours de l'année (Bretagne).

Juge, Juger
On ne peut être à la fois juge et partie.
On ne peut être juge dans sa propre cause. Mais :

Qui veut bien juger
Il doit la partie écouter (xvᵉ siècle).

De fou juge, brière sentence.
Les ignorants décident sans savoir (*brière* = prompte).

Juge hâtif est périlleux.
Ce proverbe remonte au xivᵉ siècle !... Un autre, du xvᵉ siècle, dit :

Sage est le juge qui écoute et tard juge.

Le fait juge l'homme.
C'est à ses actes que l'on juge un homme. Proverbe du xiiiᵉ siècle.

Juger de la chose comme un aveugle des couleurs.

Il ne faut pas juger de l'arbre par l'écorce.
Il ne faut pas se fier aux apparences.

Tel juge, tel jugement.
L'égalité n'existe nulle part...

Jugez les autres
Comme vous désirez être jugé.
▶ **Droit, Parents.**

Jugement

Fien (ordure) de chien et marc d'argent seront tout un au jour du Jugement.

Proverbe du XVIᵉ siècle qui montre que devant la mort nous serons tous égaux, petits et grands, riches et pauvres.

Juillet ► Météorologie

Juin ► Météorologie

Jument

Jamais coup de pied de jument ne fit mal à un cheval.

Un homme ne doit pas s'offenser des injures d'une femme. Les Espagnols disent :

Ruades de jument sont amours pour le roussin.

Justice

L'extrême justice est une extrême injure.

Proverbe qui nous vient des Anciens. Montesquieu s'en est inspiré : « La justice consiste à mesurer la peine à la faute, et l'extrême justice est une injure. »

On aime la justice dans la maison d'autrui.

Dès que la justice entre en concurrence avec nous-mêmes, disait Massillon, elle a des droits bien faibles.

La justice est comme la cuisine, il ne faut pas la voir de trop près (Touraine).
► Accusé, Voleur.

L

Laboureur
Au paresseux laboureur
Les rats mangent le meilleur.
Le maître qui ne prend pas soin de tout se fait gruger.
▶ **Champ, Gelée.**

Laine
Se laisser manger la laine sur le dos.
Se laisser dépouiller, à l'exemple des moutons qui se laissent arracher
la laine par les pies et les corbeaux.
▶ **Don.**

Lait
On me bout du lait.
Se dit proverbialement pour marquer qu'une chose déplaît.

Bouillir du lait à quelqu'un.
Le charmer.
▶ **Marie, Mouche, Vache, Vin.**

Lambin
C'est un lambin.
Expression venant de Denys Lambin, professeur au Collège de France
(1516-1572). D'une rare érudition, il donna avec force notes des com-
mentaires de Plaute, Cicéron, etc. La prolixité de ses remarques
souvent fastidieuses nous valut cette expression et le mot « lambiner ».

Lame
La lame use le fourreau.
Une trop grande activité intellectuelle use le corps. Il faut se garder de donner un sens grivois à ce proverbe.

Lampe
Il ne faut pas mettre la lampe allumée sous le boisseau.
Il ne faut pas empêcher la vérité de se manifester. Variante :

Il ne faut pas cacher la lampe sous le boisseau.
Signifie aussi qu'il ne faut pas être trop modeste et mettre en valeur les qualités que l'on possède.

Langue
Il faut tourner sept fois sa langue dans sa bouche avant de parler.
Il faut mûrement réfléchir si l'on ne veut pas énoncer trop de sottises.

Les dents sont bonnes contre la langue.
Il ne faut pas trop parler, sinon l'on risque de dire des sottises. Correspond à cet autre proverbe :

Il vaut mieux se mordre la langue avant de parler qu'après avoir parlé.
Autre forme :

Bonnes sont les dents qui retiennent la langue.

Beau parler n'écorche pas la langue.
Parler poliment n'a jamais fatigué quelqu'un.

L'usage est le tyran des langues.
L'usage prévaut sur les règles grammaticales.

La langue va où la dent fait mal.
On parle volontiers de ses peines, comme la langue va flatter une douleur dans la bouche.

Il vaut mieux glisser du pied que de la langue.
Les paroles indiscrètes peuvent nuire gravement à leur auteur.

La langue est le témoin le plus faux du cœur.
Ce que Talleyrand, dit-on, a traduit par : « La parole nous a été donnée pour déguiser notre pensée. »

C'est une langue de la Pentecôte.
Qui n'épargne personne, qui s'exprime d'une façon rude, sans s'inquiéter des suites.

Longue langue, courte main.
Celui qui parle beaucoup agit peu.

Langue de miel, cœur de fiel.
Les beaux parleurs ont parfois un cœur noir.

Un coup de langue est pire qu'un coup de lance.
Une calomnie peut être plus funeste qu'une blessure ainsi qu'en témoigne cet autre proverbe (xvᵉ siècle) :

Coup mortel gît en langue infecte.

De langue double maint trouble.
Un double langage peut amener bien des discordes.

Il a la langue à la bouche et non à la bourse.
Promettre beaucoup sans jamais tenir.

La langue ne doit jamais parler
Sans congé au cœur demander.
▶ **Femme, Rome.**

Lanterne
Prendre des vessies pour des lanternes.
Se tromper lourdement.

Grande lanterne, petite lumière.
Il ne faut pas se fier aux apparences *(Nord)*.

Lapin
Où naît un lapin croît de l'herbe.
La Providence fait bien les choses. Ce proverbe est souvent, hélas ! démenti *(Provence)*.

Lard
On ne peut avoir le lard et le cochon.
On ne peut avoir tous les avantages. À se montrer trop gourmand, on risque de tout perdre.

Larme
Rien ne sèche plus vite que les larmes.
Cicéron rapporte ce proverbe qu'il attribue à Apollonius : « Les esprits une fois émus, gardez-vous d'être prolixes dans vos plaintes, car... » Un malheur est vite oublié.

Il est plus près de sainte larme que de Vendôme.
Il est sur le point de pleurer (par allusion à une relique célèbre conservée à Vendôme).

Larron
L'occasion fait le larron.
L'occasion nous fait faire des choses répréhensibles auxquelles on n'aurait pas songé.

Les gros larrons font pendre les petits.
Les grands coupables échappent parfois à la justice alors que les petits sont souvent condamnés. C'est pourquoi il faut :

À gros larrons grosse corde.

Larron est le nom d'un homme.
Ce proverbe nous invite au pardon et nous rappelle que tout homme peut un jour succomber à la tentation de voler.
▶ **Marchand, Voleur.**

Lavande ▶ Sauge

Laver
Il faut laver son linge sale en famille.
Il faut garder entre soi les querelles familiales, sous peine d'attirer la moquerie des autres.

Lettre
La lettre tue, et l'esprit vivifie.
Il ne faut pas, dans l'interprétation d'une loi, s'attacher au sens littéral des mots, mais saisir l'intention véritable du législateur.

Lever, se lever
Lever la paille.
Être extraordinaire, jolie expression qui provient du fait que l'ambre attire la paille.

C'est peu de se lever matin, il faut encore arriver à l'heure.
Ce n'est pas tout de commencer une affaire, encore faut-il la réussir.

Qui perd sa matinée perd les trois quarts de sa journée (Agen).
Le lever tôt est illustré par :

Qui se lève tard trouve la soupe froide.
Et :

À qui tard se lève tout bien fait (Auvergne).

Coucher de poule et lever de corbeau
Écartent l'homme du tombeau (Franche-Comté).

Lever à cinq, dîner à neuf,
Souper à cinq, coucher à neuf
Font vivre d'ans nonante et neuf (Bourgogne).
Inspiré probablement par :

Lever à six
Manger à dix,
Souper à six,
Coucher à dix
Font vivre l'homme dix fois dix.
Enfin :

Pour prendre renard ou lièvre
Il faut se lever de bon matin (Bretagne).
Comme on le voit, l'avenir est à ceux qui se lèvent tôt.
▶ **Aide, Renard.**

Liberté ► Blâmer, Cage

Lierre ► Fidélité

Lièvre

Il ne faut pas courir deux lièvres à la fois.
Il vaut mieux s'occuper d'une seule affaire et la mener à bien que d'en bâcler plusieurs.

Qui court deux lièvres à la fois n'en prend aucun.
Dit un autre proverbe, correspondant à :

Qui trop embrasse mal étreint.

Le lièvre revient toujours à son gîte.
Avec de la patience, on retrouve toujours celui qui s'est dérobé.

On n'attrape pas de lièvre avec un tambour.
Sage proverbe qui nous conseille de ne pas crier sur les toits nos intentions lorsque celles-ci demandent de la discrétion pour aboutir.

Ce n'est pas toujours celui qui lève le lièvre qui le prend.
Celui qui se donne le plus de peine voit ses efforts profiter à un autre, proverbe confirmé par ce dicton *(Bretagne)* :

Le lièvre appartient à celui qui le prend.

Lièvre qui court n'est pas mort.
Correspond à :

Il ne faut vendre la peau de l'ours avant de l'avoir tué.

Lièvre dans une haie n'est pas un repas prêt (Auvergne).
La vélocité du lièvre est signalée aussi par :

Il en vaut mieux un au carnier que trois dans le champ.
Ou encore :

On attrape un menteur plus vite qu'un lièvre.
Et, toujours en *Auvergne* :

Du temps que le chien pisse le lièvre fuit.

Les variantes sont nombreuses, en *Bretagne* par exemple :

**Mieux vaut un lièvre pris
Que trois en liberté.**
Pour marquer qu'il faut savoir profiter des occasions :

**Quand on aperçoit les oreilles du lièvre
C'est tout de suite qu'il faut l'assommer** (Bretagne).
▶ **Chien.**

Lilas ▶ **Météorologie**

Lime, Limer
Au long aller la lime mange le fer.
À force de persévérance et d'efforts, on arrive au but.

En limant on fait d'une poutre une aiguille (Bourbonnais).

Linceul ▶ **Mourir**

Lion
Il faut coudre la peau du renard à celle d'un lion.
Maxime favorite du général lacédémonien Lysandre qui ne connaissait
que deux principes : la force et la perfidie. Pindare, avant lui, avait
écrit : « Celui qui veut triompher d'un obstacle doit s'armer de la force
du lion et de la prudence du serpent », nous apprend Quitard.
▶ **Battre, Mort, Ongle, Vin.**

Lire
**Lire et rien entendre
Est comme chasser et ne rien prendre.**
Proverbe du xvie siècle.

Lisière
La lisière est pire que le drap.
Les habitants des pays frontaliers sont réputés moins honnêtes que
ceux de l'intérieur, car ils peuvent facilement s'enfuir à l'étranger. Ce
proverbe s'applique, par plaisanterie, à ceux qui sont trop chauvins.

Lit

Comme on fait son lit, on se couche.
On jouit des résultats de sa prévoyance.

Qui mal fait son lit,
Mal couche et gist.
Il faut savoir subir les conséquences de sa conduite.

Le lit est une bonne chose,
Si l'on n'y dort, on s'y repose.

Le lit est l'écharpe de la jambe.

Le lit dur fait la taille droite (Auvergne).
▶ **Porc.**

Livre

Les ans ont beaucoup plus vu
Que les livres n'en ont connu.
L'expérience vaut mieux que la science apprise dans les livres.

Gardez-vous de l'homme qui ne connaît qu'un livre.
Celui qui connaît à fond son sujet est un interlocuteur redoutable.
Diderot a confirmé ce proverbe en écrivant : « Celui qui disperse ses
regards sur tout ne voit rien ou voit mal. »

Un gros livre est un grand mal.
Il risque en effet d'être ennuyeux. Callimaque (bibliothécaire d'Alexan-
drie) disait : « Un petit livre vaut mieux qu'un gros, parce qu'il contient
moins de sottises. » On doit à des Barreaux (1599-1673) cette belle
pensée : « Un livre est un ami qui ne trompe jamais. » Alors que Julien
Green nous dit : « Un livre est une fenêtre par laquelle on s'évade. »
▶ **Clerc.**

Loi

Si veut le roi, si veut la loi.
Sous l'Ancien Régime, la vraie loi était la seule volonté du roi.
▶ **Femme, Nécessité.**

Loin

Qui va doucement va loin.
Une entreprise faite avec soin, progressivement, peut mener loin.

Être comme le bénitier, près de la porte et loin du cœur.
Calembour sur *cœur-chœur*. Être mal vu de quelqu'un.
▶ **Aimer, Aller, Cœur, Mentir, Pas, Vache.**

Long

Long à manger, long à tout.

Lorrain

Lorrain vilain, traître à Dieu et au prochain.
Dicton du temps de la Ligue, à propos des princes de la maison de Guise.

Lotte

Pour un foie de lotte,
L'homme vend sa culotte.
La lotte était un mets fort prisé puisqu'un autre dicton nous apprend :

Pour la moitié d'une lotte,
La femme trousse sa cotte.

Louer

Loue le beau jour au soir, et la vie à ta mort.
Il faut attendre la fin d'une entreprise pour être sûr de son résultat.

Il ne faut pas louer un homme avant sa mort.
Il pourrait, en effet, démentir les éloges dont il est l'objet. Rappelons le vers de Boileau : « Aimez qu'on vous conseille et non pas qu'on vous loue. »

Qui se loue s'emboue.
Proverbe fort ancien. Chacun avait le droit de vanter ses mérites. Ainsi Cicéron : « Pourquoi attendrais-je que les autres me louent, puisque je m'en acquitte si bien moi-même ? » On dit plus couramment :

Il se loue et se remercie.
La Rochefoucauld est tout aussi concis : « On ne loue d'ordinaire que pour être loué. »

Loup
À chair de loup, sauce de chien.
Il faut traiter les gens selon leur mérite ; à un méchant, un plus méchant viendra le châtier.

Quand le loup est pris, tous les chiens lui lardent, mordent les fesses.
Quand un puissant tombe, les inférieurs s'acharnent contre lui.

Les loups ne se mangent pas entre eux.
Les méchants ne se nuisent pas. Au xvᵉ siècle :

Un loup ne mange point l'autre.

Quand on parle du loup, on en voit la queue.
Quand on parle de quelqu'un, il arrive souvent qu'il apparaît.

Il faut hurler avec les loups.
Il faut s'accoutumer aux manières de ceux avec qui l'on vit, même si l'on ne les approuve pas.

Le loup change de poil, mais non de naturel.
Correspond à :

Chassez le naturel il revient au galop.
Car :

Le loup est toujours loup.
On crie toujours le loup plus grand qu'il n'est.
On exagère l'importance du péril.

Le dernier le loup le mange.

Tandis que le loup chie, la brebis s'enfuit.
Ni la force ni l'agilité ne dispensent de se tenir sur ses gardes.

Avec les loups on apprend à hurler.
Proverbe cité par Racine dans *Les Plaideurs*.

Tenir le loup par les oreilles.
C'est avoir satisfaction.

Il ne faut pas mettre le loup berger.
Il ne faut pas confier ses intérêts à quelqu'un sans prendre des précautions *(Agen)*.

Si on savait où le loup passe, on irait l'attendre au trou.
Si l'on savait d'avance d'où vient le danger, on prendrait des précautions *(Savoie)*.
▶ **Agneau, Battre, Brebis, Chèvre, Faim, Lune, Peau.**

Lourdes
Les filles de Lourdes
Et celles de Cauterets
Prennent, à la file,
Les amants par trois.

Lune
La lune mange les nuages.
Quand la lune se lève, les nuages disparaissent.

La lune n'a rien à craindre des loups.
Indique l'impuissance des envieux contre un mérite supérieur. Alors que :

La lune est à l'abri des loups.
Indique que les riches n'ont rien à craindre des pauvres.

Faire un trou à la lune.
Manquer à ses engagements, faire faillite.

Chercher la lune en plein jour.
Chercher sans espoir.

Prendre la lune avec les dents.
Accomplir une chose impossible.

Garder les moutons à la lune.
Être pendu.

La lune pâle fait la pluie et la tourmente,
L'argentine temps clair et la rougeâtre vente.

Il faut toujours semer pendant que la lune croît,
Et couper ou cueillir pendant qu'elle décroît.

Si tu sèmes des pommes de terre en lune cornue (en croissant), pommes de terre cornues tu arracheras (Auvergne).

Bois d'épine,
Lune fine
Bois de feuilles,
Lune vieille.

Les menuisiers, comme les cultivateurs, avaient des proverbes pour les conseiller.

Mais les croyances au sujet de la lune s'étendent à d'autres domaines. Dans le *Dauphiné*, on dit que les cheveux coupés à la lune jeune poussent inégaux et rapidement ; à la lune vieille, égaux et lentement. On sevrait autrefois les enfants trois jours après la nouvelle lune, ou lune tendre, ainsi leur intelligence était plus vive.

▶ **Femme, Météorologie (lune).**

Lunettes
Bonjour lunettes, adieu fillettes.

Lorsque arrive le moment de porter des lunettes, il faut dire adieu à l'amour des jeunes.

Luxure
Qui veut vaincre luxure la doit fuir.

À croire que la luxure est si agréable que pour ne pas y succomber il faut la fuir ! Remonte au xiie siècle.

M

Maçon
C'est au pied du mur qu'on voit le maçon.
Correspond à :

À l'ouvrage connaît-on l'ouvrier.

Magnificat
Il ne faut pas chanter le magnificat à matines.
Il ne faut pas se vanter, se glorifier avant le temps (le magnificat est un cantique latin qui se chante uniquement aux vêpres et au salut).

Chanter magnificat à matines.
C'est dire une sottise.

Corriger le magnificat.
Faire des critiques sans fondement, le magnificat étant considéré comme une composition parfaite.

Mai ▶ Météorologie

Main
Froides mains, chaudes amours.
La froideur des mains indique un tempérament ardent.

Il faut regarder à ses mains plutôt qu'à ses pieds.
S'emploie pour désigner une personne louche, réputée voleuse.

Il faut que la main gauche ignore le bien que fait la main droite.
La charité doit être discrète.

Il vaut mieux tendre la main que le cou.
Il vaut mieux quémander que voler.

Tous les doigts de la main ne se ressemblent pas.
Les meilleurs amis n'ont pas forcément le même caractère.

Les mains noires font manger le pain blanc.
Le travail procure l'aisance. Autre proverbe (xvɪᵉ siècle) :

Mains ouvreuses (travailleuses) sont heureuses.

De main en main jusqu'au plus vilain.
Se dit, par plaisanterie, lorsqu'on fait parvenir un objet en le passant par l'intermédiaire de plusieurs personnes.

Se laver les mains d'une chose.
Refuser d'en être responsable, par allusion à l'usage symbolique qui consistait à se laver les mains en présence du peuple, pour témoigner qu'on était innocent d'un crime. Ce que fit Pilate lors de la condamnation du Christ.

Des mains vides, prières vaines.
Lorsqu'on est pauvre, on a beau supplier, on n'obtient rien.
▶ Dieu, Donner, Jeu.

Maison
Grandes maisons se font par petite cuisine.
Les petites économies créent la richesse. Ce souci est exprimé aussi par :

Grande chère, petit testament.
Grasse cuisine maigre testament.
Cuisine étroite fait bâtir grande maison.

Bâtir salon avant cuisine
De la maison c'est la ruine (Bourgogne).

Amasser en toute saison,

Dépenser selon la raison,
L'on fait ainsi bonne maison.
Proverbe d'une grande sagesse, toujours actuel.

Fumée, pluie et femme sans raison chassent l'homme de
sa maison.

Bonne maison n'a prêtre, moine ni pigeons.

Maison sans flamme
Corps sans âme.

En la maison de ton ennemi
Tiens une femme pour ton amie.
Une oreille attentive peut rendre bien des services.

Les maisons empêchent de voir la ville.
Correspond à :

L'arbre cache la forêt.
Là où il y a profusion de beautés on ne sait où donner de la tête et l'on
risque fort de ne point voir la plus belle.

À l'entrée de la ville sont les premières maisons.
Il faut chercher les choses là où elles se trouvent.
▶ Femme, Raison, Recommencer, Ruine.

Maître
Les bons maîtres font les bons valets. – Tel maître, tel
valet.
Si les maîtres sont bons, les serviteurs le seront aussi, dit le premier
proverbe. S'ils sont mauvais ils le seront pareillement. D'où :

De grand maître, hardi valet.

Il faut être compagnon de sa femme et maître de son
cheval.
Il faut considérer sa femme comme une égale et faire de
son cheval ce que l'on veut.

Nul ne peut servir deux maîtres à la fois.
On ne peut faire le bien et le mal à la fois (les deux maîtres sont Dieu
et le diable). Ce proverbe se trouve dans l'évangile selon saint Matthieu, d'où :

On ne peut servir ensemble Dieu et le diable.

Il n'y a si fort qui ne trouve son maître.
Proverbe fort ancien (XIIIᵉ siècle). On trouve toujours quelqu'un plus compétent que soi.

Apprenti n'est pas maître.
Tout excellent que soit l'ouvrier, il faut du temps pour accéder au savoir du maître.

Qui sert bon maître, bon loyer reçoit.

Il n'est ouvrage que de maître.
Signifie que le travail irréprochable est exécuté par le maître.

Nouveaux maîtres, nouvelles lois.
▶ Argent, Cheval, Compagnon, Noces, Seigneur, Temps, Vin, Yeux.

Mal
Le mal vient à cheval et le bonheur à pied.
Variante :

Le mal vient à cheval et s'en retourne à pied.
En *Touraine* :

Le mal arrive d'un seul coup et se retire par parcelles.

Le mal retourne à celui qui le fait.
Il arrive heureusement souvent que le mal fait par quelqu'un ne lui porte pas chance. Un autre proverbe le confirme :

Qui mal veut mal lui tourne.

À force de mal tout ira bien.
Lorsque l'on est au fond du désespoir, on ne peut espérer qu'un bonheur.

Mal sur mal n'est pas santé,
Mais un mal est par un autre contenté.

Au mal qui n'est point évitable c'est grand'folie en avoir peur.

Chacun sent son mal.
Nul ne peut prétendre ressentir comme l'intéressé le mal qui le ronge.

Mal d'autrui n'est que songe.
Nous dit un autre proverbe.

Aux grands maux les grands remèdes.
Devant un péril, il faut agir courageusement et savoir trancher dans le vif, sans oublier ce conseil attribué tantôt à Aristote, tantôt à Socrate : « Entre deux maux, il faut choisir le moindre. » (Socrate expliquait ainsi son choix d'une petite femme.)

De mal faire et mal dire se doit chacun garder.
Proverbe rural (XIVᵉ siècle).

Qui mal cherche mal trouve.
En *Gascogne* on dit :

Le mal est pour celui qui le cherche.
Mieux vaut en effet ne pas se mêler des affaires des autres, car :

On croit plutôt le bien que le mal.
Comme :

On oublie plutôt le bien que le mal.
Cependant :

Il n'y a aucun mal qui ne serve à quelque bien.
▶ Joie, Jour.

Malade, Maladie
Il n'en mourra que les plus malades.
S'emploie pour nier un danger. On dit aussi, en ce sens :

Est bien malade qui en meurt.

Le mort n'a point d'ami, le malade n'en a qu'à demi.
Vérité fort ancienne (proverbe du XVIᵉ siècle). On oublie ses amis morts, on néglige ceux qui sont malades.

Le malade a la liberté de tout dire.
Proverbe du XVIᵉ siècle. À l'approche de la mort, il ne faut rien cacher.

Maladies viennent à cheval et s'en retournent à pied.
Sur le modèle de :

Le mal vient à cheval...

C'est une maladie de femme.
Ce n'est rien (xvᵉ siècle).

Un rhume de matelot
Il s'en va avec le vaisso.
En parlant d'une maladie qui ne se quitte qu'avec la vie *(Bretagne)*.
▶ Valériane, Vin.

Malheur
Un malheur n'arrive jamais seul. — Un malheur amène son frère.
L'expérience prouve que ces proverbes sont souvent vrais. Déjà, au xivᵉ siècle, cette constatation existait :

À qui il arrive un malheur, il en advient un autre.

À quelque chose malheur est bon.
Il arrive parfois que le malheur a une influence salutaire. Sénèque, dans son *Traité de la Providence*, ne dit-il pas : « La Vertu s'affermit sous les coups du malheur » ? Isaïe nous dit : « Le malheur développe l'intelligence » ; et Ovide : « L'infortune souvent éveille le génie » ; un sage d'Orient : « Celui qui n'a pas été malheureux, que sait-il ? » ; et Camus : « Tout le malheur des hommes vient de l'espérance. » Concluons que si le malheur affermit les âmes, le bonheur les épanouit.

Le malheur se plaît à la surprise.
En pleine félicité, un malheur peut arriver. Heureusement, un vieil adage (xviᵉ siècle) nous enseigne que :

Le malheur n'épargne personne.

Malheur ne dure pas toujours.

Assez gagne qui malheur perd.
Lorsque le malheur s'éloigne de nous, il faut se satisfaire de peu.

Le malheur des uns fait le bonheur des autres.

Il fait comme les têtes de bouc, il rit de son malheur.
Il fait contre mauvaise fortune bon cœur *(Bretagne)*.

Malheureux
Les malheureux n'ont point de parents.
Les pauvres n'ont pas d'amis. Ésope nous a laissé cette sentence : « Les malheureux se consolent en voyant plus malheureux qu'eux », et Hugo cette pensée : « Les malheureux sont ingrats ; cela fait partie de leur malheur. » N'oublions pas La Fontaine qui termine son *Épître au roi* en faveur de Foucquet :

Et c'est être innocent que d'être malheureux.
▶ **Gibet, Pauvre.**

Malhonnête
Les malhonnêtes gens redoutent la lumière.
Fait partie des lieux communs de Léon Bloy. Saint Luc avait écrit : « Qui est malhonnête dans les petites choses est malhonnête aussi dans les grandes » (XVI, 10). Rappelons que :

Qui vole un œuf vole un bœuf.

Manceau
Un Manceau vaut un Normand et demi.
Les habitants du Mans et de sa région sont-ils encore plus chicaniers que les Normands ? Ce dicton le laisse croire, mais peut-être aussi fait-il allusion à une ancienne monnaie du Maine dont la valeur surpassait celle de la monnaie de Normandie : le denier manceau valait un denier et demi normand. En tout cas, un autre dicton indique :

Du Mans, le pays est bon,
Mais aux gens ne se fie-t-on.
(Rappelons que les dictons « géographiques » sont presque toujours dépréciatifs.)

Manche
Avoir la manche large.
Être indulgent dans ses interprétations concernant la morale.

Avoir la conscience large comme la manche d'un cordelier.
Être peu scrupuleux.

Mettre à une personne du plomb dans la manche.
La rendre plus réfléchie.

Du temps qu'on se mouchait sur la manche.
Du temps où l'on était fort simple.
▶ **Cognée, Habit.**

Manger
Il faut manger pour vivre.
Lieu commun relevé par Léon Bloy, d'une parole de Socrate qui ajou-
tait « et non vivre pour manger ». Plutarque disait qu'il n'était rien de
meilleur pour la santé que de rester sur son appétit. Diogène affirmait
qu'il n'était rien de plus mauvais que d'assouvir sa gourmandise car
« l'estomac devient le gouffre de la vie », d'où vient l'expression :
« Creuser sa fosse avec ses dents. » L'intempérance ne fait-elle pas
« périr plus de monde que l'épée » ? Montesquieu lui-même a écrit que
« le dîner tue la moitié de Paris et le souper tue l'autre ». Un proverbe
du xvᵉ siècle nous dit :

Qui a honte de manger a honte de vivre.
Et Brillat-Savarin crée ce proverbe :

Dis-moi ce que tu manges, et je te dirai ce que tu es.
Un bon vivant ne fait-il pas moins de mal qu'un pisse-froid ?

D'autres dictons nous renseignent sur le manger avec le boire :

Le manger fait réveiller le boire.
Alors que :

À petit manger bien boire.
Si la nourriture est médiocre et peu abondante, de bons vins en abondance compensent largement cette pénurie.

Qui a faim ne peut manger bellement.
C'est-à-dire que lorsqu'on est affamé, on ne peut remarquer la saveur
des mets. Un dicton nous met en garde :

**Qui mange trop de porc
Mange sa mort.**

Manger des patenôtres et chier des Ave.
C'est être bigot, alors que :

Manger ses doigts d'une chose.
C'est s'en repentir.

Manger son avoine en son sac.
C'est être avare (l'avare se cache pour manger de peur d'avoir à parta-
ger). Molière est plus prodigue : « Quand il y a à manger pour huit, il y
en a bien pour dix » *(L'Avare)*.

Qui mange bien et chie dru
N'a pas peur de la mort.
Ce précepte médical nous vient du *Pays d'oc*.
▶ **Chère.**

Manière
La manière fait tout.
Proverbe remontant au XVe siècle.

La manière fait le jeu (XVIe siècle).
▶ **Temps, Ton.**

Manteau
S'il fait beau, prends ton manteau, s'il pleut, prends-le
si tu veux.
En toutes circonstances il faut se prémunir d'une éventualité fâcheuse
surtout si elle n'apparaît pas.

Il ne s'est pas fait déchirer son manteau.
Il a cédé facilement à la tentation, par allusion à Joseph que la femme
de Putiphar essaya vainement de retenir par son manteau.

Marchand, Marchandise
De marchand à marchand il n'y a que la main.
Entre marchands, la parole suffit, il n'est pas besoin d'écrit.

N'est pas marchand qui toujours gagne.
En toute chose il y a des contrariétés.

Riche marchand, pauvre poulailler.
Un commerçant ne s'enrichira que s'il vit de peu...

Il faut être marchand ou larron.
Un marchand, s'il veut réussir, doit être honnête.

Marchand qui perd ne peut rire.
Cité par Molière dans *George Dandin* (II, 9).

Une marchandise qui plaît est à moitié vendue.
Constatation ancienne (1640) toujours valable.

Marchandise offerte a le pied coupé.
Ce qu'on offre trouve difficilement acheteur *(Bretagne)*.

Marchandise chère a la queue longue.
Lorsqu'un produit est cher en un lieu, bientôt il abonde. Correspond à :

Cherté foisonne (Bretagne).
▶ **Oignons, Vendre.**

Marché
Bon marché ruine.
Les objets offerts à prix réduit incitent à l'achat, achat que l'on ne ferait pas si le prix était plus élevé.

Bon marché fait argent débourser.
Et :

On n'a jamais bon marché de mauvaise marchandise.

Chez toi priser (estimer), au marché vendre.
Sage conseil (xvie siècle) qu'une loi récente a rendu obligatoire, donnant un délai de réflexion pour estimer tranquillement chez soi si un contrat, une vente sont intéressants pour l'acheteur. On trouve déjà dans les *Proverbes rustiques* (xiiie siècle) :

À la maison acheter, au marché vendre.
▶ **Vendre.**

Marcher
Celui qui marche droit
Trouve toujours la route assez large.
Car il a sa conscience pour lui *(Bretagne)*.

Marguerite
Jeter des marguerites aux pourceaux.
Ancien proverbe tiré de saint Matthieu : profaner les choses saintes, les belles choses en les prodiguant à des personnes qui ne les méritent pas. Rappelons que *marguerite*, en vieux français, signifie *perle, pierre précieuse*.

À la franche marguerite.
Expression proverbiale d'origine divinatoire que les amoureux ignorent bien souvent lorsqu'ils effeuillent la marguerite et disent, en arrachant chaque pétale : « Il, elle, m'aime, un peu, beaucoup, passionnément, à la folie, pas du tout. » « Effeuiller la marguerite », c'est pratiquer ce mode de divination. L'expression « y aller à la franche marguerite » signifie y aller de bonne foi, agir franchement.

Mariage
Les mariages sont écrits dans le ciel.
Les mariages sont parfois imprévus, mais la destinée les fait célébrer.

Au mariage et à la mort, le diable fait son effort.
La médisance s'exerce principalement envers ceux qui se marient et sur ceux qui meurent.

Autant de mariages, autant de ménages.
Les nouveaux mariés ne doivent pas cohabiter avec les parents.

Mariage d'épervier : la femelle vaut mieux que le mâle.
La femme est plus habile que le mari.

Il faut chercher une femme avec les oreilles plutôt qu'avec les yeux.
La bonne réputation d'une femme vaut mieux que la beauté. Le proverbe : « Le mariage est une loterie » est anglais.

Mariage de gueux, la faim épouse la soif.

En mariage trompe qui peut.

Un homme mal marié
Il vaudrait mieux qu'il fût noyé (Auvergne).

Dieu fait les gens et le diable les accouple (Béarn).

Les mariages vus de loin ne sont que tours et châteaux (Bretagne).

Aux vilains matous les belles chattes (Champagne).

La première année nez à nez,
La seconde bras à bras,
Et la troisième cul à cul (Pays d'oc).

Mariage au mois des fleurs (mai)
Mariage de pleurs (Provence).

Ne prends jamais femme chez un cafetier
Ni vache chez un meunier.
Ces femmes sont dépensières *(Savoie)*.

S'il pleut le jour du mariage
Les écus rentreront dans le ménage.
Mais un autre dicton dit :

Qui se marie avec la pluie toute l'année pleure.
Renforcé par :

Lorsqu'il pleut le jour des noces
Bientôt les époux se rossent.
Mais contredit par :

De l'eau sur la mariée
De l'or dans le panier.
Avec une variante qui marque la richesse d'avoir un fils en premier (les bras d'un garçon sont utiles en agriculture) :

Un fils premier né.
Enfin, ce dicton plein de sagesse qui s'adresse à ceux qui tardent à se marier :

Ne te trouve pas trop tard au four
Pour demander à cuire.
Sachant aussi que :

Il n'y a pas de grenouille qui ne trouve son crapaud (Bourgogne).

Marie (Vierge)
C'est du vin de la Vierge Marie.
C'est-à-dire du lait (xvie siècle).
▶ Sauge.

Marier (Se)
Qui se marie par amour
A bonnes nuits et mauvais jours.

L'année que l'on se marie
Plutôt gale que métairie.

Qui se marie à la hâte se repent à loisir.

Nul ne se marie qui ne s'en repente.

Deux bons jours à l'homme sur terre, quand il prend
femme et quand il l'enterre.

Marie ton fils quand tu voudras
Et ta fille quand tu pourras.
En se souvenant de :

Mange ton poisson pendant qu'il est frais
Marie ta fille pendant qu'elle est jeune (Provence).

Le jour où l'on se marie est le lendemain du bon temps.

Qui loin va se marier sera trompé ou veut tromper.
Sur le même thème :

Qui se marie dans son pays, boit à la bouteille
Qui se marie en dehors boit au flacon (Provence).

La terre fait marier bouse.
Même la fille la plus pauvre trouvera mari si elle a des terres *(Savoie)*.

On ne saurait terminer cette rubrique mariage sans citer quelques proverbes étrangers :

Monte d'un degré pour choisir ton mari ; descends d'un
degré pour choisir ta femme (Talmud).

Le mariage est un mal, mais c'est un mal nécessaire (grec).

L'homme doit prendre une femme qui ait la moitié de son âge, plus sept ans (chinois).

Marin

Aucun proverbe français n'a été recensé ayant pour thème le marin. À titre de curiosité, voici un exemple de création de slogans jouant le rôle de proverbes en vue d'une propagande pour la « bonne cause » : la lutte antialcoolique.

Si tu es vraiment intrépide,
Marin, laisse les débits vides !

Marin buveur/Marin sans cœur. — Marin sans cœur/ Ruine et malheur. — Un vice coûte plus cher à l'entretenir que trois enfants à nourrir. — La boisson fait trouver vent debout :/on d'vient grognon, mécontent de tout. — L'apéro dégoûte/Les marins s'en foutent. — N'bois pas d'alcools, marin mon frère :/plus souvent t'auras vent arrière.

Ces exemples sont extraits de l'*Almanach breton* des années 1925 et 1931. Outre la lutte contre l'alcool, la lutte contre la tuberculose était le point sensible à cette époque :

Cracher par terre c'est cracher dans la bouche de son voisin.

Mais les rédacteurs n'oublient pas les conseils moraux :

Ne remarque les défauts des autres que pour te mettre en garde contre les tiens. — L'amitié consiste à oublier ce que l'on donne et à se souvenir de ce que l'on reçoit.

Sentences plus que proverbes, certes, mais qu'on nous pardonnera de citer. Terminons par ce qui pourrait être un dicton :

L'homme fait le travail
Mais le travail fait l'homme.
▶ Femme.

Marmite
Le meilleur médecin est la marmite (Savoie).

De nombreux proverbes nous enseignent que l'alimentation est le secret de la santé. Un autre proverbe savoyard nous dit de nous occuper de nos affaires :

Il y a assez à faire de regarder ce qui cuit dans sa marmite, sans aller regarder ce qui cuit dans celle du voisin.

Mars ► Météorologie

Martin
Prêtre Martin qui chante et qui répond.

Se dit d'une personne qui se mêle de tout, qui fait les demandes et les réponses.
► **Âne.**

Matelot
**Quand la sirène est en train de chanter
Le pauvre matelot peut pleurer** (Bretagne).
► **Maladie.**

Matin
**Il n'est lumière que du matin,
Comme manger de bonne faim.**

Il chante trop matin, il perdra son offrande.

Il n'est que le matin en toutes choses.

Rouge au soir, blanc au matin, c'est la journée du pèlerin.

Ces couleurs sont signes de beau temps, favorable pour les voyages.
► **Dieu, Lever, Rire.**

Matines
Être étourdi comme le premier coup de matines.

Semblable aux religieux qui, réveillés par le premier coup de matines, étaient à moitié endormis : tout à fait étourdis.

Le retour est pire que matines, vaudra bien matines.

Exprime que la suite d'une affaire mal engagée est pire que le commencement. Le proverbe a deux explications. La première est que les moines, en revenant dans la nuit, étaient exposés à leurs ennemis ; la seconde était que les femmes de mauvaise vie les guettaient. Dans le sens opposé, l'on dit :

Le retour vaut mieux que matines.

Après les matines doit-on chanter le Te Deum.
Il ne faut jamais se réjouir d'une chose avant qu'elle soit réalisée.
▶ **Magnificat.**

Méchanceté
Méchanceté porte sa peine.
Celui qui se montre méchant est souvent victime de son action. Proverbe attesté par saint Augustin qui remarque que l'homme est méchant de peur d'être malheureux, et qu'il est encore plus malheureux parce qu'il est méchant.

Méchant
Il ne sera pas si méchant qu'il l'a promis à son capitaine.
Il est meilleur qu'il le dit.

Les méchants portent leur enfer en eux.
▶ **Amender, Eau.**

Médaille
Toute médaille a son revers.
Chaque action peut être considérée sous deux faces différentes. Il n'existe pas de bonne affaire qui n'ait son mauvais côté.

Médard ▶ Météorologie

Médecin, Médecine
La médecine est un sacerdoce.
Un des lieux communs de Léon Bloy.

Médecin, guéris-toi toi-même.
Avant de donner des conseils aux autres, il faut se les appliquer à soi-même.

Après la mort, le médecin.
Se dit d'une aide qui vient trop tard. Molière cite ce proverbe dans *Le Médecin volant*.

Les médecins font les cimetières bossus.
Variante :

De jeune médecin cimetière bossu.

Il vaut mieux aller au boulanger, au moulin, qu'au médecin.

La robe ne fait pas le médecin.
Le titre ne prouve pas toujours la science.

Même le pire médecin en laisse à tuer plus qu'il n'en tue.

C'est folie de faire de son médecin son héritier.

Les mots en ique font aux médecins la nique.
Calembour sur « mots » et « maux ». Les mots terminés en « ique » mettent les médecins en difficulté : asthmatique, paralytique, pulmonique, etc.

En dépit des médecins nous vivrons jusqu'à la mort.

On voit plus de vieux ivrognes que de vieux médecins.

C'est quand le médecin meurt qu'il est hors d'apprentissage.
Proverbe du xvie siècle. Déjà l'on estimait qu'un médecin devait toujours apprendre.

Un médecin comme berger connaît voisin.
Également du xvie siècle, ce proverbe prône la connaissance du patient pour mieux le soigner comme le fait le berger envers ses brebis.

**Les fautes du médecin
La terre les recouvre** (Auvergne).

**Ail le soir, oignon le matin
Est le malheur du médecin** (Auvergne).

Autre dicton médical :

Si on avait toujours des cerises et des raisins, on pourrait se passer de médecin (Savoie).
▶ **Goutte, Marmite, Sauge, Soleil, Titre, Valence, Vin.**

Médisant
L'écoutant fait le médisant.
Saint Bernard dit : « Le premier a le diable sur la langue et le second l'a dans l'oreille. » Si l'on n'écoutait pas les médisants, ceux-ci changeraient d'attitude et la vie serait plus facile. N'oublions pas que la médisance est souvent proche de la diffamation.

Méfier, Se Méfier
Méfie-toi des femmes par-devant, des mules parderrière, et des moines de tous les côtés.

Meilleur
Le meilleur est toujours le moins cher.

Mémoire
Qui n'a pas de mémoire doit avoir des jambes.
▶ **Boire, Gloire, Menteur, Table.**

Ménage
Misère et pauvreté font mauvais ménage.
Lorsque les mariés sont pauvres, l'entente est difficile *(Monaco)*.

Ménétrier
En la maison du ménétrier chacun est danseur.
On est artiste de père en fils. La profession du père influe souvent sur le choix du métier des enfants.

Mensonge
Qui dit un mensonge en dit cent.

À beau mensonge, longue mémoire.

Beaux mensonges aident.
Un mensonge habile peut parfois nous tirer d'une situation délicate. Mais attention : « Un mensonge en entraîne un autre » (Térence, IIᵉ siècle av. J.-C.).
▶ **Femme, Vanité, Vérité.**

Menteur
Un menteur n'est point écouté, même en disant la vérité.

À menteur, menteur et demi.
Pour contrer un menteur, il suffit de mentir plus que lui.

Il faut qu'un menteur ait bonne mémoire.

On attrape plus vite un menteur qu'un voleur.
Un menteur est plus vite débusqué qu'un voleur.

Les menteurs sont les enfants du diable.
▶ **Plaideur.**

Menthe
Un brin de menthe
L'amour augmente.
Un bouquet de menthe
L'amour vous tente (Provence).

Mentir
Mentir comme un arracheur de dents.

Il ne ment jamais s'il n'ouvre la bouche.
Il ment en permanence.

Il n'enrage pas pour mentir.
Il ne lui coûte rien de mentir, c'est par habitude qu'il ment.

A beau mentir qui vient de loin.
Il est facile de tromper ceux qui ne connaissent pas ce dont on parle.

Nature ne peut mentir.
L'instinct ne trompe pas.

Bon fait mentir pour paix avoir.
▶ **Cœur, Saint, Sang.**

Mer
Les rivières retournent à la mer.
L'argent va à l'argent, mais, attention :

Ce que la mer apporte en montant
Elle le remporte en descendant.

Ce n'est pas la mer à boire.
Ce n'est pas bien difficile.

C'est la mer à boire.
Une chose difficile à faire.

Loue la mer
Mais tiens-toi à terre (Monaco).
▶ **Femme, Météorologie.**

Merde
Plus on remue la merde plus elle pue.
Cette expression ne date pas d'aujourd'hui puisqu'on la trouve dans
l'ouvrage de Le Roux publié en 1752. C'est un conseil avisé que ce proverbe nous donne :

À vouloir connaître la vérité à tout prix, l'on risque de
se brûler soi-même.
▶ **Argent, Ordure.**

Mère
Mère trop piteuse fait sa famille teigneuse. — Mère
piteuse fait fille teigneuse.
La pauvreté des parents rejaillit sur les enfants.

La bonne mère ne dit pas : veux-tu ?
Les proverbes donnant des conseils pour l'éducation des enfants sont
nombreux. Celui-ci date du XVIe siècle.

Telle mère, telle fille.
▶ **Tendresse.**

Mérite
Le mérite est un sot, si l'argent ne l'escorte.

Le mérite éveille l'envie.

Mérite d'abord et puis demande.
▶ Os.

Merle
Faute de grives, on mange des merles.

C'est l'histoire du merle et de la merlette.
Se dit à propos d'une querelle futile qui se reproduit sur le même sujet.

On ne prend pas les vieux merles à la pipée.

Fin comme un merle.
Le merle a la réputation d'être très vigilant.

S'il fait cela, je lui donnerai un merle blanc.
La chose est presque impossible à accomplir.
▶ Météorologie.

Messe
Il ne faut pas se fier à qui entend deux messes.
Il faut se méfier des bigots, des gens qui en font trop.
▶ Diable, Femme.

Mesure
Entre trop et trop peu est la mesure juste (Bretagne).
▶ Excès, Sac.

Météorologie
Que celui qui veut être traité de menteur fasse les prévisions du temps.
Les savants font les almanachs ; Dieu fait le temps.

Innombrables sont les proverbes et dictons qui concernent la météorologie. Voici un florilège divisé en deux parties. La première traite principalement des prévisions du temps, la seconde est un calendrier où les

saints égrènent les conseils que l'expérience de nos ancêtres a forgés à notre intention. N'oublions pas que le pape Grégoire XIII remit en 1582 les pendules du calendrier à l'heure. Cette « petite année » supprime dix jours du mois d'octobre — l'on s'endormit le 5 octobre et l'on se réveilla le 15 —, si bien que le saut de puce de la Sainte-Luce (proverbe antérieur à 1582) a lieu non le 13 décembre, jour de sa fête, mais le 23 décembre.

Il est remarquable de constater que chacun garde en mémoire les dictons « météorologiques » qu'il a entendus dans son enfance. Pour notre part, nous pensons que les jours entre Noël et les Rois indiquent le temps des douze mois. À vous de juger si notre crédulité est innocence ou perversité.

Il était, bien sûr, impossible de donner tous les dictons locaux qui prédisent le temps d'après un aspect purement régional. Il serait souhaitable que chacun les introduise pour l'édification de ses enfants ou petits-enfants.

Prévision du temps

Tant que l'*acacia* verdit, l'automne n'entre pas.

Ail mince de peau,
Hiver court et beau.

Quand l'*ajonc* fleurit,
La brebis pâlit.

Lorsque l'*amandier* fleurit tard,
On ramasse les amandes à pleins paniers.

Âne qui saute et brait sans fin,
Pluie pour demain.

Araignée tissant,
Mauvais temps.

Arc-en-ciel du soir
Du beau temps espoir.

Arc-en-ciel du matin pluie sans fin,
Arc-en-ciel du soir, il faut voir.

Arc-en-ciel du soir
Met le bœuf au repos,

Arc-en-ciel du matin
Met le bœuf en chemin.

Si l'arc-en-ciel paraît,
Trois jours beaux, trois jours laids.

Arc-en-ciel de vêpres
Rend le temps honnête ;
Arc-en-ciel du matin
Met l'eau au moulin.

Arc-en-ciel du matin
Fait tomber le moulin ;
Arc-en-ciel du soir
Fait mourir l'arrosoir.

Quand l'*aubépine* entre en fleurs,
Crains toujours quelques fraîcheurs.

Quand fleurit l'aubépine,
La gelée n'est pas loin.

Quand l'*avoine* meurt de froid
Un grain qui reste en vaut deux.

Quand il fait de la *bise*
Il en pleut à sa guise.
Quand la bise devient de la pluie
Ça pisse comme une truie.

Quand les *brebis* bêlent en levant la tête
La pluie est proche.

Du *brouillard* dans le croissant
De la lune, c'est beau temps
Du brouillard dans le décours,
C'est de l'eau dans trois jours.

Après la pluie, s'il vient un brouillard,
Le beau temps viendra sans retard.

Bruine obscure
Trois jours dure ;
Si plus poursuit
En dure huit.

Brume qui faut au matin
Beau temps certain.

Brume de mer
Chaleur couve.

Plus la *caille* carcaille,
Plus chère est la semaille.

Le *canard* qui nage,
Le poisson sautant,
Appellent l'orage,
La pluie et le vent.

Si le canard crie,
C'est signe de pluie.

Carnaval au soleil,
Pâques au tison.

Carnaval crotté,
Huche comble et plein grenier.

La *carpe* saute,
De l'eau sans faute.

Quand le *chat* se débarbouille
Bientôt le temps se brouille.

Quand le chat se débarbouille
Avec sa patte de velours, s'il va par-dessus l'oreille,
Il pleuvra avant trois jours.

Quand le chat passe la patte sur la tête
Bientôt il fera de la tempête.
Quand il se frotte l'oreille
Le temps calme se réveille.

La chatte tourne le derrière au feu : signe de froid.

Si le chat se frotte l'oreille
Le mistral se réveille.

Chauves-souris volant en grand nombre
Annoncent le beau temps dans la nuit sombre.

Chiens tristes se roulant, se couchant à couvert,
Bientôt de mauvais temps vous aurez un revers.

Quand la *chouette* miaule au soir,
De beau temps on a espoir.

Ciel très étoilé
N'est pas de longue durée.

Ciel bleu foncé
Vent renforcé.

Ciel rouge le soir, blanc le matin
C'est le souhait du pèlerin.

Quand rouge est la matinée
Pluie ou vent dans la journée.

Temps rouge le soir
Laisse bon espoir ;
Temps rouge le matin,
Pluie en chemin.

Cigognes à Saint-Barthélemy (24 août),
Un doux hiver est promis.

Gertrude (17 mars) amène les cigognes
Barthélemy vide leur nid.

Quand en été le *coq* boit,
La pluie est au-dessus des toits.

Quand le coq chante à midi,
Signe d'un temps de paradis.
Quand le coq chante le soir,
C'est signe qu'il va pleuvoir.

Lorsque le coq chante le soir,
La pluie lui court au derrière.

Quand les *corbeaux* volent haut
L'hiver nous tombe dessus.

Quand les corbeaux volent bas,
L'hiver n'est pas là.

Quand les *corneilles* bâtissent haut, signe de beau
temps ;
Quand elles bâtissent bas, il fait du vent toute l'année.

Quand les corneilles s'assemblent,
Du bois pour ton hiver assemble.

Quand les corneilles vont vers le vent,
Il faut s'habiller jusqu'aux dents.
Si elles vont devers la bise,
Il faut s'habiller en chemise.

Au temps où chante le *coucou*,
Le soir sec, le matin mou.

Pour le mois d'avril
Le coucou chante à fil (tout droit).

Ce n'est jamais avril
Si le coucou ne l'a dit.

Au temps que chante le coucou, aussitôt mouillé, aussitôt sec.

Autant de fois chante le coucou
Autant de francs vaut le froment.

Quand les *crapauds* chantent
Le beau temps s'avance.

D'*été* bien chaud vient un automne
Pendant lequel souvent il tonne.

Si l'hiver est surchargé d'eau
L'été n'en sera que plus beau.

Étoiles pâles, mauvais temps.

Étoiles plus grosses et en abondance
Changement de temps prévu à l'avance.

Quantité d'étoiles filant,
Signe de pluie ou de vent.

Si les *fourmis* font de gros tas,
Un dur hiver viendra.

Trois jours de *gelée*,
Pluie assurée.

Blanche gelée est de pluie passagère.

Par la blanche gelée,
Souvent pluie est appelée.

Gelée blanche au croissant
Signe de frais et de beau temps.

Gelée blanche au décours
De la pluie pour trois jours.

Genêt fleuri,
Gel enfui.

Année de *givre*
Année de fruits.

An qui produit par trop de *glands*
Pour la santé n'est pas bon an.

Grenouilles qui coassent le jour,
Pluie avant trois jours.

Lorsque la grenouille chante,
Le temps change.

Si chantent fort les grenouilles,
Demain, le temps gribouille.

Quand les grenouilles coassent,
Point de gelées ne menacent.

Chante la *grive*,
La pluie arrive.

Peu de fruits au *groseillier*,
Peu de blé au grenier.

Par temps d'orage
L'*hirondelle* monte aux nuages.

Hirondelle volant haut,
Le temps sera beau ;
Hirondelle volant bas,
Bientôt il pleuvra.

Quand l'hirondelle vole à terre,
Adieu la poussière.

Hiver sitôt qu'il est trop beau
Nous promet un été plein d'eau.

Quand *lilas* il y a, blé il y a.

Limaçon aventureux,
Le temps sera pluvieux.

Au cinq de la *lune* on verra
Quel temps tout le mois donnera.

Tant que dure la rousse lune,
Les fruits sont sujets à fortune.

Lune rousse
Vide bourse.

Lune rousse
Rien ne pousse.

Gelée de lune rousse
De la vigne ruine la pousse.

Les gelées de la lune rousse
De la plante brûlent la pousse.

Récolte point n'est arrivée
Que la lune rousse soit passée.

Quand la lune rousse est passée,
On ne craint plus la gelée.

Au cinq de la lune tu verras
Quel temps tout le mois tu auras.

Lune rouge en se levant
Annonce le vent.

Lune brouillée
Pluie assurée.

Si la lune brille en clarté,
Le temps sec est apprêté
Mais la lune aux cercles pâlots
Fait sortir les escargots.

Quand la lune se fait dans l'eau
Deux jours après il fait beau.

Quand la lune tourne au beau,
Trois jours après mets ton manteau.

Quand la lune revient avec le beau temps
Elle le trahit dans les trois jours.

S'il ne pleut pas à la lune nouvelle
La pluie arrive dans les trois jours qui suivent.

À la pleine lune, le temps est sûr.

Lune dans le halo
Pluie au galop.

Brune *matinée*, belle journée.

Si, contre la vague, la *mer* frise,
Saute de vent vient en surprise.

Quand siffle le *merle*,
L'hiver est fini.

Cris de *mouette*,
Signe de tempête.

Mouron fermant ses fleurs, pluie.

Les *moutons* se choquent la tête
Un peu avant la tempête.

Si la première *neige* ne prend pas,
De l'hiver elle ne prendra.

De la neige sur de la boue :
De la gelée avant trois jours.

Quand à *Noël* on voit les moucherons,
À Pâques on voit les glaçons.

Quand Noël a son pignon,
Pâques a son tison.

Année de *noisettes*,
Année de disette (l'été aura été trop sec).

S'il y a des *noix*,
L'hiver sera froid.

Nuages sur la montagne
Ne baignent pas la campagne.

Gros nuages,
Temps d'orage.

Quand le bord des nuages frangera,
Grand vent frais durera.

Oignon bien habillé
Verra fortes gelées.

Oignons à trois pelures :
Signe de froidure.

Si le *paon* crie : Léon
Reste à la maison.

Le *papillon* blanc
Annonce le printemps.

Pic-vert qui crie
Prévoit le mauvais temps.

Quand il sent la pluie,
Le pic-vert gémit.

Pie dans la ferme,
Neige à court terme.

Quand la pie bâtit bien haut,
Bon signe pour un été chaud.
Mais, si par malheur, elle bâtit bas,
Du mauvais temps tu verras.

Quand les *pigeons* sont perchés,
La pluie est annoncée.

Pluie qui fume en tombant
Dure longtemps.

Pluie matinale
N'est pas journale.

Pluie du matin
N'a jamais submergé un moulin.

S'il pleut avant la messe,
De toute la semaine il ne cesse.

Dans la poussière, on voit les *poules*,
Avant l'orage, qui se roulent.

Lorsque les poules se couchent tard,
C'est signe de pluie pour le lendemain.

Si les poules restent sous la pluie,
Celle-ci n'est pas de sitôt finie.

Année de *puceron*,
Année de houblon.

La *rosée* du matin fait mauvaise fin ;
La rosée du soir fait son devoir.

Matin à forte rosée, tonnerre en fin de journée.

Rossignol de décembre
Muet en sa prison
Présage tardive et froide saison.

Si le *rouge-gorge* chante sur l'épine,
Le beau temps est en ruine.

Soleil rouge promet de l'eau,
Et soleil blanc fait le temps beau.

Le soleil qui se couche roux
Le lendemain se montre beau.

Quand le soleil se regarde (se mire dans les nuages)
Garde-toi de la pluie.

Soleil qui se lève trop tôt
Est sujet à triste fin.

Les *taupes* poussent, le dégel n'est pas loin.

Le *tonnerre* au matin,
De vent signe certain.

Tonnerre au soir présage
Un pluvieux orage.

Tonnerre de midi
Amène la pluie.

Quand les *vaches* sont couchées,
Toutes de même côté,
Il fera mauvais.

Vent d'orage pisse fin.

Autan (vent du Midi) de jour
Dure neuf jours
Autan de nuit
Ne passe pas le pays.

Vent d'autan,
Pluie demain.

L'autan du samedi ne va jamais au lundi.

L'autan du printemps
Dérange le temps.

Celui de l'automne
Le beau temps donne.

Quand le vent du nord tourne à la pluie
Ça pisse plus qu'aucune truie.

Les fêtes des saints cités.
Entre parenthèses, la date où le saint est fêté, après la réforme qui est entrée en vigueur en 1970 (*Almanach des PTT*, 1986).

Agathe, 5 février 246
Albin, 15 septembre 264
Ambroise, 7 décembre .. 269
Anatole, 3 juillet
  (3 février) 260
André, 30 novembre ... 269
Anne, 26 juillet 261
Antoine (de Padoue),
  13 juin 258
Apolline, 9 février 246
Ascension, mai 255
Assomption, 15 août ... 262
Aubin, 1er mars 249
Augustin, 28 août 263

Barnabé, 11 juin 257
Barthélemy, 24 août ... 263
Benjamin, 31 mars 250
Benoît, 21 mars
  (11 juillet) 249
Blaise, 3 février 246

Catherine, 25 novembre 268
Cécile, 22 novembre ... 268
Chandeleur, 2 février ... 245
Charles, 4 novembre ... 267
Clément, 23 novembre . 268
Colette, 6 mars 249
Crépin, 25 octobre 266

Croix (Sainte), 3 mai ... 254
Cyr, 16 juin 258

Denis, 9 octobre 266
Denise, 15 mai 254
Didier, 23 mai 254

Élisabeth, 19 novembre . 268
Émile, 22 mai 254
Étienne, 26 novembre
  (26 décembre) 271
Eulalie, 12 février 247
Eusèbe, 14 août (2 août) 262
Eutrope, 30 avril 253

Fargeau, 16 juin 258
Firmin, 25 septembre
  (11 octobre) 264
Florent, 23 février
  (4 juillet) 247
François, 4 octobre 265

Gall, 16 octobre 266
Georges, 23 avril 252
Germain, 31 juillet 261
Gervais, 19 juin 258
Gilles, 1er septembre ... 263
Gontran, 28 mars 250
Grégoire, 12 mars
  (3 septembre) 249

Les mois de l'année

Janvier

Janvier et février comblent ou vident le grenier.

Si les mouches dansent en janvier
Ménage le foin et ton grenier.

Lorsqu'il tonne au mois de janvier,
Il tonne tous les autres mois.

Janvier d'eau chiche
Fait le paysan riche.

Les dents de janvier passées
Moins glacial est le temps.

Janvier sec et sage
Est un bon présage.

Quand il tonne au mois de janvier,
Monte les barriques au grenier.

Quand il tonne au mois de janvier,
Paysan, étaie ton grenier.

Au mois de janvier, il vaut mieux voir le loup dans les champs qu'un homme en chemise.

Un mois de janvier sans gelée
N'amène jamais une bonne année.

Sécheresse de janvier
Richesse de fermier.

Janvier fait le péché,
Mars en est accusé.

Quand janvier est bon laboureur,
Février n'est pas son frère.

Mieux vaut voir chien enragé
Que chaud soleil en janvier.

Quand il tonne en janvier
Ça fait le cimetière bossu
Et les louves avorter.

Lorsqu'il y a du regain au mois de janvier
Il n'y a pas lieu de se réjouir.

Janvier aujourd'hui comme avant
Montre qu'il a de longues dents.

Point ne s'emplira le grenier
Si chaud soleil brille en janvier.

Le gentil janvier dit
Qu'il est œuf dans la poule.

La neige en janvier
Vaut du fumier.

Quand la Chandeleur est claire
L'hiver est en arrière,
Quand elle est trouble,
L'hiver est dans la douve.

Les jours de fête

le 1er Calme et claire *nuit de l'an*
        À bonne année donne l'élan.

        Jour de l'an beau,
        Mois d'août très chaud.

        Le vent du jour de l'an souffle moitié de l'an.

le 6 Pluie aux *Rois*
Blé (orge) jusqu'au toit.

Si le soir du jour des Rois
Beaucoup d'étoiles tu vois :
Auras sécheresse en été
Et beaucoup d'œufs au poulailler.

le 9 *Saint-Julien* brise la glace ;
S'il ne la brise, c'est qu'il l'embrasse.

le 10 Beau temps à la *Saint-Guillaume*
Donne plus de blé que de chaume.

le 13 Soleil au jour de *Saint-Hilaire*,
Fends du bois pour ton hiver.
Soleil et chaleur à la Saint-Hilaire
N'indiquent pas la fin de l'hiver.

Qui file le jour de la Saint-Hilaire
Est sûr de filer son suaire.

le 15 S'il gèle à la *Saint-Maur*,
La moitié de l'hiver est dehors.

le 18 À la *Saint-Pierre*,
L'hiver s'en va ou se resserre (chaire de saint Pierre
à Rome).

le 20 S'il gèle à la *Saint-Sébastien*,
La mauvaise herbe ne revient.

S'il gèle à la Saint-Sébastien,
L'hiver s'en va ou revient.

le 22 À la *Saint-Vincent*
Tout dégèle ou tout prend.

À la Saint-Vincent
L'hiver quitte sa dent ou la reprend.

Pour Saint-Vincent,
L'hiver perd ses dents
Ou les retrouve pour longtemps.

Soleil qui luit le jour de la Saint-Vincent
Fait monter le vin au sarment.

Pour Saint-Vincent le vin,
Pour Saint-Jean le grain.

Saint-Vincent clair et beau,
Plus de vin que d'eau.

Si le jour de Saint-Vincent est trouble
Il met le vin au double.

Saint-Vincent au pied sec,
La vigne à la serpette (Saint-Vincent diacre — Vincent
de Paul se fête le 19 juillet).

le 25 Le jour de *Saint-Paul*
L'hiver se rompt le col.

Février

Février, le plus court des mois,
Est de tous le pire à la fois.

Quand février commence en lion,
Il finit comme un mouton.

Il vaut mieux un loup dans un troupeau
Qu'un mois de février trop beau.

Si février n'a ses bourrasques,
Tous les mois feront des frasques.

Février trop doux,
Printemps en courroux.

Si février n'est pas pluvieux,
Ménage ton grenier.

Pluie de février
À la terre vaut du fumier.

La neige de février vaut du fumier.

La neige de février
Brûle le blé.

Au mois de février
Chaque herbe fait son pied.

Quand il tonne au mois de février
Il faut la barrique sur le support.

Quand il tonne en février
Montez vos tonneaux au grenier.

Fleur de février
Va mal au pommier.

Qui taille au mois de février
N'a pas besoin de corbeille ni de panier.

Février et mars trop chauds
Mettent le printemps au tombeau.

En février
Bon merle doit nicher.

Les jours de fête

le 1ᵉʳ   À la *Saint-Ignace*,
          L'eau est de glace.

le 2   *Chandeleur* claire, hiver derrière,
          Chandeleur trouble, hiver redouble.

          À la Chandeleur, l'hiver se passe ou prend
          vigueur.

          La veille de la Chandeleur
          L'hiver se passe ou prend vigueur.

À la Chandeleur
Grand froid, grand'douleur.

À la fête de la Chandeleur,
Les jours croissent de plus d'une heure,
Et le froid pique avec douleur.

Quand il fait soleil pour la Chandeleur
Le loup de quarante jours ne quitte sa tanière.

Quand à la Chandeleur il (le soleil) éclaire
C'est que l'hiver est au derrière.

Le soleil de Chandeleur
Annonce hiver et malheur.

S'il pleut à la Chandeleur
Les vaches donnent beaucoup de beurre.

Soleil au 2 février
L'hiver sera prolongé (aujourd'hui 12 février).

Qui mange des crêpes quand la Chandeleur est
arrivée
Est sûr d'avoir argent pendant l'année.

Jamais février n'a passé
Sans voir groseillier feuillé.

le 3   S'il ne pleut ou ne neige à la *Saint-Blaise*,
En mars, le froid en prendra à son aise.

À la Saint-Blaise
L'hiver s'apaise
Mais s'il redouble et s'il reprend
Longtemps après on s'en ressent.

Le lendemain de Saint-Blaise,
Souvent l'hiver s'apaise.

le 5   Pour la *Sainte-Agathe*, sème ton oignon
Fût-il dans la glace, il deviendra bon.

le 9   À la *Sainte-Apolline*
Bien souvent l'hiver nous quitte.

le 12 Si le soleil rit à la *Sainte-Eulalie*
        Pommes et cidre à la folie.

le 14 À la *Saint-Valentin*,
        Tous les vents sont marins.

le 15 Au milieu de février
        Le jour et la nuit sont pareils.

le 16 S'il neige à la *Saint-Onésime*,
        La récolte est à l'abîme.

le 22 Neige à la *Sainte-Isabelle*
        Fait la fleur plus belle.

le 23 À la *Saint-Florent*
        L'hiver quitte ou reprend.

le 24 *Saint-Mathias*
        Casse la glace ;
        S'il n'y en a pas,
        Il en fera.

        Qui se signe à la Saint-Mathias,
        Un an de santé il aura.

le 27 Gelée du jour *Sainte-Honorine*
        Rend toute la vallée chagrine.

Mars

  Quand mars mouillera,
  Bien du vin tu auras.

  Quand au mois de mars il tonne
  Il y aura du vin plein la tonne.

  Quand pour mars il tonne
  L'année sera bonne.

  Quand il tonne en mars, bœufs et curés gras.

  Mars mou, grain par les mottes.

À qui naît au mois de mars,
La petite caille vaut un liard (ceux qui naissent en mars
seront prodigues).

Mars, venteux
Vergers pommeux.

Gelée du mois de mars
Donne le blé, aussi le lard.

Mars poudreux
An malheureux.

Il faut que mars sèche les balcons et qu'avril les
mouille.

Poussière de mars est poussière d'or.

De mars la verdure,
Mauvais augure.

Soit au début, soit à la fin,
Mars nous montre son venin.

Pluie de mars grandit l'herbette
Et souvent annonce disette.

Quand fleurs en mars il y aura,
Guère de fruits ne mangeras.

Des fleurs qui s'ouvrent en mars,
On n'en a que le regard.

Quand mars se déguise en été,
Avril prend ses habits fourrés.

Autant de gelées en mars
Autant de rosée en avril.

Brouillard en mars,
Gelée en mai.

Taille tôt, taille tard,
Taille toujours en mars.

Pâques en mars
La faim dans les paniers.

Pâques en mars,
Tombes fraîches.

Pâques en mars,
Pestes, guerres ou famines.

Les jours de fête

le 1er Quand il pleut pour la *Saint-Aubin*,
L'eau est plus chère que le vin.

Taille au jour de Saint-Aubin,
Pour avoir de gros raisins.

le 3 À la *Saint-Guénolé*
Au taureau ferme le pré.

le 6 Au jour de *Sainte-Colette*
Commence à chanter l'alouette.

le 12 À *Saint-Grégoire*,
Il faut tailler la vigne pour boire.

le 17 Quand il fait doux à *Saint-Patrice*,
De leur trou sortent les écrevisses.

le 19 Pour *Saint-Joseph*,
L'hirondelle va et vient.

Pour la Saint-Joseph,
On marie les sots.

Qui veut de bons melons
Qu'il les sème pour Saint-Joseph.

le 21 S'il pleut le jour de *Saint-Benoît*,
Il pleut trente-sept jours plus trois.

Jamais pluie de printemps
N'a passé pour mauvais temps.

le 23 Quand à glace il gèle à la *Saint-Victorien*,
En pêches, en abricots il n'y a rien.

le 25 Pour le 25 mars
Pré et treille garderas,
Où la peau du cul tu y laisseras (afin de ne pas
compromettre la récolte de foin, l'on interdit l'entrée des
prés aux animaux).

le 28 S'il gèle à la *Saint-Gontran*,
Le blé ne deviendra pas grand.

À Saint-Gontran, si la température est belle
Arrivent les premières hirondelles.

le 31 À la *Saint-Benjamin*,
Le mauvais temps prend fin.

Avril

Avril entrant,
Coucou chantant,
Sonnailles tintant.

Avril entrant comme un agneau
S'en retourne comme un taureau.

Avril fait la fleur
Mai en a l'honneur.

Si les quatre premiers jours d'avril sont venteux il y
en aura pour quarante jours.

Au mois d'avril
Toute bête change de poil.

Avril :
Ne quitte pas un fil,
Mai : fais ce que tu voudras,
Juin :
De trois habits n'en garde qu'un.

Au mois d'avril
Plante l'oignon comme un fil,
Au mois de mai
Comme un pieu.

Avril froid : pain et vin donne,
Mai froid les moissonne.

Au mois d'avril
Le lin fait sur fil.

Il n'est point d'avril si beau
Qu'il n'ait de neige à son chapeau.

Lune d'avril
Ne passe pas sans gelée.

Tonnerre d'avril
Est signe de gel,
Mais prépare barrique et baril.

De nombreux dictons vantent le tonnerre d'avril, tel :

Tonnerre en avril
Défoncez vos barils.

Vent des Rameaux
Dure l'année.

Avril pluvieux et mai venteux
Ne rendent pas le paysan disetteux.

Gelée d'avril ou de mai
Misère nous prédit au vrai.

Suivant l'année, Pâques se situe en mars ou en avril. Le dimanche
des Rameaux, qui précède celui de Pâques, a donné naissance à des
dictons :

Le propre jour des Rameaux
Sème oignons et poireaux.

Vent qui souffle le jour des Rameaux
Ne change pas de sitôt.

Rameaux : le vent tourne neuf fois.

Le jeudi et le vendredi qui précèdent Pâques ont donné naissance à :

La gelée du jeudi saint
Gèle le sarrasin.

Gelée du vendredi saint
Gèle le pain et le vin.

Le vendredi saint, sème giroflées
Elles doubleront dans l'année.

Le dimanche de Pâques :

Pâques en mars,
Tombes de toutes parts.

Les Pâques pluvieuses
Sont souvent fromenteuses
... Et souvent fort menteuses.

Quand il pleut le jour de Pâques,
Il pleut pendant quarante jours.

Les jours de fête

le 19   À *Sainte-Léonide*
        Chaque blé pousse rapide.

le 22   Pluie le jour de *Sainte-Opportune,*
        Ni cerises ni prunes.

le 23   S'il pleut pour la *Saint-Georges,*
        Toutes les cerises lui passent par la gorge.

        Quand il pleut pour la Saint-Georges, adieu les
        cerises.

        À la Saint-Georges
        Sème ton orge,

     À la Saint-Marc,
     Il est trop tard.

le 25   À la *Saint-Marc*, s'il tombe de l'eau,
     Il n'y aura pas de fruits à couteau.

     S'il pleut le jour de Saint-Marc
     Dans les fruits se mettent les vers.

     À la Saint-Marc
     Les dernières semences en terre.

le 30   La pluie, le jour de *Saint-Robert*,
     De bon vin remplira ton verre.

le 30   *Saint-Eutrope* mouillée,
     Cerises estropiées.

Mai

     Mai fait le haricot
     Pourvu qu'il le trouve sarclé.

     Bien peu vaut le blé
     Si mai ne le quitte pas en épi.

     Petite pluie de mai,
     Rend tout le monde gai.

     Mai mou est signe d'une bonne année.

     Tel jour brumeux en mai, tel jour pluvieux en août.

     Mai frileux : an langoureux.
     Mai fleuri : an réjoui.
     Mai venteux : an douteux.

     Bourgeon de mai (pampres)
     emplit le chai.

     Au mois de mai la chaleur
     De tout l'an fait la beauté.

Quand il pleut le jour de l'Ascension
Les cerises s'en vont en procession.

Quand il pleut pour la Trinité
La récolte diminue de moitié.

Quand il tonne en mai
Les vaches ont du lait.

Les jours de fête

le 3   Qui n'a pas semé à la *Sainte-Croix,*
Au lieu d'un grain en mettra trois.

Pluie de la Croix,
Disette de noix.

Telles Rogations
Telles fenaisons.

Les trois saints au sang de navet,
Pancrace, Mamert et Servais,
Sont bien nommés les saints de glace,
Mamert, Servais et Pancrace.

À la Saint-Servais,
Vous pouvez semer.

le 15   À la *Sainte-Denise,*
Le froid n'en fait plus à sa guise.

le 16   À la *Saint-Honoré,*
S'il fait gelée
Le vin diminue de moitié.

le 18   Bon fermier à *Sainte-Juliette*
Doit vendre ses poulettes.

le 22   Beau temps du jour *Sainte-Émilie (Émile)*
Donne du fruit à la folie.

le 23   Sème tes haricots à la *Saint-Didier*
Pour un, tu en auras un millier.

Qui sème haricots à la Saint-Didier
Les arrachera à poignées.

le 25 À la *Saint-Urbain*, ce qui est dans la vigne est
au vilain (les vendanges seront bonnes s'il n'a pas gelé).

Ascension. Le temps pascal est marqué par diverses
fêtes ou cérémonies. Saint Mamert, évêque de Vienne au
ve siècle, institua les cérémonies des *Rogations* (lundi,
mardi, mercredi qui précédent le jeudi de l'*Ascension*). Elles
avaient pour but de demander à Dieu de bénir les travaux
des champs et de préserver hommes et animaux de toute
maladie. La Pentecôte se situe cinquante jours après
Pâques. La Trinité est le dimanche après la Pentecôte. Ces
fêtes ont donné lieu à divers dictons :

Fèves semées en Rogations
Rouilleront.

Haricots de Rogations
Rendent à foison.

Belles Rogations,
Belles moissons.

Lessive aux Rogations
Cercueil à la moisson.

S'il pleut à l'Ascension
Tout va en perdition.

À l'Ascension,
Quitte ton cotillon (ne recherche plus les femmes pour
mieux te consacrer aux travaux des champs).

La Pentecôte
Donne les fruits ou les ôte.

S'il pleut le jour de la Trinité,
Il pleut tous les jours de l'année.

Quand il pleut pour la Trinité
Le blé par moitié.

le 31 Eau de *Sainte-Pétronille*
Change le raisin en grappille.

Juin

Le temps qu'il fait en juin le trois
Sera le temps de tout le mois.

Beau temps en juin,
Abondance de grain.

S'il tonne souvent en juin,
Belle récolte assurée,
Mais sur les bêtes à quatre pieds
Grande mortalité.

Bon soleil de juin
N'a jamais ruiné personne.

Qu'il tonne en mai, nous battrons en juin.

Eau de juin
Ruine le moulin.

Juin bien fleuri
Vrai paradis.

Juin froid et pluvieux
Tout l'an sera grincheux.

La pluie de juin fait belle avoine et maigre foin.
Si juin fait la quantité
Septembre fait la qualité.

Été bien doux
Hiver en courroux.

Prépare autant de tonneaux
Qu'en juin il y aura de jours beaux.

Les jours de fête

le 8   *Saint-Médard.*

Les proverbes ou dictons se rapportant à la Saint-Médard doivent tenir compte de la réforme du calendrier grégorien (1582), soit un décalage de douze jours.

Après 1582, l'on fait apparaître Saint-Barnabé.

Proverbes antérieurs à 1582 :

S'il pleut le jour de Saint-Médard,
Si t'as pas de vin, t'auras du lard.

S'il pleut à la Saint-Médard
Le tiers des biens est au hasard.

S'il pleut pour Saint-Médard
Il pleut quarante jours plus tard
Et la récolte est au quart.

Proverbes postérieurs à 1582 :

S'il pleut pour la Saint-Médard
Il pleut quarante jours plus tard
À moins que Saint-Barnabé
Ne vienne l'arrêter.

Avec, pour le dernier vers, ces variantes :

Qui vient par-derrière lui couper le pied, ne vienne lui casser le nez, ne lui coupe l'herbe sous le pied, ne vienne tout réparer, corriger, arranger...

le 11   À la *Saint-Barnabé*
Fauche ton pré.

À Saint-Barnabé
Le seigle perd pied.

Blé fleuri à la Saint-Barnabé
Donne abondance et qualité.

À la Saint-Barnabé
Canards potelés.

le 13 *Saint-Antoine* ouvre le derrière des poules.
(La ponte devient abondante ; fête de saint Antoine de Padoue.)

le 14 À *Saint-Rufin*
Cerises à plein jardin.

le 16 S'il pleut le jour de *Saint-Cyr*
Le vin diminue jusqu'à la tire.

Si le jour de *Saint-Fargeau*,
La lune se fait dans l'eau
Le reste du mois est beau.

le 19 Quand il pleut à la *Saint-Gervais*,
Il pleut, quarante jours après.

S'il pleut à la Saint-Gervais
Pour les blés c'est signe mauvais.

le 20 Pluie d'orage à la *Saint-Sylvère*
C'est beaucoup de vin dans le verre.

le 24 À la *Saint-Jean*
Les jours les plus grands.

Pluie à la Saint-Jean
Dure longtemps.

Avant Saint-Jean, pluie bénite ;
Après Saint-Jean, pluie maudite.

S'il pleut pour la Saint-Jean,
Guère de vin ni de pain.

La pluie de Saint-Jean
Emporte la noix et le gland.

Du jour Saint-Jean, la pluie
Fait la noisette pourrie.

Saint-Jean rencontrant
Poules couvant,
Leur tortille le cou en passant
Ou meurent dans l'année bêtes et gens.

À la Saint-Jean,
Qui voit une pomme en voit cent.

Après la Saint-Jean, si le coucou chante,
L'année sera rude et méchante.

Quand le coucou sur la Saint-Jean avance,
C'est signe de grande abondance.

Avant Saint-Jean, ne vante pas ta récolte.

le 29 Quand *Saint-Pierre*
Ne lave le chemin
Saint-Martial (30 juin)
Le fait comme il faut.

Saint-Paul et Pierre pluvieux
Est pour trente jours dangereux.

S'il pleut à la veille de Saint-Pierre
La vigne est réduite en tiers.

Juillet

Premier juillet pluvieux
Les jours suivants douteux.

Chaud juillet sur frais juin
Peu de blé mais bon vin.

Juillet sans orage
Famine au village.

Petite pluie de juillet ensoleillé
Emplit caves et greniers.

Pluie du matin
En juillet est bonne au vin.

Qui veut de bons poireaux
Doit semer en juillet.

Qui veut beaux navets
Les sème en juillet.

Qu'on soit fumiste ou dramaturge
En juillet il faut qu'on se purge.

Les jours de fête

le 2   S'il pleut à la *Visitation*
        Pluie à discrétion.

le 3   À *Saint-Anatole*
        Confiture dans la casserole.

le 13   Quand reviendra la *Saint-Henri*
        Tu planteras ton céleri.

le 20   Autour de *Sainte-Marguerite*
        Longue pluie est maudite.

        À la Sainte-Marguerite, pluie
        Jamais au paysan ne sourit.
        Mais pluie à Sainte-Anne,
        Pour lui c'est de la manne.

        S'il pleut à la Sainte-Marguerite
        Les noix seront rentrées vite.

le 21   Quand il pleut le jour de *Saint-Victor*
        La récolte n'est pas d'or.

le 22   S'il pleut à la *Sainte-Madeleine*,
        Il pleut durant six semaines.

        S'il pleut à la Sainte-Madeleine
        On voit pourrir noix et châtaignes.

        Pour Sainte-Madeleine,
        La noisette est pleine,
        Le raisin colore,
        Le blé ferme.

le 25   Si *Saint-Jacques* est serein,
          L'hiver sera dû et serein.

le 26   Pour la *Sainte-Anne*, s'il pleut,
          Trente jours seront pluvieux.

le 31   Chaleur du jour de *Saint-Germain*
          Met à tous le pain dans la main.
          S'il pleut à la Saint-Germain,
          C'est comme s'il pleuvait du vin.

Août

Quand il pleut en août, il pleut du miel et du vin.

Quand il pleut au mois d'août,
Les truffes sont au bout.

Qui bat son blé au mois d'août
Bat à son goût.

Coupe ton bois en pleine lune d'août :
Il sera sain comme un os.

Brumes d'août font passer les châtaignes.

Les poulets du mois d'août
N'ont jamais le derrière clos (les poulettes nées en août sont
réputées bonnes pondeuses).

En août et vendanges, il n'y a ni fêtes ni dimanches.

Qui dort en août
Dort à son coût.

Août donne goût.

Temps trop beau en août
Annonce hiver en courroux.

Tels les trois premiers jours d'août
Tel le temps de l'automne.

Jamais d'août la sécheresse
N'amènera la richesse.

Soleil rouge en août
C'est de la pluie partout.

Août pluvieux
Cellier vineux.

Les jours de fête

le 1er   S'il pleut à la *Saint-Pierre-ès-Liens*,
Les noisettes ne vaudront rien.
Dicton qui a son contraire dans le *Dauphiné* :

S'il pleut à la Saint-Pierre-ès-Liens
Les noisettes viendront bien.

le 10   Qui sème pour *Saint-Laurent*
Y perd la graine et puis le temps.

Pour la Saint-Laurent
Tout fruit est bon pour les dents.

S'il pleut à la Saint-Laurent
La pluie est encore à temps.

le 13   S'il pleut le jour de *Sainte-Radegonde*
Misère abonde sur le monde.

le 14   À la *Saint-Eusèbe*
Un temps sec grossit la gerbe.

le 15   S'il pleut pour l'*Assomption*,
Tout va en perdition.

Pluie de l'Assomption,
Huit jours de mouillon.

Au 15 août gros nuages en l'air,
C'est la neige pour l'hiver.

La Vierge du 15 août
Arrange ou défait tout.

Du soleil à l'Assomption
Beaucoup de vin et du bon.

le 16 De *Saint-Roch* la grande chaleur
Prépare du vin la couleur.

le 24 À la *Saint-Barthélemy*
Paie ton dû (après la rentrée des récoltes, l'on paie ses dettes).

le 28 C'est comme s'il pleuvait du vin,
Fine pluie à *Saint-Augustin.*

le 29 Quand les hirondelles voient la *Saint-Michel*,
L'hiver ne vient qu'à Noël.

Septembre

Septembre se nomme
Le mai de l'automne.

Septembre humide
Pas de tonneau vide.

Le vent qui domine aux Quatre Temps (mercredi, vendredi et samedi de la 17ᵉ semaine après la Pentecôte)
Dominera trois mois.

Quand il pleut pour les quatre temps,
Il faut piquer les bœufs et les juments (il faut se dépêcher de semer).

Les jours de fête

le 1ᵉʳ À *Saint-Loup* (ou *Saint-Leu*)
L'ail à la terre.

Pluie de *Saint-Gilles* ruine les glands.

le 8 Le temps de la Nativité (de la Vierge)
Dure tout un mois sans variété.

Après la Nativité,
Le regain ne peut plus sécher.

le 11 Tu peux semer sans crainte
Quand arrive la *Saint-Hyacinthe*.

le 15 La rosée de *Saint-Albin*
est, dit-on, rosée de vin.

le 17 La pluie au jour de *Saint-Lambert*,
Il y en a pour un novennaire.
(L'espace d'une neuvaine.)

le 19 Qui sème à la *Saint-Janvier*
De l'an récolte le premier.

À Saint-Janvier
Les chrysanthèmes repoussent du pied.

le 21 Le lendemain de *Saint-Matthieu*,
Tu sèmes, je sème.

Si Matthieu pleure au lieu de rire,
Le vin en vinaigre vire.

Automne en fleurs
Hiver plein de rigueurs.

le 22 Semis de *Saint-Maurice*,
Récolte à ton caprice.

le 25 À la *Saint-Firmin*,
L'hiver est en chemin.

le 29 Pluie de *Saint-Michel* sans orage,
D'un hiver doux est le présage.

À la Saint-Michel,
Cueille ton fruit tel quel.

Pour Saint-Michel,
Pour semer il est assez tôt.

À la Saint-Michel,
Départ d'hirondelles.

le 30   À la *Saint-Jérôme*,
        Hoche tes pommes.

Octobre

Octobre en bruine
Hiver en ruine.

Gelée d'octobre
Rend le vigneron sobre.

Quand octobre prend sa fin,
Dans la cave est le vin.

Octobre glacé
Fait vermine trépasser.

En octobre, qui ne fume rien
Ne récolte rien.

Les jours de fête

le 1ᵉʳ   À la *Saint-Rémy*,
        Cul assis.

        À la Saint-Rémy,
        Tout perdreau est perdrix.

le 2   Ne sème point, au jour *Saint-Léger*,
        Tu aurais du blé léger.

        À la Saint-Léger,
        Faut se purger.

le 4   Sème le jour de *Saint-François*
        Ton blé aura plus de poids.

        À la Saint-François, on sème,
        Si l'on veut, et plus tôt même.

        Pour Saint-François,
        Fais le haricot, paysan.

> À Saint-François d'Assise,
> Si tu bâtis, sois prudent pour tes assises.

le 9 Beau temps à la *Saint-Denis*,
      Hiver pourri.

      S'il pleut le jour de Saint-Denis
      L'hiver aura de la pluie.

      Il fait beau à la Saint-Denis
      L'hiver sera bientôt fini.

      Qui sème à la Saint-Denis
      Comptera les semis.

le 16 Coupe ton chou à la *Saint-Gall*,
      En hiver c'est un régal.

le 18 À la *Saint-Luc*, sème dru,
      Ou ne sème plus.

      À la Saint-Luc, il faut semer
      Que la terre soit molle ou dure.

le 25 Pour *Saint-Crépin*, mort aux mouches.

le 28 Quand *Simon* et *Jude* n'apportent pas la pluie
      Elle n'arrive qu'à Sainte-Cécile (22 novembre).

      À la *Sainte-Simone*
      Il faut avoir rentré ses pommes.

      Quand on voit des mouches à la Saint-Simon
      Les fermiers peuvent chanter une chanson.

Novembre

Tonnerre en novembre
Fait prospérer le blé
Et remplit le grenier.

En novembre, s'il tonne,
L'année sera bonne.

À la Toussaint
Commence l'été de la Saint-Martin.

Été de la Saint-Martin dure trois jours et un brin.

Vent de Toussaint,
Terreur de marin.

Le bon semer est quinze jours avant Toussaint et
quinze jours après.

Telle Toussaint, tel Noël
Et Pâques pareil.

Les jours de fête

le 4 À *Saint-Charles*,
La gelée parle.

le 11 *Saint-Martin*
Saint-Tourmentin.

Si le vent du sud souffle pour la Saint-Martin,
L'hiver ne sera pas coquin.

Quand Saint-Martin amène le vent d'autan,
Cela dure six mois par an.

Si l'hiver va droit son chemin,
Vous l'aurez à la Saint-Martin ;
Et s'il trouve quelque encombrée,
Vous l'aurez à la Saint-André (30 novembre).

À la Saint-Martin,
Tire ton vin,
Saint-Martin
Le met en chemin.

À la Saint-Martin,
Bois le vin,
Et laisse l'eau aller au moulin.

Pour la Saint-Martin,
Le moût est vin.

Pour Saint-Martin,
Mène les chèvres au bouc (les chevreaux naîtront en avril).

Tue ton cochon à la Saint-Martin
Et invite ton voisin.

Pour Saint-Martin, l'oie au pot.

le 19   *Sainte-Élisabeth* nous montre quel bonhomme sera l'hiver.

le 22   Pour *Sainte-Cécile*,
Chaque haricot en fait mille.

le 23   Quand l'hiver vient doucement,
Il est là à la *Saint-Clément.*

le 25   À la *Sainte-Catherine*,
L'hiver s'achemine.

Quand Sainte-Catherine au ciel fait la moue,
Il faut patauger longtemps dans la boue.

Pour Sainte-Catherine,
Tout bois prend racine.

À la Sainte-Catherine,
Pour tout l'hiver fais ta farine.

Pour la Sainte-Catherine,
Le porc couine (on tue le cochon).

À la Sainte-Catherine,
Les sardines tournent l'échine,
À la Saint-Blaise (3 février),
Elles reparaissent.

Sainte-Catherine, toute fille veut la fêter,
Mais point ne veut la coiffer.

le 30   Quand l'hiver n'est pas pressé,
Il arrive à la *Saint-André.*

Neige de Saint-André
Peut cent jours durer.

Pour Saint-André
L'hiver est vite ici.
(*Hiver* désigne aussi bien le froid que la neige.)

Décembre

Décembre, de froid trop chiche,
Ne fait pas le paysan riche.

Tel Avent,
Tel printemps.

Il faut les avents froids et secs,
Si l'on veut boire sec.

Quand secs sont les avents,
Abondant sera l'an.

Le tonnerre en décembre
Annonce pour l'an qui vient
Aux bêtes et aux gens
Abondance de biens.

Les jours de fête

le 6   Neige de *Saint-Nicolas* donne froid
Pour trois mois.

le 7   À la *Saint-Ambroise,*
Du froid pour huit jours.

le 10   À la *Sainte-Julie*
Le soleil ne quitte pas son lit.

le 13 Rappelons que la réforme du calendrier de 1582 eut pour résultat de supprimer dix jours (5 octobre-15 octobre), c'est donc le 23 décembre que les jours commencent à rallonger.

À la *Sainte-Luce*, le jour croît du saut d'une puce.

le 21 S'il gèle à la *Saint-Thomas*,
Il gèlera encore trois mois.

Si l'hiver est chargé d'eau,
L'été ne sera que plus beau.

Hiver rude et tardif
Rend le pommier productif.

Pour Saint-Thomas,
Tue ton porc, maigre ou gras.

En hiver au feu
Et en été au bois et au jeu.

Serein hiver, pluie d'été
Ne font jamais pauvreté.

Soleil d'hiver, amour de paillarde,
Tard vient et peu tarde.

Autant de jours d'hiver passés
Autant d'ennemis renversés.

L'hiver n'est point bâtard,
S'il ne vient tôt il vient tard.

Hiver dure à qui le grand froid
Fait brûler bien plus qu'il ne doit.

le 25 Pluie pour *Noël*, soleil pour les Rameaux.
Givre d'avant Noël
Vaut cent écus,
Givre de Noël,
Personne ne sait ce qu'il vaut,
Mais après, il ne vaut pas un denier,
En janvier.

Quand Noël est étoilé,
Force paille, guère de blé.

Quand pour Noël on s'ensoleille,
Pour Pâques on brûle le bois.

Noël au balcon,
Pâques au tison.

À Noël les moucherons,
À Pâques, les glaçons.

Noël sans lune :
De cent brebis il n'en est pas une.
(Influence néfaste pour la récolte du foin.)

Beaucoup de paille et peu de blé
Quand Noël est éclairé.

Enfin ce proverbe qui semble avoir encore une grande cré-
dibilité :
Les jours entre Noël et les Rois
Indiquent le temps des douze mois.

le 26   À la *Saint-Étienne*,
Chacun trouve la sienne.

Métier
Il n'est point de sot métier.
Quelle que soit l'occupation, du moment qu'on l'exerce elle devient
noble. Proverbe complété par :

Il n'y a pas de sots métiers, il n'y a que de sottes gens.

Il n'est si petit métier qui ne nourrisse son maître.
Un proverbe persan nous indique qu'« un cordonnier en courant le
monde, peut toujours écarter la misère ; mais qu'un roi, hors de son
royaume, peut se voir exposé à mourir de faim ».

Chacun son métier, les vaches seront bien gardées.
Florian a repris ce proverbe dans sa fable « Le Vacher et le Garde-
chasse ». Chacun doit s'occuper de ses affaires, si l'on veut que la vie
soit harmonieuse. N'oublions pas que :

Qui se mêle du métier d'autrui, trait sa vache dans un panier.

C'est un méchant métier que celui qui fait pendre son maître.
C'est une triste profession que celle de voleur.

De tous les métiers, il est des pauvres et des riches.
Il y a des gens malheureux partout.

Vingt fois sur le métier remettez votre ouvrage.
Célèbre vers de Boileau *(Art poétique)*, devenu proverbe.

Qui a métier a rente.
Celui qui travaille a toujours de quoi se satisfaire. Un autre proverbe le confirme :

Un métier bien appris vaut mieux qu'un gros héritage.
On trouve dans le Talmud cet avertissement : « Qui ne donne pas de métier à son fils lui donne le métier de voleur. »

Qui n'aime son métier, son métier ne l'aime (Bretagne).
▶ **Ménétrier, Oignon, Porte.**

Metz
Se confesser comme les cordeliers de Metz.
Se dit en parlant des gens qui se battent au lieu de s'expliquer. Ce proverbe remonte à un fait historique du mois d'octobre 1555 où le gardien d'un couvent de cordeliers, le père Léonard, imagina un plan diabolique pour faire entrer, à Metz, les troupes de Charles Quint. Trahi, il fut enfermé dans une cellule où ses compagnons en traîtrise, au lieu de l'écouter, le tuèrent.

Meunier
Tout meunier, tout voleur.
Proverbe cité par George Sand, dans *Le Meunier d'Angibault*. Les meuniers de la Vallée-Noire n'étaient pas payés en argent, mais ils prélevaient leur part de grain sur la mouture.
▶ **Voleur.**

Meursault
Qui boit du meursault
Ne vit ni ne meurt sot.
Ce dicton vante à juste titre les qualités de ce vin admirable : qui le boit prouve déjà son bon goût, donc son intelligence.

Midi
Chercher midi à quatorze heures.
Chercher des choses impossibles ; se créer des difficultés là où il n'y en a pas.

Miel
Le miel est doux mais l'abeille pique.
Il faut parfois souffrir avant de profiter d'un plaisir, ainsi que le confirme cet autre proverbe fort ancien :

Nul miel sans fiel.

Qui manie le miel s'en lèche les doigts.
Ce proverbe nous met en garde contre la tentation, particulièrement des changeurs, de tous ceux qui manient l'argent des autres.

Trop achète le miel qui sur épine le lèche.
C'est payer trop cher un plaisir s'il doit nous demander beaucoup d'efforts.
▶ **Abeille, Colombe, Mouche.**

Mieux
Le mieux est l'ennemi du bien.
Un des lieux communs de Léon Bloy. En cherchant la perfection, l'on risque de tout gâter.

Mieux vaut une certitude qu'une promesse en l'air.

Faire comme Robin à la danse, tout du mieux qu'on peut.
Avoir beaucoup de bonne volonté, sans beaucoup de résultat.

Un tiens vaut mieux que deux tu l'auras.
Mieux vaut s'assurer d'une chose plutôt que de tout risquer pour avoir plus et ne rien posséder.

Mieux vaut petit mais de longue durée (Pays d'oc).
▶ **Monde, Mouton, Prune, Tard, Valoir.**

Milieu
Le milieu est le meilleur.
Gruter (1610) vante le « juste milieu », après Plaute qui disait : « En toutes choses, le plus sage est de tenir un juste milieu. »
▶ **Sage, Vertu.**

Ministres
Les ministres sont les yeux des princes.

Misère
Vides chambres font dames folles.
La misère, la gêne au foyer font commettre des fautes aux femmes.

Toujours la misère tombe sur les pauvres.
De même que l'argent va à l'argent *(Auvergne)*.
▶ **Ménage.**

Modes
Les fous inventent les modes, les sages les suivent.
Caillot dans son *Dictionnaire proverbial* (1826) donne « ... et les sages les suivent, mais de loin ». Un proverbe latin nous dit : « La mode est plus tyrannique que n'importe quel tyran. »

Mœurs
Les mœurs sont un collier de perles.
« Une seule faute peut faire tomber dans tous les vices, comme une perle dépassée occasionne la perte des autres » (Augé).

Les mauvaises compagnies corrompent les bonnes mœurs.
Un seul champignon vénéneux risque d'empoisonner toute une tablée.

Autres temps, autres mœurs.
Les usages changent avec le temps et l'on ne doit pas les regretter avec nostalgie. Ce proverbe souvent cité a été attribué à Pindare.

Ménandre (IVᵉ siècle av. J.-C.) nous a laissé ce beau proverbe :

Les bonnes mœurs portent de bons fruits.
▶ **Femme.**

Moine

Mieux vaut gaudir de son patrimoine que le laisser à un ribaud de moine.
Mieux vaut profiter de ses biens que les léguer à un couvent.

Pour un moine l'abbaye ne faut point.
L'absence d'un seul ne doit pas empêcher l'assemblée de se réjouir, de commencer ses travaux.

Attendre quelqu'un comme les moines l'abbé.
C'est ne pas l'attendre, particulièrement pour passer à table.

Il n'y a point de plus sage abbé que celui qui a été moine.
Celui qui a pratiqué les devoirs de l'obéissance saura le mieux commander.

Le moine répond comme l'abbé chante.
Les inférieurs sont souvent d'accord avec leurs supérieurs.

Pour un moine on ne laisse pas de faire un abbé.
L'absence ou l'opposition d'un seul n'empêche point une compagnie de délibérer.

Se faire moine après sa mort.
Coutume fréquente, du XIIIe au XVIe siècle, de se faire enterrer avec un habit de moine dans l'espérance qu'on échapperait ainsi à l'enfer.

Quand l'abbé tient taverne, les moines peuvent aller au vin.

Moine qui demande pour Dieu demande pour deux.
Proverbe d'origine espagnole, nous dit Grandville dans ses *Cent Proverbes*.
▶ **Abbaye, Commander, Habit, Maison, Poudre, Renard.**

Moineaux
Deux moineaux sur même épi
Ne sont pas longtemps unis.
Ce qui est vrai pour les oiseaux l'est malheureusement aussi pour les hommes.

Moineau en main vaut mieux que perdrix qui vole.
Sur le thème « Un tiens vaut mieux que deux tu l'auras ».

Moisson
En temps de moisson, on se sert de putes et de larrons.
Quand la moisson est compromise, toute main-d'œuvre est la bienvenue *(Savoie)*.

Il ne faut pas jeter la faux en la moisson d'autrui.
Il ne faut pas se mêler des affaires des autres, s'approprier ce qui ne nous appartient pas.
▶ **Semer.**

Moment
Sermon et melon, chaque chose à son moment.
Il faut faire les choses à bon escient *(Monaco)*.

Monde
Le monde n'est qu'abus et vanité.
La Rochefoucauld *(Maximes)* : « La fortune et l'humeur gouvernent le monde », alors que Montaigne avait dit : « Le monde n'est qu'une branloire perenne. » Alain nous a laissé : « Ce sont les passions et non les intérêts qui mènent le monde. »

Tout est pour le mieux dans le meilleur des mondes possibles.
Célèbre formule de Leibniz dont Voltaire s'est moqué dans *Candide*, au point qu'on la cite comme proverbe.

Le monde est rond,
Qui ne sait nager va au fond.
Ancien proverbe (xviᵉ siècle) d'une vérité éternelle. De même que :

Le monde est bien mangé de rats.

Le monde est une échelle
Qui monte et qui descend (Provence).

Monnaie
Monnaie fait tout.
L'argent aplanit bien des obstacles.

Il n'est que changeur pour se connaître en monnaie.
S'emploie pour désigner une personne habile en son art, son métier.
▶ **Singe.**

Montagne
Nulle montagne sans vallée.
Toute chose a deux aspects ; on a les défauts de ses qualités.

Il n'y a que les montagnes qui ne se rencontrent jamais.
On trouve toujours l'occasion de se venger de quelqu'un qui vous a causé du tort.
▶ **Neige, Pluie.**

Monter
Celui qui monte haut de haut tombe.
Proverbe remontant au XIIᵉ siècle.
▶ **Chute, Singe.**

Morceaux
Les premiers morceaux nuisent aux derniers.
▶ **Argent, Goût.**

Mort
De toutes les douleurs on ne peut faire qu'une mort.

On trouve remède à tout, excepté à la mort.

Il y a remède à tout, hors la mort.

Contre la mort point de remède (XVIᵉ siècle).
Ce que Molière *(L'Étourdi)* a traduit par : « On n'a point pour la mort de dispense de Rome. »

La mort, assise à la porte des vieux, guette les jeunes.
Les vieux ont à redouter le voisinage de la mort ; les jeunes, sa surprise.

La mort n'en a pas faim.
Se dit d'une personne fort âgée et malade, qui continue à vivre.

Il a fait un pet à la mort.
Il a guéri alors que sa maladie paraissait fatale.

Être bon à aller guérir la mort.
Traîner les pieds pour faire quelque chose dont on a été chargé.

Jeunesse qui veille, vieillesse qui dort, signe de mort.
L'insomnie chez les jeunes, la somnolence chez les vieillards sont signes de mort.

Rien n'est plus certain que la mort, rien n'est plus incertain que l'heure de la mort.
Il faut toujours être prêt à affronter la mort.

Un homme mort n'a ni parents ni amis.
L'oubli vient vite.

Les morts ont tort.
On excuse les fautes des vivants aux dépens des morts.

Mieux vaut chien vivant que lion mort.
Un homme mort n'a plus d'importance. Voltaire s'est inspiré de ce proverbe pour écrire : « Un lion mort ne vaut pas un moucheron qui respire. »

On ne peut être et avoir été.
La mort est inéluctable. Ce proverbe a été recueilli en 1749 par Panckoucke ainsi que son corollaire :

Qui a le temps a la vie.

Tous vont au convoi du mort et chacun pleure son deuil.
L'on oublie le mort pour ne penser qu'à son prochain destin.

La mort a toujours tort.
Parole que l'on fait prononcer aux médecins qui, plutôt que de reconnaître leur impuissance à la vaincre, accusent un imprévu dans la maladie qui a entraîné la mort de leur patient.

Il n'y a si fort que la mort ne renverse.
La mort a préoccupé et préoccupe bien des écrivains. Voici quelques pensées.
Dans l'Ecclésiastique : « Pleure doucement sur le mort, car il a trouvé le repos » ; et : « Quand le mort repose, laisse reposer sa mémoire » ; Eschyle nous dit : « Mourir glorieusement est un bienfait des dieux » ; et Claude Aveline a eu ce joli mot : « La mort, ce secret qui appartiendra à tout le monde » ; Corneille dans *Tite et Bérénice* : « Chaque instant de la vie est un pas vers la mort. » Mais terminons par ce dicton :

Il faut attendre la mort pour bien juger la vie (Pays d'oc).
▶ Goéland, Héritier, Honneur, Louer, Malade, Médecin, Passer, Terre, Veau.

Morvan
Il ne vient du Morvan
Ni bonnes gens, ni bon vent.
Les Normands ne sont pas mieux traités :

De Normandie, mauvais vent,
Mauvaises gens.

Morveux
Qui se sent morveux se mouche.
Celui qui, entendant des critiques, en montre de l'humeur, montre par là qu'il en est coupable — ou capable. Variante :

Qui se sent galeux se gratte.

Il vaut mieux laisser son enfant morveux que de lui arracher le nez.
Il vaut mieux souffrir un mal plutôt que de lui appliquer un remède plus catastrophique que le mal lui-même.

Les morveux veulent moucher les autres.
Ceux qui reprennent les autres méritent d'être, eux aussi, repris.

Mot

Qui ne dit mot consent.
Ne pas parler, c'est accepter ou avouer.

Quand les mots sont dits, l'eau bénite est faite.
Quand un marché est conclu, il faut l'honorer.

Diseur de bons mots, mauvais caractère.
Mot de Pascal repris par La Bruyère. S'emploie pour blâmer les esprits moqueurs qui veulent briller aux dépens de leur cœur et qui « aiment mieux perdre un ami qu'un bon mot ».

Mou

Quand l'un veut du mou, l'autre demande du dur.
L'un veut une chose, l'autre une autre.

Mouche

On prend, on attrape plus de mouches avec du miel qu'avec du vinaigre.
Douceur vaut mieux que violence.

Mange bien des mouches qui n'y voit pas.
Les personnes peu perspicaces commettent bien des erreurs.

À chevaux maigres vont les mouches.
On s'attaque plutôt aux misérables qu'aux riches.

Faire la mouche du coche.
Faire l'empressé, l'intéressant, pour s'attribuer le succès d'une entreprise à laquelle on a le moins contribué. La Fontaine a admirablement imité Ésope dans la fable d'où est tirée cette expression.

Connaître mouche en lait.
C'est être fin, rusé comme la mouche qui boit le lait sans se noyer. Mais il faut être prudent car :

La mouche va si souvent au lait qu'elle y demeure.
▶ **Aigle, Éléphant, Météorologie.**

Moucher ▶ Coude, Cul, Morveux

Mouchoir ▶ Contenter

Moudre
Il n'est que d'être à son blé moudre.
Proverbe vieilli mais qui contient un excellent conseil : il n'y a rien de tel, pour qu'une affaire réussisse, que de la suivre soi-même.

Moulin
Faire venir l'eau au moulin.
Se procurer du profit grâce à son savoir-faire.

Qui premier vient au moulin premier doit moudre.
Le premier arrivé doit être le premier servi.

Se battre contre les moulins à vent.
Se forger des chimères.

Va bien au moulin qui y envoie sa poche, son âne.
Ce qu'on fait faire entraîne la même responsabilité que si on le faisait soi-même.

On ne peut être à la fois au four et au moulin.
On ne peut s'occuper de plusieurs choses à la fois.

Le four appelle le moulin « brûlé ».
S'emploie quand quelqu'un qui a un vice le reproche à celui qui ne l'a pas.

Laissez-le faire, il viendra moudre à notre moulin.
Quand il aura besoin de nous, il nous rejoindra.

Chacun tire l'eau à son moulin.
Chacun prêche pour son saint.
▶ **Bonnet, Médecin, Vent.**

Mourir
Il ne s'est pas senti mourir. — Elle est morte comme une sainte.
Lieux communs de Léon Bloy.

On ne meurt qu'une fois.
Proverbe provenant du *Dépit amoureux* de Molière : « On ne meurt qu'une fois et c'est pour si longtemps ! »

Le plus riche en mourant n'emporte qu'un linceul.
Proverbe plein de sagesse fort ancien. Saladin en fit même (le jour de sa mort, 4 mars 1193) un exemple. Au lieu de faire élever, selon la coutume, le drapeau devant sa porte, il voulut qu'on déployât son drap mortuaire et qu'un héraut criât : « Voilà tout ce que Saladin, vainqueur de l'Orient, emporte de ses conquêtes. »

Dépose, prend, possède, amasse
Tout faut laisser quand on trépasse.

Un lièvre va toujours mourir au gîte.
Les hommes aussi aiment revenir au pays quand vient le temps de la vieillesse.

Autant meurt veau que vache.
La mort n'épargne pas les jeunes.

En France, le roi ne meurt pas.
Son héritier lui succède dès le dernier soupir.

Quand nous serons morts, fouira la vigne qui pourra.
Ce qui doit nous arriver après notre décès ne doit pas nous inquiéter.

Bien meurt qui volontiers meurt.
▶ **Aller, Bottes, Dents, Drap, Payer, Vivre.**

Mousse ▶ Pierre

Moutarde
La moutarde lui monte au nez.
Il commence à se fâcher.

C'est de la moutarde après dîner.
C'est-à-dire une chose inutile puisqu'elle arrive trop tard.
▶ **Dijon.**

Mouton
Revenons à nos moutons.
Revenons à notre sujet. Cette expression devenue proverbiale provient de la *Farce de Pathelin*.

Chair de mouton, manger de glouton.
Ancien proverbe. Autrefois, la chair de mouton était peu prisée.

À l'Ascension, gras mouton.
C'est à ce moment que les moutons ont le plus de graisse.

Mieux vaut gigot voisin et prochain
Qu'un gros mouton lointain.
Correspond à :

Un tiens vaut mieux que deux tu l'auras.

Si vous faites le mouton
On vous tondra (Bretagne).
Mise en garde contre un excès de charité. On pourrait dire : « Plus on est bon, plus on vous tond », mais il y a aussi une autre rime...
▶ **Brebis, Fréquenter, Météorologie.**

Moyens
Qui veut la fin veut les moyens.
Proverbe récent qui met en cause la morale. Le résultat vaut-il toujours la peine que l'on s'est donnée? La torture peut-elle se justifier lorsqu'il s'agit d'obtenir un renseignement qui engage d'autres vies? Faut-il croire la parole de Sartre *(Les Mains sales)* : « Tous les moyens sont bons quand ils sont efficaces »?

Le proverbe :
La fin justifie les moyens.
Ne devrait être employé que pour une action exemplaire.
▶ **Oiseau.**

Mule
Ferrer la mule.
Acheter une chose pour quelqu'un et la lui faire payer plus cher.

À vieille mule, frein doré.
Pour mieux vendre une vieille mule, il faut la parer; pour rendre une vieille femme séduisante, il faut agir de même.

La mule du pape ne mange qu'à ses heures.
Même vivant dans l'abondance, on ne peut manger avec plaisir que lorsqu'on a faim.
▶ **Femme, Métier, Moine.**

Mulot
Endormir le mulot.
Amuser quelqu'un pour mieux le tromper.

Mûres
On ne va pas aux mûres sans crochet.
Si l'on ne veut pas subir un échec, il faut se donner les moyens de réussir.
▶ **Congres, Effort.**

Murs
Les murs ont des oreilles.
On doit craindre d'être écouté lorsque l'on traite d'une affaire importante.

Muser ▶ Refuser

N

Nageur
Bons nageurs sont à la fin noyés. — Bon nageur de n'être pas noyé n'est pas sûr.

Aussi habile soit-on, il faut, pour survivre, ne pas être trop téméraire.
Autre proverbe :

Les meilleurs nageurs se noient.

De toute façon :

Celui qui ne sait pas nager, il va au fond (Nord).
▶ **Monde, Poisson.**

Naître
Quand il naît un poulain
Il vient une chartée de foin.

S'emploie, en *Bretagne*, quand il naît un nouvel enfant dans une famille pauvre déjà nombreuse. Ce proverbe correspond à :

Dieu envoie le froid selon le drap.
▶ **Brebis, Dieu.**

Nature
La nature ne perd jamais ses droits.

Naturel
Chassez le naturel, il revient au galop.
Vers de Destouches dans *Le Glorieux*. Jules Renard s'en est moqué : « Il a chassé le naturel : le naturel n'est pas revenu. »

Navire
À navire brisé tous vents sont contraires.
Le sort est contraire aux personnes âgées, aux personnes ruinées.

Le navire qui n'obéit pas au gouvernail
Devra bien obéir au récif.
Ou : « Nécessité fait loi. » Il faut se plier aux circonstances de la vie *(Bretagne)*.
► **Inattention.**

Nécessité
Nécessité n'a pas, point de loi.
Dans un extrême péril, on peut transgresser la loi. Saint Bernard nous dit : « La nécessité n'a point de loi, et c'est pour cela qu'elle excuse la dispense. » Vauvenargues est plus discret : « La nécessité nous délivre de l'embarras du choix. » Au xvie siècle :

Nécessité abaisse gentillesse,
Nécessité n'a loi, foi, ni roi.

Faire de nécessité vertu.
Faire de bonne grâce une chose qui déplaît. Racine (*Britannicus*, II, 3) écrit : « Qui, dans l'obscurité, nourrissant sa douleur, s'est fait une vertu conforme à son malheur. » Un autre proverbe renforce celui-ci :

Nécessité est de raison la moitié.
Et un proverbe latin nous indique : « Il faut supporter, sans récriminer, ce que l'on ne peut éviter. »

Nécessité est mère d'industrie, d'invention.
En cas de danger, de nécessité absolue, l'on devient ingénieux, confirmé par :

Nécessité fait trouver. — Nécessité tire parti de tout.
► **Vieux.**

Nef
Qui entre en nef n'a pas vent à gré.
Les commencements d'une affaire, d'un travail sont difficiles.

Nèfles
Avec le temps et la paille les nèfles mûrissent.
On vient à bout de tout avec de la patience et des soins. Les Chinois disent : «Avec du temps et de la patience, les feuilles du mûrier deviennent de la soie. »
▶ **Temps.**

Négligence
Petite négligence accouche d'un grand mal.
L'inobservation, même involontaire, d'une règle peut créer une catastrophe.
De même :

Petite pluie abat grand vent.

Neige, Neiger
Quand il neige sur les montagnes, il fait froid dans les vallées.
Les malheurs des grands retombent sur les petits. D'où ce dicton :

Quand la neige est sur le mont
On ne peut attendre que le froid aux vallées.
Qui indique que la vieillesse, caractérisée par les cheveux blancs, est le commencement des malheurs.
▶ **Météorologie (neige).**

Nenni
Dites toujours nenni, vous ne serez jamais marié.
Si l'on veut obtenir quelque chose, il ne faut pas toujours refuser.

Nez
Qui coupe son nez dégarnit son visage.
Il ne faut pas faire, sur un coup de tête, des actions qui peuvent nous nuire.

Jamais grand nez ne gâta beau visage.

Beau visage n'a jamais eu vilain nez.

Si on lui tordait le nez, il en sortirait du lait.
S'applique à des personnes trop jeunes qui veulent s'occuper de choses trop sérieuses.

Prendre son nez pour ses fesses.
C'est prendre une chose pour une autre, se tromper grossièrement.

Il lui en pend autant au nez.
Il est menacé du même inconvénient.

Cela paraît comme le nez au milieu du visage.
On aura beau essayer de cacher quelque chose, cela apparaîtra toujours.

Il me semble qu'on me pèle le nez.
S'emploie pour exprimer l'ennui que l'on éprouve à entendre un discours, une conversation sans intérêt.

Prenez-vous par le bout du nez.
S'emploie pour répondre à quelqu'un qui met sur le compte des autres les fautes qu'il a commises.
▶ Dos.

Niais
C'est un niais de Sologne qui ne se trompe qu'à son profit. — C'est un niais de Sologne, il prend les sous marqués pour des liards.
S'emploie pour désigner un homme adroit, qui trouve toujours son intérêt en faisant paraître moins d'intelligence qu'il n'en a en réalité.
▶ Rire.

Nid ▶ Oiseau

Noblesse
Noblesse vient de vertu.
Un homme est supérieur non par son origine mais par son mérite et sa vertu.

Qui prend des lettres de noblesse
Déclare d'où vient sa richesse.
On rappelait dans les lettres de noblesse la profession que l'anobli avait exercée.

Noblesse oblige.
Les Anglais disent : *Rank has its obligations :* le rang a ses obligations. Un auteur ancien écrit : « Il n'y a que ceci de bon dans la noblesse, c'est qu'elle semble imposer à ceux qui naissent nobles l'obligation de ne pas dégénérer de la vertu de leurs ancêtres. » Ce que le duc de Lévis dans ses *Maximes et Réflexions* (1808) résume en « Noblesse oblige », et qu'un autre proverbe confirme :

Bon sang ne peut mentir.

Noces
Noces de mai, noces mortelles.
Proverbe fondé sur une superstition fort ancienne, puisque Ovide disait déjà : « Il est mauvais de se marier au mois de mai. »

Tous jours ne sont pas noces.
On ne peut pas être tous les jours satisfait de son sort.

On ne va pas aux noces sans manger.
Il faut savoir accepter les conséquences de sa position.

Qui va à noce sans prier s'en revient sans dîner.
On ne peut espérer être bien reçu si l'on n'a pas été invité.

On ne dîne point quand on est de noce le soir.
On se prépare à la fête en s'abstenant de manger.

Voyages de maîtres, noces de valets.
Quand les maîtres ne sont pas là, les serviteurs en profitent.
▶ **Mariage.**

Noël
On a tant crié, on a tant chanté Noël, qu'à la fin il est venu.
Les choses que l'on désire ardemment finissent par arriver.
▶ **Météorologie (Noël).**

Noix

Il faut casser la noix
Pour en avoir la chair.

Ce que Florian a traduit par :

« Les noix ont fort bon goût, mais il faut les ouvrir.
Souvenez-vous que, dans la vie,
Sans un peu de travail on n'a point de plaisir. »

▶ **Amande, Corneille, Météorologie, Voix.**

Normand

Un Normand a son dit et son dédit.
Variante :

Il vaut mieux se dédire
Que se détruire.

En Normandie, les contrats ne commençaient à être valables que vingt-quatre heures après leur signature. D'où ce proverbe qui laisse entendre que les Normands manquent souvent à leur parole. Des expressions caractérisent les Normands : *Réponse normande* (ambiguë), *réconciliation normande* (fausse).

Qui fit Normand fit truand.

« Truand » est un vieux mot synonyme de « mendiant », dérivé de *tru*, impôt que chaque sujet devait acquitter. Quitard note : « Les Normands furent, dit-on, appelés *truands*, parce qu'ils étaient si accablés d'impôts, que presque tous les paysans et les ouvriers étaient obligés de *truander* ou de mendier pour vivre. » D'où peut-être ce dicton :

De Normandie, mauvais vent,
Mauvaises gens.

Citons quelques-uns des innombrables dictons qui concernent les Normands :

Gars normand, fille champenoise
Dans la maison, toujours noise.

Le Normand vous attrape quand il peut
Et le Provençal quand il veut.

Le Normand tourne autour du bâton,
Le Gascon saute par-dessus.

Normands et Bretons à vendre des chevaux attrape-
raient le diable.

C'est un Normand, il tire tout à lui.

Les Normands naissent les doigts crochus.

Quand un Normand sort d'une maison et qu'il n'a rien
emporté, il croit avoir oublié quelque chose.
▶ **Gascon, Manceau, Morvan.**

Notaire
C'est comme si le notaire y avait passé.
Une chose aussi assurée que si un acte avait été dressé devant notaire.

Nourrir
Il vaudrait mieux le tuer que le nourrir.
Se dit d'une personne qui mange beaucoup et rend peu de services.

Bien nourrir fait dormir,
Et bien vivre bien mourir.

Nouveau
Au nouveau tout est beau. — Tout nouveau tout beau.
La nouveauté renferme toujours un charme particulier.

Changement de pâture donne appétit aux veaux (Bretagne).
Mais la nouveauté peut avoir des inconvénients :

Mieux vaut la vieille voie que le nouveau sentier (xvᵉ siècle).

Rien de nouveau sous le soleil.
Parole de l'Ecclésiaste. Il n'arrive sur la terre que des choses qui se sont
déjà produites. Du latin : *Nil novi sub sole.*
▶ **Viande.**

Nouvelles
Pas de nouvelles, bonnes nouvelles.
Proverbe que l'on cite lorsque l'on veut se rassurer — ou rassurer les autres — mais qui contient un sentiment d'inquiétude. En revanche :

Les mauvaises nouvelles ont des ailes.

Hardiment heurte à la porte
Qui bonne nouvelle y apporte (xvie siècle).

Novembre ▶ Météorologie

Novice
Il n'est ferveur que de novice.
C'est lorsque l'on commence à entreprendre une chose que l'on montre le plus d'ardeur. Ardeur qui décroît vite si l'on tient compte de cet autre proverbe :

Ferveur de novice ne dure pas longtemps.

Noyau ▶ Amande, Noix

Noyé
Un noyé s'accroche à un brin de paille.
Dans une situation désespérée, l'homme se raccroche au moindre espoir.
▶ **Nageur.**

Noyer
Se noyer dans un verre d'eau, un crachat.
Échouer alors que les obstacles à surmonter sont petits.
▶ **Chien.**

Nuages ▶ Météorologie

Nuire
Il peut bien peu qui ne peut nuire.
Proverbe du xve siècle, d'une triste constatation !...

Ce qui nuit à l'un sert à l'autre.

Nuit
La nuit porte conseil.
On trouve dans les *Proverbes français* cet autre proverbe :

Prends conseil à l'oreiller,
La nuit est mère de pensées.
Avant de prendre une résolution importante, ces proverbes sont pleins
de sagesse.
▶ **Chat.**

O

O
C'est un O en chiffre.
C'est un homme qui compte pour zéro, complètement inutile.

Être rond comme l'O du Giotto.
Le pape Boniface VIII, voulant employer Giotto, lui envoya un de ses gentilshommes. Giotto, vexé que l'on puisse douter de son talent, traça un cercle parfait. Ce dessin fut admiré et le pape se hâta d'appeler Giotto à Rome.

Obéir, Obéissance
Il faut apprendre à obéir pour savoir commander.
Maxime de Solon reprise par Aristote et devenue proverbe.

En *Bretagne* :

Qui ne sait obéir
Ne sait commander.
Ce proverbe devrait être appris à tous les enfants...

L'obéissance vaut mieux que tous les sacrifices.
Rien ne plaît plus à Dieu qu'une soumission à ses volontés...

Obligation
Vieille obligation défait nouveau marché.
Ancien proverbe. Une obligation antécédente détruit un marché récent.

Obliger
C'est obliger deux fois qu'obliger promptement.

Observer
Qui n'observe rien n'apprend rien.

Obstinés
Il n'y a de damnés que les obstinés.

Occasion
L'occasion est chauve, n'a qu'un cheveu.
L'occasion est difficile à saisir. Un autre proverbe nous enseigne :

Il faut saisir l'occasion aux cheveux.
Ne pas la laisser passer.
▶ Ami, Faire, Larron.

Octobre ▶ Météorologie

Œil ▶ Yeux

Œuf
Mieux vaut promptement un œuf que demain un bœuf.
Correspond à :

Un tiens vaut mieux que deux tu l'auras.

Au pauvre, un œuf vaut un bœuf.

À l'aventure met-on ses œufs à couver.
Se dit lorsqu'on se lance dans une affaire dont le résultat est incertain.

Il ne faut pas brader (échanger) une tarte pour un bœuf.
En affaires, il faut garder juste mesure *(Nord)*.
▶ Don, Espérer, Mieux, Panier, Prune, Voler.

Œuvre
À l'œuvre on connaît l'artisan.
On juge de la qualité des gens par leurs réalisations. Un proverbe latin dit :

Au chant, on connaît l'oiseau.
▶ **Fils.**

Offenseur
L'offenseur ne pardonne pas.
Tacite nous indique que « c'est le propre de la nature humaine de haïr celui qu'on a offensé ». La nature humaine est ainsi faite que l'offenseur, humilié par son action, voue une plus grande haine à son interlocuteur — qui, offensé, peut pardonner.

Offrande
À l'offrande qui a dévotion.
Chacun est libre de donner selon ses moyens.

Chaque saint veut son offrande.
Pour réussir dans une entreprise, il faut gagner par des attentions ceux qui peuvent vous aider.

À petit saint, petite offrande.
Il faut proportionner la valeur de ses cadeaux selon la qualité des personnes à qui on les offre.

Oignons
Marchand d'oignons se connaît en ciboulettes.
Un homme qui connaît son métier ne se laisse pas abuser.
▶ **Météorologie (oignons).**

Oiseau
Petit à petit l'oiseau fait son nid.
À force de travail, on établit sa fortune.

À petit oiseau, petit nid.
L'habitation, le train de vie doivent correspondre à l'état de fortune :

Grande cage ne veut pas un petit oiseau.

À chaque oiseau son nid est beau.
Chacun admire sa demeure.

Plus l'oiseau est vieux, moins il veut se défaire de sa plume.
Plus on avance en âge, plus on tient à ses biens.

Le bon oiseau se fait de lui-même.
Tel le faucon qui apprend tout seul à chasser, l'homme d'un bon naturel n'a pas besoin d'autrui pour faire le bien.

La belle plume fait le bel oiseau. — C'est la plume qui fait l'oiseau.
L'apparence contribue à embellir.

Un oiseau dans la main vaut mieux que deux dans la haie.
Mieux vaut avoir peu qu'espérer beaucoup.

Vilain oiseau que celui qui salit son lit.
Celui qui médit de son pays, des siens, etc., est un mauvais homme.

Il a battu les buissons, et un autre a pris les oiseaux.
Un autre a profité des efforts qu'il a faits.

Ce n'est pas viande pour vos oiseaux.
C'est au-dessus de vos moyens.
▶ Avantage, Plaisir.

Oisiveté
L'oisiveté est la mère de tous les vices.
Ce proverbe est si vrai que l'on a pu dire :

L'oisiveté va si lentement que tous les vices l'atteignent.
Caton l'Ancien répondait à ceux qui prétendaient que l'on ne pouvait faire le mal en ne faisant rien : « En rien faisant on apprend à mal faire. » L'Ecclésiastique dit : « L'oisiveté a toujours enseigné beaucoup de mal. » Les Italiens appellent proverbialement l'oisiveté « l'oreiller du diable ».

L'oisiveté de la jeunesse
Prépare tourments pour la vieillesse (Bretagne).

Ombrage

Un vizir aux sultans fait toujours quelque ombrage.
Vers de Racine (*Bajazet*, I, 2).

Omelette

On ne fait pas d'omelette sans casser d'œufs.
Un changement radical amène forcément des perturbations qui créent des dommages.

Once

Une once de bon esprit vaut mieux qu'une livre de science.
Le bon sens est souvent préférable à l'instruction.

Une once de bonne réputation vaut mieux que mille livres d'or.
Bonne renommée vaut mieux que richesse.
▶ **Renommée, Sagesse.**

Ongle

À l'ongle on connaît le lion.
Lucien rapporte que Phidias eut l'idée des proportions d'un lion rien qu'en regardant son ongle. — Les apparences sont souvent trompeuses, et si un détail nous fait juger d'une personne, mieux vaut cependant y regarder de plus près avant de fixer son opinion.

Onguents ▶ Boîtes

Opinion

Toutes les opinions sont respectables.
Un des lieux communs de Léon Bloy.

On donne son opinion selon sa condition.
Pensée de Marguerite de Navarre *(Heptaméron)* devenue proverbe.

L'opinion est la reine du monde.
Le monde se laisse conduire par l'opinion publique. « L'opinion est si bien *la reine du monde*, dit Voltaire, que quand la raison veut la combattre, la raison est condamnée à mort. » C'est Henri Monnier qui a dit : « C'est mon opinion, et je la partage. »

Or
Tout ce qui brille, reluit, n'est pas or.
Les riches ne sont pas toujours heureux et les pauvres ont tort de les envier. Autre proverbe illustrant celui-ci :

On est plus heureux dans les petites conditions que dans les grandes.

Ce n'est pas tout or ce qui reluit
Ni farine ce qui blanchit.
Il ne faut pas se fier aux apparences.

Adorer le veau d'or.
Avoir le culte de la richesse, des riches.

Nul or sans écume.
La richesse est parfois source d'impuretés.
▶ **Crosse, Honneur, Réputation.**

Orange
Manger des perdrix sans orange.
C'est manger quelque chose sans l'apprêt qui lui convient. Autrefois — et même aujourd'hui —, le jus de l'orange était la véritable sauce d'accompagnement de la perdrix.

Ordure
Il ne faut pas remuer l'ordure.
L'honnête homme doit se défendre de parler de choses malhonnêtes. Proverbe renforcé par :

Plus on remue l'ordure, plus elle pue.
▶ **Merde.**

Oreille
Quand bourdonne votre oreille gauche
Grand éloge de vous on fait.

Quand bourdonne votre oreille droite
Votre éloge est mis de côté (Bretagne).

► Murs, Sac, Ventre, Yeux.

Orfèvre
Vous êtes orfèvre, monsieur Josse.
Molière, dans *L'Amour médecin*. Vers devenu proverbe pour montrer l'intérêt qui se cache sous les apparences d'un conseil.

Orge
Grossier comme du pain d'orge.
Extrêmement grossier.

Faire ses orges.
Expression proverbiale qui, au figuré, signifie faire de gros profits, surtout d'une manière frauduleuse.

Être entre l'orge et l'avoine.
Comme l'âne de Buridan, être en situation de ne pouvoir choisir entre deux choses.
► Âne, Météorologie.

Orgueil
Il n'est orgueil que de pauvre enrichi.
Les parvenus sont les plus orgueilleux. De Vauvenargues : « L'orgueil est le consolateur des faibles. »

Lorsque orgueil va devant, honte et dommage le suivent.
Louis XI citait ce proverbe pour répondre aux reproches qu'on lui adressait de ne pas assez garder sa dignité. Commynes, dans ses *Mémoires*, écrit :

Quand orgueil chevauche devant
Honte et dommage suivent de près.

L'orgueil précède les chutes.
Proverbe tiré de l'Écriture sainte. Les *Basques* disent : « L'orgueilleux ayant pris son vol vers le ciel, alla tomber aux enfers. »
► Faim.

Orléans
La glose d'Orléans est pire que le texte.
Les Orléanais, qui ont la réputation d'avoir de l'esprit, l'ont souvent tourné à la raillerie.

Orme
Attendez-moi sous l'orme.
Vous pouvez toujours m'attendre au rendez-vous que vous me donnez, je n'irai pas. C'est sous l'orme du château féodal que le juge rendait la justice — et celui qui y était convoqué n'avait nulle hâte de s'y rendre.

Ortie
Si tu as de l'insomnie,
Prends un bouillon d'ortie.

Os
Jamais belle chair ne fut près des os.

Pour avoir la moelle, il faut briser l'os.
Il ne faut pas reculer devant les difficultés d'une entreprise si l'on veut en venir à bout.

Il n'y a point de viande sans os.
Aucun avantage sans inconvénient. Aucun plaisir sans peine.

Un bon chien n'attrape jamais un bon os. — Jamais à un bon chien il ne vient un bon os.
Le mérite est rarement récompensé. Celui qui fait le plus de travail n'en tire pas toujours profit. Montfleury a écrit cette phrase proverbiale : « Le mérite est un sot, si l'argent ne l'escorte » *(La Femme juge et partie)*.

Celui qui tient l'os
Le chien suit sa main.
Ce proverbe nous met en garde contre l'avidité des héritiers.
▶ **Absence, Héritier, Noix, Vache.**

Oublier, S'Oublier
Qui bien aime tard oublie.
Ceux qui oublient facilement n'ont pas vraiment aimé.

Qui songe à oublier se souvient, se souviendra toujours.
Montaigne a-t-il pensé à ce proverbe en écrivant : « Il n'est rien qui imprime si vivement quelque chose en notre souvenir que le désir de l'oublier. »

Il n'oublie pas ses mains.
Se dit d'une personne avide.

Est bien fou qui s'oublie.
Il ne faut pas perdre de vue ses intérêts en s'occupant de ceux des autres.

Ours
Il ne faut pas vendre la peau de l'ours avant de l'avoir tué.
Il ne faut pas disposer d'une chose avant de la posséder. Proverbe extrait d'un apologue d'Ésope que La Fontaine cite dans sa fable « L'Ours et les deux Compagnons ». Commynes (xvᵉ siècle) écrit : « Il ne faut pas marchander la peau de l'ours avant que la bête soit prise et morte. »

Il est de la nature de l'ours, il ne maigrit pas pour pâtir.
Se dit d'une personne qui prend de l'embonpoint, quoiqu'elle fasse des efforts pour l'éviter.

Ouvrier
Il est plus d'ouvriers que de maîtres.
Proverbe relevé par Meurier (1568), alors que :

Un bon ouvrier n'est jamais trop chèrement payé.
Remonte à 1611 (Cotgrave), et que :

Mauvais ouvrier ne trouve jamais bon outil.
Se trouve dans les *Proverbes ruraux* (xiiiᵉ siècle), tous proverbes étonnamment actuels.
▶ **Maçon.**

P

Pain
L'homme ne vit pas seulement de pain.
Proverbe tiré de l'Évangile. Il faut aussi à l'homme des nourritures de l'esprit. De Saint-Exupéry : « La saveur du pain partagé n'a point d'égale » *(Pilote de guerre).*

Pain coupé n'a pas de maître.
Se dit lorsqu'on s'autorise à prendre le morceau de pain de son voisin.

Tel pain, telle soupe.
Les choses valent selon la matière qu'on y emploie.

Liberté et pain cuit.
Le bonheur réside dans l'indépendance et l'aisance.

Pain dérobé réveille l'appétit.
Le fruit défendu a un attrait particulier, un charme nouveau. De même :

Changement de corbillon, appétit de pain bénit.
(Le corbillon est une corbeille dans laquelle on met le pain bénit.)

Nul pain sans peine.

Le pain d'autrui est amer.
Lorsqu'on est réduit à accepter la charité d'un morceau de pain, son goût est amer.

Là où pain fault (manque)**, tout est à vendre.**
Nous dit un proverbe du xvᵉ siècle – l'extrême pauvreté réduit l'homme et la femme à toutes les concessions.

**Après blanc pain
Le bis ou la faim.**
Ceux qui jouissent sans mesure se retrouvent démunis. N'oublions pas que :

**Pain de vieillesse
Se pétrit pendant la jeunesse** (Auvergne).

**Pain tant qu'il dure,
Mais vin à mesure.**
Conseil de sobriété.

Croûte de pâté vaut bien pain.
Dans le recueil de La Véprie (1495). Le meilleur remplace le bon. À défaut de pain, donnez-leur de la brioche... Ce proverbe s'emploie à l'intention des éternels mécontents puisqu'il vise ceux qui se plaignent qu'un objet leur manque, alors qu'ils en ont un autre supérieur.
▶ **Faire, Grain, Jour, Premier, Promesse, Ruine, Vendre, Voler.**

Paix
Paix et peu.
Proverbe lapidaire mais qui reflète une vérité évidente : lorsque la paix existe, peu de biens suffisent pour être heureux.

Qui de tout se tait de tout a paix.
La discrétion est source de tranquillité.
▶ **Guerre, Mentir.**

Panier
**À petit mercier,
Petit panier.**
Les petites choses conviennent aux petites gens.

Qui fait un panier fait bien une hotte.
Celui qui commet une mauvaise action peut bien en accomplir une autre.

Adieu, paniers : vendanges sont faites.
Il n'y a plus rien à faire ; l'occasion est passée.

Il ne faut mettre tous ses œufs dans un même panier.
Il ne faut risquer sa fortune sur une seule entreprise. Il faut diversifier ses placements.
▶ Sot.

Pape ▶ Ambition

Papier
Le papier souffre tout.
De ce qu'une chose soit écrite, il ne s'ensuit pas qu'elle soit exacte ou réalisable. Le comte de Ségur dans ses *Mémoires* rapporte la réponse que fit Catherine II à Diderot qui se plaignait qu'elle ne suivît pas ses conseils : « Vous, philosophe, vous ne travaillez que sur le papier qui souffre tout ; il est uni, souple, et n'offre d'obstacle ni à votre imagination ni à votre plume ; tandis que moi, pauvre impératrice, je travaille sur la peau humaine qui est bien autrement irritable et chatouilleuse. »

Le papier est plus patient que les hommes.
Dicton cité par Anne Frank dans son *Journal*.

Papillon
Le plus beau papillon n'est qu'une chenille habillée.
Il ne faut pas se fier aux apparences *(Limousin)*.
▶ Météorologie.

Pâques
Se faire poissonnier la veille de Pâques.
S'engager dans une affaire lorsqu'il n'y a plus aucun avantage à en espérer.

Long comme d'ici à Pâques.
Très long.

Entre Pâques et la Pentecôte, le dessert est une croûte.
Les fruits étant rares, l'on mange des tartes.

C'est, dit-on, à la Pentecôte
Que qui trop mange cher lui coûte.
C'est à cette période que les gens sont les plus malheureux, car les aliments sont rares, donc, chers.

Tarde qui tarde, en avril aura Pâques.
La fête de Pâques se célèbre au plus tard au mois d'avril.

Fais une dette payable à Pâques, et trouveras le carême court.
Le moment de payer une dette arrive toujours trop vite.

Il faut faire carême-prenant avec sa femme et Pâques avec son curé.
Il faut se donner du bon temps durant le carnaval mais faire ses dévotions à Dieu le jour de Pâques.

À Pâques ou à la Trinité.
Renvoyer une chose à une époque indéterminée.

Se faire brave comme un jour de Pâques.
Se parer comme pour un jour de fête.
▶ **Météorologie.**

Pardonner
Pardonner est d'un chrétien, oublier est d'un couillon (Corse).
Musset dans « La Nuit d'octobre » : « À défaut du pardon, laisse venir l'oubli » ; et Corneille crée un proverbe dans *Cinna* :

Qui pardonne aisément invite à l'offenser.

Qui trop à son enfant pardonne
Ne vaudra jamais une prune.
Proverbe du xviᵉ siècle (page suivante à « Parents »).

Le pardonner aisément fait retomber dans le péché.

D'un manuscrit du xiiiᵉ siècle :

Li ligiers pardoners fait renchoir en péché.
Comme on le voit, de tout temps les problèmes de la justice se sont posés...
▶ **Remettre.**

Parents
L'amour des parents descend et ne remonte pas.
Helvétius s'est appuyé sur ce proverbe pour dire : « L'homme hait la dépendance. De là peut-être sa haine pour ses père et mère. » La nature, pour conserver l'espèce, a doté les parents d'un amour incommensurable, hors de proportion avec l'amour des enfants pour leurs parents. Mais de là à la haine soulignée par Helvétius... Charles Perrault s'est fait éducateur :
« Trop de bonté dans les parents
Cause la perte des enfants. »

Nous sommes tous parents en Adam.
Par leur origine, les hommes sont tous égaux.

Les rois et les juges n'ont point de parents.
Leur fonction doit passer avant leur affection.
▶ **Ami, Mort, Vilain.**

Paresseux
Le paresseux est frère du mendiant.

Un autre proverbe tiré d'une phrase de Salomon dit :

Celui qui néglige son bien est frère de celui qui le dissipe.

En *Provence* l'on dit :

Le champ du paresseux est plein de mauvaise herbe.
Louis Pauwels : « Seule la paresse fatigue le cerveau. »

Parfait
On n'est pas parfait.
Un des lieux communs de Léon Bloy.

Paris, Parisiens
Paris n'a pas été bâti en un jour.
Un des lieux communs de Léon Bloy attesté par d'autres proverbes :

Petit à petit l'oiseau fait son nid.

Il n'est bon bec que de Paris.
Proverbe tiré d'une phrase de François Villon.

Si Paris était plus petit,
On le mettrait dans un baril.

Parisien, tête de chien,
Parigot, tête de veau.
▶ **Rome.**

Parlementer
Toute ville qui parlemente est à moitié rendue.
Proverbe du xvi⁰ siècle (*Mimes* de Baif).

Parler
Les murailles parlent.
Il y a souvent des témoins des choses les plus cachées.

Il y a un temps de parler et un temps de se taire.
D'où :

Qui parle sème, qui écoute récolte.
La Fontaine nous enseigne dans « L'Ours et l'Amateur des jardins » : « Il est bon de parler, et meilleur de se taire », souvenir d'un proverbe du xiii⁰ siècle :

Trop parler nuit plus que trop faire.

Et d'un autre du xvi⁰ :

En trop parler n'y a pas raison.

Il est aisé de parler, mais il est malaisé de se taire.
La discrétion est une vertu rare.

La bouche parle de l'abondance du cœur.

A beau parler qui n'a cure de bien faire.

De même :

Au parler ange, au faire change.
Deux proverbes qui expriment bien qu'un beau parleur est rarement un bon faiseur, comme l'exprime :

De grands vanteurs petits faiseurs (fin XVᵉ siècle).

Il ne faut pas parler latin devant les cordeliers.
Il faut éviter de parler sur un sujet lorsque vos interlocuteurs le connaissent parfaitement. Ce proverbe a une variante :

Il ne faut point parler latin devant les clercs.

Beau parler n'écorche pas la langue.
Proverbe que l'on pourrait citer à quelqu'un qui vous parle grossièrement.

Parler sans penser
C'est tirer sans gagner.
Parler sans réfléchir ne permet que rarement d'atteindre le but recherché *(Auvergne)*.

Celui qui parle le plus aura le plus de comptes à rendre (Bretagne).

Les Italiens ont ce beau proverbe :

Qui parle sème, et qui se tait recueille.
▶ **Corde, Gratter, Pluie.**

Paroisse
Chacun prêche pour sa paroisse.
Chacun plaide pour ses propres intérêts *(Agen)*. Une locution familière : « Porter habit de deux paroisses » désigne ceux qui louvoient entre deux partis.

Parole
La parole est d'argent, le silence est d'or.
Un des lieux communs de Léon Bloy.

Les paroles s'envolent, les écrits restent.
Du latin *Verba volant, scripta manent*. Horace, dans son *Art poétique*, écrit : *Nescit vox missa reverti*, « la parole, une fois émise, ne peut être rappelée ». Ce qui ne contredit pas le premier proverbe, puisque Horace conseillait aux écrivains de garder neuf ans leurs manuscrits avant de les faire paraître.
Autre dicton qui marque le peu de cas que l'on avait pour la femme :

Les paroles sont femmes
Et les écrits sont hommes.

On prend les bêtes par les cornes et les hommes par les
paroles.
Avec les hommes mieux vaut la ruse que la force.

Les paroles des grands ne tombent jamais à terre.
Même si elles sont des sottises, on les prend pour paroles d'Évangile.

Les paroles dites au matin
N'ont pas au soir même destin.
Les hommes changent souvent d'avis.

Les belles paroles n'écorchent pas la langue. — Douce
parole n'écorche pas la bouche.
Il faut savoir parler avec courtoisie.

Méchante parole jetée va partout à la volée.
La calomnie ou le mensonge se fait entendre plus vite que la vérité.

Les belles paroles ne donnent pas à manger.

Petit homme abat grand chêne
Et douce parole grande ire.
La douceur vient à bout de la colère *(ire)*, comme un petit homme
vient à bout d'une tâche difficile. Sur le modèle :

Petite pluie abat grand vent.

Bonnes paroles valent plus qu'elles ne coûtent (Auvergne).
▶ Bœuf.

Partie
Qui quitte la partie la perd.
Celui qui ne poursuit pas son effort échoue.

Il ne faut pas remettre la partie au lendemain.
Il ne faut pas différer ce qu'on peut faire tout de suite.
▶ Demain.

Partir
Partir, c'est mourir un peu.

On sait bien quand on part, mais jamais quand on revient.

Pas
Il n'y a que le premier pas, la première pinte qui coûte.
Dans toute entreprise c'est le commencement qui est le plus difficile. Mme du Deffand cita ce mot à propos du martyre de saint Denis.

Pas à pas on va bien loin. — Qui va doucement va sûrement.
Il est inutile de courir ou de se précipiter pour atteindre son but. Les Italiens ont ce proverbe célèbre : *Chi va piano, va sano; chi va sano, va bene; chi va bene, va lontano; chi va lontano, va sempre.*

La peur a bon pas.
Lorsqu'on a peur, on précipite sa marche. Variante :

La peur donne des ailes.

Passer
Il faut passer par là ou par la porte.
Il faut se soumettre aux conditions demandées ou s'en aller.

La chose a passé à fleur de corde.
Il s'en est fallu de peu qu'elle ne manquât. (Allusion à un terme du jeu de paume.)

Le temps passe et la mort vient.
Profitons de la vie, car la mort est inéluctable, tel pourrait être le sens de ce proverbe qui signifiait : « Tout finit par la mort. » Mais ce court proverbe contient toute une philosophie. À quoi bon les vanités de ce monde, les querelles mesquines, les intrigues sordides. Si nous avions à l'esprit l'odeur pestilentielle d'un corps en décomposition, peut-être les moments de la vie seraient-ils plus riches en générosité désintéressée, en bontés gratuites et en rapports humains harmonieux.

Temps vient et temps passe,
Fol est qui se compasse.
Nous enseigne un proverbe du xvie siècle.
▶ **Mort, Mourir, Retour.**

Pâte
Quand on met la main à la pâte, il en reste toujours quelque chose aux doigts.
Quand on manie beaucoup d'argent, on en tire souvent profit.
▶ **Argent.**

Pâté ▶ Pain, Prix

Patience
La patience est la vertu des ânes.
Quelles que soient les vertus de la patience (voir ci-dessous), il est absurde de s'obstiner dans une situation qu'on ne peut supporter.

La patience vient à bout de tout.
Puisque la patience est, paraît-il, toujours récompensée, ce que confirme cet autre proverbe :

Tout vient à point à qui sait attendre.
Et que La Fontaine a traduit par : « Patience et longueur de temps font plus que force ni que rage » (« Le Lion et le Rat »).

La patience est amère, mais son fruit est doux.
Par allusion à la racine de la plante appelée *patience* (propriétés sudorifiques et dépuratives) qui est amère mais dont les effets sont bénéfiques. De même s'il est pénible d'être patient, les résultats sont heureux. Saint Augustin écrit : « La vraie tranquillité de l'esprit repose au sein de la patience » (cité par Quitard).

Patience passe science.
La persévérance est plus précieuse que l'habileté, ce qui est peut-être vrai mais contredit le premier proverbe. Bernardin de Saint-Pierre a eu cette formule heureuse : « La patience est le courage de la vertu. »
▶ **Sac, Temps.**

Pauvre, Pauvreté
Pauvreté n'est pas vice.
Un des lieux communs de Léon Bloy. Le proverbe est parfois complété par :

Mais c'est bien pis.
Pour être pauvre, on n'en est pas moins honnête homme. Cependant la misère entraîne de fâcheuses conséquences :

Pauvre homme n'a pas d'amis. — À pauvres gens la pâte gèle au four. — À pauvre un œuf vaut un bœuf.

Au pauvre la besace.
Quand on est pauvre c'est pour longtemps, car il est difficile de sortir de la misère.

La main du pauvre est la bourse de Dieu.
Saint Ambroise a écrit : « Dieu se cache dans le pauvre ; et, quand le pauvre tend la main, Dieu reçoit. » Les mœurs ont bien changé, ce qui fit dire à Céline : « Presque tous les désirs du pauvre sont punis de prison. »

En grande pauvreté ne gît pas grande loyauté.
Proverbe tiré du *Testament* de Villon.

Pauvreté n'est pas péché ;
Mieux vaut cependant la cacher.

Il n'est pauvreté que d'ignorance et maladie.
Proverbe du xviᵉ siècle.

Le diable n'est pas toujours à la porte d'un pauvre homme.
Un homme pauvre n'est pas toujours malheureux, le sort ne peut pas toujours s'acharner sur lui.

Les pauvres ont la santé, les riches les remèdes.
Constatation pleine de philosophie *(Agen)*.
▶ **Amour, Argent, Désir, Dieu, Habit, Hirondelle, Homme, Ménage, Métier, Santé.**

Payer
Se faire payer en bourreau.
D'avance.

Il faut payer ou agréer.
Il faut payer ; à défaut, donner des promesses.

Pour payer et mourir
Il est toujours trop matin.
▶ **Répondre, Singe, Tant, Vache, Verres.**

Pays
Le pays est là où l'on se peut vivre.
Proverbe du xvᵉ siècle. Autre proverbe :

Il est bien de son pays.
C'est-à-dire qu'il ne l'a jamais quitté. Au figuré, homme naïf, novice.
C'est R. Garnier, dans *Porcie*, qui écrivit : « Qui meurt pour le pays vit
éternellement. »

Pays ruiné vaut mieux que pays perdu.

Bon pays, mauvais chemin.
Par allusion aux régions fertiles dont les chemins étaient souvent fan-
geux.

De son pays n'est pas sire qui n'est aimé.
Attribué à Charles V. Seul le chef qui est aimé mérite de régner.
▶ **Prophète.**

Paysan
Le paysan n'a de grossier que ses sabots (Auvergne).
Marcel Jullian observe : « Les paysans font toujours le bon geste. »

Peau
Dans sa peau mourra le loup, le renard.
L'homme ne se corrige jamais de ses mauvais instincts.

Péché, Pécher
Péché caché est à demi pardonné.
Ce proverbe n'est pas un encouragement à la dissimulation mais
contient un enseignement plein de sagesse car celui qui pèche
publiquement est deux fois coupable : il fait le mal et enseigne à le
faire. En outre, le mal est moindre quand on a évité la publicité, le
scandale. Faut-il en conclure que la publicité donnée aujourd'hui par
les médias à tous les méfaits est nocive ? N'oublions pas un autre
proverbe qui signifie que toute faute mérite un châtiment :

Qui fait le péché fait la pénitence.
Pourtant, il faut avoir de l'indulgence pour les fautes d'autrui :

À tout péché miséricorde.
Proverbe fort sage (xiiie siècle). N'oublions pas cependant que :

Faute avouée est à moitié pardonnée.
Et que la justice est rendue par :

On est souvent puni par où l'on a péché.

Qui perd pèche.
Celui qui éprouve un vol, un dommage n'est pas toujours juste.

Autant pèche celui qui tient le sac que celui qui l'emplit, qui met dedans.
Le complice est aussi coupable que l'auteur du méfait.

Le juste pèche sept fois par jour.
Proverbe adapté des *Proverbes de Salomon*. Tout homme — même le meilleur — est sujet à faillir souvent.

Mettre une chose au rang des vieux péchés.
Ne plus s'en souvenir.

De petit péché, petit pardon.

Péché nuit
Mais le péché encombre l'homme, donc il vaut pis.
Proverbe du xive siècle. La conscience devrait nous empêcher de mentir...
▶ **Punir.**

Pêcher
Toujours pêche qui en prend un.
Il ne faut pas dédaigner les petits gains. Un autre proverbe nous enseigne :

Il faut perdre un véron pour pêcher un saumon.
▶ **Ver.**

Peine

Toute peine mérite salaire.
Tout service rendu mérite récompense.

Peine de vilain n'est comptée pour rien.
On ne fait guère cas des peines des pauvres, des malheureux.

Peine qui amène après tourment contentement.

La peine et le plaisir se suivent.
Et souvent *vice versa*...

Il ne faut pas se moquer de la peine du voisin

Car la vôtre arrive le lendemain matin.
Joli dicton du *Pays d'oc.*
► **Enfant, Faire, Pain, Plaisir.**

Pèlerin

Vent du soir et pluie du matin n'étonnent, n'arrêtent pas le pèlerin.
Le voyageur (pèlerin) sait que lorsqu'il vente le soir, il pleut souvent le matin.

La pluie du matin réjouit le pèlerin.
► **Météorologie.**

Pendre, Pendu ► Corde, Ingrat, Métier, Voleur.

Pensée, Penser

Les pensées ne paient point de douane.
Les pensées sont libres et chacun peut en avoir à satiété... de bonnes ou de mauvaises.

Trop penser fait rêver.
L'on se perd dans des pensées inutiles si l'on ne prend garde à voir l'essentiel.

Mal pense qui ne repense.
Cotgrave (1611), en recueillant ce proverbe, nous livre un précepte précieux. S'il faut se garder de son premier mouvement, il faut aussi

examiner tous les points de vue pour avoir une pensée juste. Ce que Roger Martin du Gard a traduit par : « La pensée ne commence qu'avec le doute. » De toute manière :

Il faut savoir avant que penser (xvıᵉ siècle).

Les grandes pensées viennent du cœur.
Une des maximes de Vauvenargues que Paul Valéry a parodié : « Les vilaines pensées viennent du cœur », ainsi que Lautréamont : « Les grandes pensées viennent de la raison. »

Pentecôte ► Langue, Pâques

Perdre
Qui perd le sien perd le sens.
La perte de ses biens fait perdre la raison.

Pour un perdu, deux retrouvés.
Proverbe du xıııᵉ siècle que l'on énonce à tort « dix de retrouvés ».

Nul ne perd qu'autrui ne gagne.
Dès le xvᵉ siècle, il apparaît qu'un bien n'est jamais perdu pour tout le monde.

À gens de bien on ne perd rien.
On gagne à la fréquentation des gens de bien.

**Qui tout met dans un pot,
Tout a perdu en un matin.**
Il faut savoir diversifier ses biens si l'on veut les conserver. Ce proverbe convient aux boursicoteurs qui croyant faire un « bon » coup perdent tout sur une seule spéculation *(Auvergne)*.

Rien n'est jamais perdu tant qu'il reste quelque chose à trouver.
N'est pas un proverbe mais pourrait l'être. C'est une phrase ciselée par Pierre Dac. Nous n'avons pas pu résister au plaisir de citer ce maître de l'humour, donc du bon sens.
► **Partie, Rien.**

Père
On ne peut contenter tout le monde et son père.
Proverbe remontant au xve siècle que La Fontaine cite dans la fable « Le Meunier, son Fils et l'Âne » où il est démontré qu'il est presque impossible de suivre tous les conseils que l'on vous donne.

Celui-là est bien le père qui nourrit.
Car, nous confirme un proverbe du xive siècle :

Père ne doit pas faillir à son enfant.

Ce qui eschet au père eschet au fils.

Apprendre à son père et à sa mère à faire des enfants. — Il veut montrer à son père à faire des enfants.
Se dit de ceux qui donnent des leçons à plus savants qu'eux.

Ce que mon père a fait
Est bien fait.
Ce dicton marque les vertus familiales. Il nous vient de *Bretagne*.

Un bon père de famille doit être partout,
Dernier couché premier debout.
▶ **Donner.**

Péril
Plus le péril est grand, plus doux en est le fruit.
Vers de Corneille *(Cinna)* passé en proverbe.
▶ **Danger.**

Perle
Enfiler des perles.
Faire une besogne inutile (xvie siècle).

Persévérance
La persévérance vient à bout de tout.
Autre proverbe qui marque combien la persévérance est payante :

La goutte d'eau finit par creuser le roc.
▶ **Eau.**

Pet
Glorieux comme un pet, parce qu'il n'a respect de personne.
Proverbe remontant au XVe siècle.
▶ **Âne, Mieux, Mort.**

Peu
Qui peu endure bien peu dure.
Pour vivre, il faut avoir de la patience.

Trois beaucoup et trois peu sont pernicieux à l'homme : beaucoup parler et peu savoir ; beaucoup dépenser et peu avoir ; beaucoup présumer et peu valoir.
Un des plus longs proverbes — d'origine espagnole — qui se passe de commentaire tant il contient de vérités.
▶ **Nuire, Paix.**

Peuple
La voix du peuple est la voix de Dieu. — Voix du peuple, voix de Dieu.
Aristote formula cette sentence devenue proverbiale. Quitard nous met en garde : si le peuple tout entier se prononce, il se peut qu'il ait raison mais « le proverbe ne veut pas dire qu'il faille être de l'avis de la canaille ». La forme latine est souvent citée : *Vox populi, vox Dei.*
▶ **Prêtre.**

Peur ▶ Envie, Pas

Philosophes ▶ Horloges

Pie
Être au nid de la pie.
Expression proverbiale signifiant que l'on est arrivé au sommet de l'échelle des honneurs, au plus haut degré de contentement (on sait que la pie construit son nid à la cime des arbres). D'autres expressions concernent la pie :

Prendre la pie au nid, trouver la pie au nid.
Se procurer un grand avantage, faire une découverte extraordinaire.

Quand on voit une pie, tant pis ; quand on en voit deux,
tant mieux.
Dicton qui évoque l'appariement de ces oiseaux quand arrive le printemps.
▶ Corbeau, Vin.

Pierre
Pierre qui roule n'amasse pas mousse.
Proverbe démenti de nos jours. Autrefois, celui qui changeait souvent de
condition, de profession, n'amassait pas une fortune. Aujourd'hui, il n'en
va plus de même, et la mobilité de l'emploi enrichit souvent celui qui a
l'audace ou le courage de s'y plier. D'ailleurs :

Les voyages forment la jeunesse.

La pierre va toujours au tas.
Ce proverbe, contrairement au précédent, reste toujours vrai (dans les
deux sens) : l'argent va toujours à l'argent, l'infortune accable souvent
les plus malheureux.

Faire d'une pierre deux coups.
Tirer deux avantages d'une seule action. Quitard rapporte l'anecdote
suivante : un bon vivant consacrait sa vie à la bonne chère et à
l'amour. Il s'était logé dans un entresol au-dessus de la cuisine d'un
restaurateur et au-dessous de la chambre de sa belle. Il n'avait qu'à
lancer en guise d'appel une pierre au plafond, laquelle retombait sur le
parquet et ses deux plaisirs étaient satisfaits.

Mettre toutes pierres en œuvre.
C'est se servir de tout pour atteindre son but.

Pigeons
Il ne faut pas laisser de semer, par crainte des pigeons.
Il ne faut pas hésiter à entreprendre, quels qu'en soient les risques :
qui sème récoltera.
▶ Canard, Femme, Maison.

Pilules
Il faut avaler les pilules sans les mâcher.
Il faut prendre son parti des désagréments et ne pas les ressasser. Ainsi on les oubliera plus vite. Molière ne disait-il pas : « Le mépris est une pilule qu'on peut avaler mais qu'on ne peut pas mâcher. »

Pimprenelle ► Valériane

Pion
Damer le pion à quelqu'un.
Avoir une supériorité sur lui, le supplanter.

Pipe
Ne valoir pas une pipe de tabac.
Être dépourvu de tout mérite. Deux autres expressions, sans être tout à fait proverbiales, sont entrées dans la langue :

Se soucier d'une chose autant que d'une pipe cassée.
C'est-à-dire « n'en faire aucun cas » et :

Fumer sans pipe et sans tabac.
Éprouver une vive contrariété.

Pisser
Qui pisse contre le vent mouille sa chemise.
Il est inutile de lutter contre les forces naturelles *(Monaco)*.
► **Colère, Cracher.**

Pitié ► Envie

Plaid, Plaideur
Peu de chose, peu de plaid.
Proverbe vieilli mais toujours plein de bon sens : il ne faut pas de longs discours pour vider une affaire de peu d'importance. Rappelons que *plaid* désignait l'assemblée judiciaire ou politique sous les Mérovingiens, et, plus tard, une séance du tribunal (au pluriel en ce sens), Racine l'illustre par : « Tous les jours aux plaids, et le dernier. » Un proverbe du XIIIe siècle affirme :

En plaid n'a point d'amour.

C'est-à-dire que, dans un procès, les bons sentiments n'ont pas cours.

Homme plaideur, homme menteur.
▶ **Sac.**

Plaire

Ce qui me haite m'est bon.

Haite = plaît. Pourrait être une jolie devise (xvᵉ siècle). De *Provence*, cette sage maxime :

N'est pas beau ce qui est beau
Mais est beau ce qui plaît.

Pour plaire à tous
Il faut être sage et fou (Bretagne).

Plaisanteries

Les plus courtes plaisanteries sont les meilleures. — Les plaisanteries les plus courtes sont les meilleures.
▶ **Rire.**

Plaisir

Il n'y a pas de plaisir sans peine.

Aucun plaisir n'est exempt d'un effort, d'une difficulté, mais :

Un plaisir est assez vendu, qui longuement est attendu.

Plaisir non partagé n'est plaisir qu'à demi.

L'égoïste ne peut jouir entièrement des satisfactions de la vie. La Bruyère ne disait-il pas : « Le plaisir le plus délicat est de faire celui d'autrui » ?

Chacun prend son plaisir où il le trouve.

Et c'est heureux, puisque la satisfaction de l'homme est infinie et la variété des plaisirs fort grande. Un autre proverbe, plus péjoratif :

Tous les goûts sont dans la nature.

Un plaisir requiert l'autre.

De chiens, d'oiseaux, d'armes, d'amours,
Pour un plaisir mille douleurs.
Un des proverbes nous venant du *Grand Testament* de Villon.
▶ **Gêne, Peine.**

Plante, Planter
De noble plante noble fruit.
Selon le grain, la récolte. Correspond à :

Bon sang ne saurait mentir.

**En vain plante et sème
Qui ne clôt et ne ferme.**
Il faut constamment veiller sur ses affaires.

Plats
Servir quelqu'un à plats couverts.
C'est témoigner à quelqu'un une grande amitié, alors qu'on le dénigre
par-dessous. Une autre expression confirme ce proverbe :

Ne pas servir à plats couverts.
C'est-à-dire ne pas cacher le tort que l'on veut faire à quelqu'un.

Pleuvoir
C'est un écoute s'il pleut.
Jolie expression proverbiale, pour désigner un homme faible, indécis.

Il n'a pas plu ce qu'il pleuvra.
Le pire n'est pas encore arrivé.

Il ne pleut pas comme quand il tonne.
Peut s'appliquer aussi aux hommes. Ceux qui crient ne sont pas les
plus méchants.
▶ **Mariage, Tonner, Vent.**

Plier
Il vaut mieux plier que rompre.
Proverbe du xvie siècle correspondant à une autre expression : « Mettre
de l'eau dans son vin. » Mieux vaut céder que de se perdre en résistant.

Il est plus facile de plier un jeune plant
Que de redresser un arbre.
C'est dans le jeune âge que l'on prend de bonnes habitudes *(Bretagne).*

Pluie

Petite pluie abat grand vent.
Il faut parfois peu de chose pour faire cesser une grande querelle.

Il est à couvert de la pluie.
Il a amassé du bien.

À la bonne heure nous a pris la pluie.
Figurément, se dit des gens qui ont échappé à un péril.

Rosée de mai et pluie d'avril valent mieux que le chariot du roi David. — Pluie d'avril vaut mieux que le chariot de David.
Il vaut mieux qu'il y ait des pluies et des rosées en mai et avril qu'un temps sec avec des gelées.

Après la pluie, le beau temps.

Ce sont les petites pluies qui gâtent les grands chemins.
De nombreuses petites dépenses vous ruinent. En ce sens :

Au long aller, le fardeau pèse.

En hiver partout pleut, en été là où Dieu veut.
Les pluies d'été sont bénéfiques parce que rares.

Après vent pluie vient.

Faire la pluie et le beau temps.
C'est être le maître absolu.

Parler de la pluie et du beau temps.
S'entretenir de choses futiles.

Vallon clair et montagne obscure
La pluie est sûre.
▶ **Dimanche, Météorologie, Pèlerin, Pleuvoir, Tonner.**

Plume
C'est folie de vanner les plumes au vent.
S'occuper à ne rien faire. Ne pourrait-on pas dire en écoutant les hommes politiques que parfois « ils vannent les plumes au vent », tant leurs discours sont légers, légers, légers?
▶ **Eau, Vent.**

Poêle
Qui tient la poêle par la queue, il la tourne par où il lui plaît.
Les riches font ce que bon leur semble.

Point ▶ Attendre

Pointes
Trois pointes soutiennent le monde,
La pointe du sein, la pointe du soc, et l'autre pointe que vous savez (Bretagne).

Poire
Quand la poire est mûre, il faut qu'elle tombe.
Quand le temps est venu, les choses s'accomplissent.

Il faut garder une poire pour la soif.
Il faut savoir être économe pour subvenir aux besoins futurs.

Après la poire, le prêtre ou le boire.
La poire mangée crue a mauvaise réputation dans les dictons.

Sur poire,
Vin boire.
En revanche :

Poire bouillie
Sauve vie.
▶ **Seigneur, Voix.**

Poirier
Je l'ai connu poirier.

Ce dicton se dit en parlant d'un parvenu orgueilleux. Quitard indique sa source. Près de Bruxelles, existait dans une chapelle un saint Jean fait en bois auquel les paysans portaient une grande dévotion; vermoulue, la statue s'effondra. Le curé sacrifia son plus beau poirier pour en sculpter un neuf. Les dons cessèrent. Le curé, n'en comprenant pas la raison, interrogea un vieux paysan dévot : « Ne sais-tu pas qu'il y en a là un tout neuf? — Si fait, monsieur le curé, mais celui-là n'est pas le vrai comme l'autre. — Et pourquoi ça? — C'est que nous l'avons vu poirier. »

▶ **Vin.**

Pois
Il faut manger les petits pois avec les riches et les cerises avec les pauvres.

Les petits pois sont chers et succulents, uniquement dans leur primeur; les cerises se mangent dans leur maturité et sont bon marché.

▶ **Fève.**

Poisson
Les gros poissons mangent les petits.
Les puissants oppriment les faibles.

Au poisson à nager ne montre.
Ce n'est pas aux vieux singes qu'on apprend à faire des grimaces.

Variante :

Il ne faut pas enseigner les poissons à nager.

Après le poisson lait est poison.

En revanche :

Après poisson noix en poids sont.
C'est-à-dire en estime (xvie siècle).

De petite rivière
De grands poissons n'espère.
Il y a peu à attendre là où ne règne pas la prospérité, mais beaucoup auprès des grands :

En grand torrent grand poisson se prend.

Il est inutile de faire des efforts :
**En fleuve où manque le poisson
Jeter filet est sans raison.**

Être heureux comme un poisson dans l'eau.

Jeune chair et vieux poisson.
La chair des jeunes bêtes et celle des vieux poissons sont les meilleures. Autre proverbe :

**Porcelet d'un mois, oison de trois
Est manger de princes et de rois.**

L'hôtel et le poisson en trois jours sont poison.
L'on n'est jamais si bien que chez soi.

Pas de poisson sans arête.
On n'a rien sans peine. Chaque plaisir demande effort.

**Poisson de mer
Santé de fer.**
Slogan certes, mais à vocation de proverbe.
▶ **Météorologie, Sauce.**

Police
**Où manque la police
Abonde la malice.**
Où manque l'ordre (police) abonde le désordre (malice). Ce proverbe d'une brûlante actualité a été recensé par Gruter (1610).

Pomme
La pomme ne tombe jamais de l'arbre.
Il n'y a pas d'effet sans cause.
▶ **Barbe, Singe, Voix.**

Pont
C'est le pont aux ânes.
Une chose que chacun peut faire, difficulté qui n'arrête pas les ignorants.

Il passera bien de l'eau sous le pont.

Bien des événements arriveront avant que la chose ne s'accomplisse.

▶ **Ennemi, Foire.**

Porc

Sept heures de lit pour un homme, huit pour une femme, neuf pour un porc.

Dicton qui nous vient d'*Auvergne*, ainsi que :

Les hiboux sont comme les porcs
Ils ne rendent service qu'après leur mort.

▶ **Manger, Poisson, Vin.**

Porte

Il faut qu'une porte soit ouverte ou fermée.

Il faut se déterminer lorsque deux solutions s'offrent à nous. Musset a donné ce titre à l'une de ses comédies, l'empruntant à Brueys et Palaprat dans *Le Grondeur* (1691).

Chassez-le par la porte, il rentrera par la fenêtre.

S'emploie pour désigner un importun dont on ne peut se débarrasser.

Que chacun balaie devant sa porte et les rues seront nettes.

Correspond à :

Chacun son métier et les vaches seront bien gardées.

Le dernier venu ferme la porte.

Qui musarde risque de perdre l'occasion.

Possible

Si c'est possible, c'est fait ; si c'est impossible, cela se fera.

L'on cite cette réponse, historique et devenue proverbiale, de Calonne à Marie-Antoinette, pour signifier que l'on ne reculera devant rien pour satisfaire les désirs de quelqu'un.

Pot

Les pots fêlés sont ceux qui durent le plus. – Pot fêlé
dure longtemps.
Les gens fragiles, maladifs vivent souvent longtemps, parce qu'ils se
ménagent.

On fait de bonne soupe dans un vieux pot.
Les personnes âgées, les vieux objets rendent toujours des services.

À chaque pot son couvercle.
Chaque femme trouve son maître, proverbe confirmé par cet autre :

Il n'y a si méchant pot qui ne trouve son couvercle.
Mais :

**C'est dans les vieux pots qu'on trouve les bonnes
soupes.**
Alors que :

Petit pot tient bien pinte.
Proverbe qui valorise une fois de plus les gens de petite taille. Mais
attention :

**Deux pots au feu dénotent fête
Mais deux femmes grande tempête.**

Et pour animer un repas, pensez à ce proverbe :
**Entre les pots
Changer propos.**

Pour dire que deux personnes sont très liées on a recours à :
Ils sont ensemble à pot et à rôt.

La taille est encore vantée :
Dans le petit tonnelet se trouve le bon vin (Monaco).
▶ **Perdre, Vendre.**

Potier

Chaque potier vante son pot.
Chacun vante sa marchandise, ses qualités.

Le potier au potier porte envie.
Les gens de même métier sont envieux les uns des autres.

Pou

Il écorcherait un pou pour en avoir la peau.
Désigne un homme particulièrement avide.

Poudre

Il n'a pas inventé la poudre.
Il n'a rien fait d'extraordinaire, c'est un benêt.
▶ **Intelligence, Yeux.**

Poule

Les poules pondent par le bec.
Lorsqu'elles sont bien nourries, elles donnent beaucoup d'œufs. En revanche :

Si à la poule tu serres le point,
Elle te serrera le cul.

Quand le sort est sur les poules,
Le diable ne les ferait pas pondre.

Et dans certains cas, il n'y aura rien à faire :
Qui naît poule aime à gratter.
L'on conserve toute sa vie les penchants, les instincts de son origine.
Un autre proverbe l'atteste :

Qui naquit chat court après les souris.
Et l'on n'oubliera pas :

Chassez le naturel, il revient au galop.

Mais il faut se garder des mauvaises fréquentations :
Qui suit les poules apprend à gratter.

La poule ne doit pas chanter devant, avant le coq.

Molière a emprunté son vers fameux des *Femmes savantes* à Jean de Meung :

« C'est chose qui moult me déplaît
Quand poule parle et coq se tait. »

Vieil adage (*Roman de la rose*, XIIIe siècle) qui conseille aux femmes de ne pas faire la loi dans leur ménage. À la campagne, un dicton indique :

Quand la poule veut chanter comme le coq, il faut lui couper la gorge.

Ce qui arrive quand elle est trop grasse et ne peut plus pondre — moment où elle n'est plus bonne qu'à être mise au pot. Proverbe confirmé par :

Chétive est la maison où le coq se tait et la poule chante.

C'est le fils de la poule blanche.

C'est-à-dire un homme heureux.

Quand on tient la poule, il faut la plumer.

Il ne faut pas laisser passer l'occasion qui s'offre.

**La poule perd son œuf
En chantant trop après l'avoir pondu.**

Il faut savoir être modeste et ne pas proclamer ses exploits sous peine de les diminuer *(Bretagne)*.

▶ **Géline, Météorologie, Renard, Veau, Ventre.**

Pourceau

Nul ne peut donner des tripes sinon celui qui tue son pourceau.

Signe d'abondance. Autre proverbe qui nous indique qu'il ne faut pas rechercher trop de richesses :

On ne doit pas à gros pourceau le cul oindre.

Pour dire que l'on est parfaitement heureux :

Plus aisé qu'un pourceau qui pisse dans du son.

▶ **Prune.**

Pouvoir
Qui peut le plus, peut le moins.

Qui veut son pouvoir efforcier
Aime son ami et laisse chier.
Efforcier = augmenter. Précepte remontant au xiii siècle. Nous avons
maintenu la rime.
▶ **Faire, Nuire, Savoir, Vouloir.**

Précautions
Deux précautions valent mieux qu'une.
La Fontaine dans « Le Loup, la Chèvre et le Chevreau » : « Deux sûretés
valent mieux qu'une ; / Et le trop en cela ne fut jamais perdu. »

Préférer
Plus je me regarde, plus je me dégoûte
Mais plus je me compare, plus je me préfère (Bourgogne).

Premier
Le premier venu engrène.
Celui qui fait le plus diligence aura l'avantage, comme au moulin celui
qui arrive le premier sera celui qui sera le plus vite servi.

Des soupes et des amours
Les premières sont les meilleures.
▶ **Moulin, Race.**

Prendre
Prendre martre pour renard.
Se tromper grossièrement. À propos des personnes, l'on dit :

Prendre saint Pierre pour saint Paul.

Prendre le tison par où il brûle.
C'est aborder une affaire par son côté périlleux.

Il en prendrait sur l'autel.
Se disait d'un homme particulièrement rapace, capable de voler des
offrandes.

Ce qui est bon à prendre est bon à rendre.
Lorsque l'on a volé, il faut aussi savoir restituer. Beaumarchais, ironique, a écrit : « Ce qui est bon à prendre est bon à garder. »

Il faut prendre les hommes comme ils sont, les choses comme elles viennent.
En un mot, être philosophe et ne se plaindre ni des hommes ni de la nature.

Qui prend se vend.
Les obligations que l'on prend enchaînent notre liberté.

Présent
Les petits présents entretiennent l'amitié.
Proverbe plein de sagesse. Chaque occasion est douce entre amis d'avoir une intention. Il faut veiller cependant à ne pas faire un présent trop considérable qui gênerait son destinataire.

À petit présent, petit merci.
Un petit service rendu ne réclame pas une reconnaissance exagérée.

Prêter
On ne prête qu'aux riches.
Car les services qu'on leur rend sont souvent récompensés.

Ami au prêter, ennemi au rendre.
Proverbe qui se passe de commentaire, et confirmé par :

Cousin germain, quand tu prêteras ; fils de putain quand tu réclameras − Au prêter ange, au rendre diable. − Qui prête aux amis perd au double.
À prêter à des amis l'on risque de perdre et l'amitié et l'argent. Ce qu'un dicton confirme :

Qui prête de l'argent sans garantie
Perd l'ami et l'argent (Bretagne).

Prêtre
Les prêtres sont des hommes comme les autres.
Un des lieux communs de Léon Bloy. L'on disait au xve siècle :

Prêtres sont gens.

Il est juste, il faut que prêtre vive de l'autel.
« Il faut qu'il vive de l'autel pour servir l'autel, et non pas qu'il serve à l'autel pour vivre de l'autel » (remarque de G. D'Alfarache). Par extension, il faut que toute personne exerçant une profession honorable touche une juste rémunération.

Chaque prêtre loue ses reliques.
De même :

Fou est le prêtre qui blâme ses reliques.
Ces deux proverbes (xiiie siècle) marquent bien qu'il ne faut dénigrer ce qu'on adore.

Tel prêtre, tel peuple.
Proverbe remontant au xvie siècle.
▶ **Maison.**

Prévenir
Il vaut mieux prévenir que guérir.
Proverbe relevé par Panckoucke (1749). Il peut s'appliquer aussi bien pour les maladies que pour les différents inconvénients que l'on évitera si l'on est prévoyant.

Prières
Courtes prières pénètrent les cieux.
De longues dévotions ne valent pas une prière ardente et sincère. Souvenez-vous du vers de Victor Hugo : « La prière est la sœur tremblante de l'amour. »

Prix
Chacun vaut son prix. — Chaque chose a son prix.
Tout le monde a des qualités comme chaque chose a sa valeur.

C'est un prix fait comme celui des petits pâtés.
Fixé d'avance, il n'y a pas à le discuter.

Le prix s'oublie, la qualité reste.

Procès
Gagne assez qui sort de procès.
Mieux vaut se sortir d'un procès que le mener à son terme. Ce proverbe est complété par celui-ci :

Qui gagne son procès est en chemise,
Qui le perd est tout nu (Dauphiné).
Rabelais nous dit : « Misère est compagne de procès. »
▶ Accommodement, Plaideur, Sac.

Profit
Chacun cherche son propre profit.
Proverbe du xvɪᵉ siècle :

Chacun doit penser au commun profit.

Petit profit emplit la bourse (Auvergne).
▶ Amande, Argent.

Proie
Il ne faut pas laisser la proie pour l'ombre.
Mieux vaut s'assurer une chose sûre plutôt que de courir deux lièvres à la fois.

Promesse, Promettre
Les effets sont des mâles, les promesses sont des femelles.
Une promesse est chose incertaine, seul est sûr son accomplissement.

Promettre plus de beurre que de pain.
Promettre plus qu'on ne peut tenir. En ce sens :

Tel vend qui ne livre pas.
Et :

Entre promesse et l'effet
Y a grand trait.
En effet :

Promettre et tenir sont deux.
Nous dit un ancien proverbe, alors qu'il vaudrait mieux se souvenir que :

Chose promise, chose due.
« On promet beaucoup pour se dispenser de donner peu », nous dit Vauvenargues.
▶ **Dire, Grands.**

Prophète
Nul n'est prophète en son pays.
Personne n'est apprécié à sa juste valeur dans son pays (xvie siècle).

Propos
Les longs propos font les courts jours.
Le temps passe vite lorsque l'on est entre amis à bavarder.

Propre
Qui est propre à tout n'est propre à rien.
Il faut avoir une spécialité où l'on excellera. Celui qui se vante de tout faire risque d'essuyer des échecs :

Bon à tout, bon à rien.

Prospérité
Le vent de prospérité
Change bien souvent de côté.

L'activité est mère de prospérité.

Prouver
Qui veut trop prouver ne prouve rien. — Qui prouve trop ne prouve rien.
À force d'accumuler des preuves, on détruit l'effet que l'on veut produire. Qui exagère n'est pas cru. En revanche :

Qui mieux abreuve mieux preuve.
Ceux qui « arrosent » largement les témoins obtiennent des témoignages favorables (XVIe siècle).

Prudence
Prudence est mère de sûreté.
Variante : « méfiance », qui est plus péjoratif. Jules Renard note avec humour : « Avec de la prudence, on peut faire toute espèce d'imprudence. »

Prune
Aimer mieux deux œufs qu'une prune.
Prendre soin de ses intérêts.

Ce n'est pas pour des prunes.
Ce n'est pas pour rien. Vieille expression, née sans doute parce que, autrefois, les prunes étaient très communes, comme l'atteste ce dicton qu'on emploie pour refuser les restes peu ragoûtants que l'on vous propose :

Mangez de nos prunes, nos pourceaux n'en veulent plus.
Un dicton nous met en garde :

Les prunes et le melon
Mettent la fièvre à la maison.
▶ **Faire.**

Puces ▶ Chien

Puits
Il faut puiser tandis que la corde est au puits.
Il faut savoir profiter des occasions, de même que :

Il ne faut pas puiser au ruisseau quand on peut puiser à la source.
C'est-à-dire qu'il vaut mieux aller directement à la source du profit.

Une fois en mauvais renom, jamais puits est estimé bon.

▶ Vérité.

Punir, Punition
La punition boite mais elle arrive.
Si ce n'est par les hommes ce peut être par le remords qu'une faute soit punie. N'oublions pas que :

Ce qui est différé n'est pas perdu.

On est souvent puni par où l'on a péché.
Proverbe qui peut s'appliquer à de nombreuses situations comportant des excès en tous genres.

Q

Quenouille
À la quenouille, le fol s'agenouille.
C'est-à-dire qu'il obéit à toutes les volontés de la quenouille (la femme).

Quitter
Il n'en quittera rien que par le bon bout.
S'emploie en parlant d'une personne trop attachée à une chose.

R

Race
Il vaut mieux être le premier de sa race que le dernier.
Proverbe tiré de la réponse que fit Iphicrate, général athénien, à Harmodius le Jeune qui lui reprochait d'être fils d'un cordonnier : « Je suis, dit-il, le premier de ma race, mais toi tu es le dernier de la tienne. »

Racine
Telle racine, telle feuille.
Proverbe valable pour les plantes comme pour les hommes.

Raillerie
La raillerie ne doit point passer le jeu.
Ne doit pas passer les bornes. S'il faut savoir « entendre raillerie », c'est-à-dire ne pas s'offenser de propos moqueurs qui vous concernent, il faut que l'interlocuteur se souvienne de ce proverbe chinois : « La raillerie est l'éclair de la calomnie », et de ce proverbe espagnol : « Il faut s'abstenir de la raillerie, même quand elle plaît le plus » *(A la burla, descarla cuando más agrada).*

Il n'est pire raillerie que la véritable.
La raillerie la plus cruelle est celle qui est la plus juste. Cependant :

Les railleries sont des preuves pour ceux qui n'en ont pas d'autres (Provence).

Raison

Où force domine, raison n'a point de lieu.
La force l'emporte sur la raison. Victor Hugo, dans *Tas de pierres*, parodiant La Fontaine : « La raison du meilleur est toujours la plus forte. »

C'est la raison que chacun mène sa destinée comme il l'entend.
Il est juste que chacun mène sa destinée comme il l'entend.

Entre la bride et l'éperon
De toutes choses gît la raison.
Il faut savoir maîtriser ses passions, comme on maîtrise l'allure d'un cheval.

Raison fait maison.

Si tu ne mets raison en toi,
Elle s'y mettra malgré toi.
▶ **Affection, Fantaisie, Fort, Intérêt, Vérité.**

Rat

Il est gueux comme un rat d'église.
C'est-à-dire fort pauvre.

Être comme un rat dans la paille.
C'est être à son aise.

Tel rat tel chat.
Indique qu'il faut savoir s'adapter aux ruses de chacun.

Rat qui n'a qu'un trou est vite pris.

Rat échaudé, l'eau tiède lui fait peur (Auvergne).
▶ **Chat, Laboureur.**

Rate

Quand la rate s'engraisse, le corps maigrit.
Quand le fisc s'enrichit, le peuple s'appauvrit. Vérité éternelle qui remonte à Trajan « qui comparait le fisc à la rate qui ne grossit pas sans que les autres parties du corps diminuent » (Quitard).

Recommencer
Horloge à entretenir,
Jeune femme à gré servir,
Vieille maison à réparer,
C'est toujours à recommencer.

Reconnaissance
La reconnaissance s'entretient par les bienfaits.

La reconnaissance est la seule dette qu'un débiteur aime
à voir s'accroître.
Pline le Jeune disait déjà : « Obligez cent fois, refusez une, on ne se
souviendra que du refus. »

Refuser
Tel refuse qui après muse. — Qui refuse, muse.
On risque de se repentir d'avoir refusé une offre avantageuse.
Muser = faire acte de folie.

Règle
Mieux vaut règle que rente.
Il faut régler ses ressources d'après ses revenus. C'est en économisant
que l'on devient riche, dit un autre proverbe :

L'épargne est un grand revenu.

Il n'y a pas de règle sans exception.
Les principes généraux ne peuvent que rarement s'appliquer à tous les
cas.

Toute règle a ses exceptions.
Autre forme du même proverbe. Pourtant :

L'exception confirme la règle.
Ce que l'on reconnaît comme exception constate une règle, puisque,
sans la règle, l'exception n'existerait pas.

Religion
Une religion peu à peu emporte une autre.
Ce qui est assuré aujourd'hui peut être contredit demain.

Remède
Le remède est souvent pire que le mal.
Une solution extrême peut empirer la situation au lieu de l'améliorer. Rappelons-nous les moqueries de Molière à propos des médecins qui ordonnaient des saignées tuant les malades.
▶ **Argent, Mal, Mort.**

Remettre
Remettez, et il vous sera remis.
Si vous pardonnez à ceux qui vous ont offensés, vous serez aussi pardonnés. Les Évangiles recèlent mille proverbes. Il n'est pas de notre propos de les recenser ici, mais celui-ci est souvent cité.

Renard
Un bon renard ne mange pas les poules de son voisin.
Un homme habile évite de se montrer tel qu'il est à ses connaissances.

Le renard cache sa queue.
Un homme avisé dissimule ses intentions.

Renard qui dort la matinée n'a pas la gueule emplumée.
Il ne faut être paresseux si l'on veut réussir.

Un renard n'est pas pris deux fois à un piège.

Le renard prêche aux poules.
Se dit en parlant d'une personne habile.

Le renard est pris, lâchez vos poules.
Lorsque le danger est passé, l'on peut vaquer à ses affaires.

Le renard change de poil mais non de naturel.
On vieillit mais on ne corrige point ses défauts. Citons un proverbe à la fois persan, arabe et turc qui proviendrait de Mahomet : « Crois si tu veux que les montagnes changent de place, mais ne crois pas que les hommes changent de caractère. » Les Anglais disent : « On ne peut arracher de la chair ce qui est dans les os. » Doit-on en conclure que les hommes ne peuvent s'amender ? Que les fourbes seront toujours fourbes et les menteurs menteurs ? Peut-être pas, mais que les naïfs tirent profit de ce proverbe et le soient un peu moins, et qu'ils se souviennent du vers de La Fontaine : « Chacun a son défaut, où toujours il revient. »

À la fin le renard sera moine.
Avec de la persévérance, tout est possible.

Avec le renard on renarde.
Bon conseil qui remonte au XVIᵉ siècle, ainsi que :

Il n'y a si fin renard
Qui ne trouve plus finard.
Et :

À renard renard et demi.
► Fièvre, Lion, Loup, Peau, Vin.

Rendre
C'est une vile ingratitude
De ne rendre avec promptitude.
► Prendre, Prêter.

Renom, Renommée
Bon renom vaut même un héritage.

Bonne renommée vaut mieux que ceinture dorée.
C'est au pape Léon II (mort en 684) que l'on doit le « baiser de paix »
que les fidèles se donnaient lorsque le prêtre prononçait : « Que la paix
du Seigneur soit avec vous. » La reine Blanche, épouse de Louis VIII,
abusée par l'habillement « honnête » d'une femme « de mauvaise vie »,
lui donna ce baiser. Cette méprise lui fin prendre une ordonnance pour
interdire aux « femmes de mauvaise vie » le port de « la robe à collet
renversé et à queue avec la ceinture dorée ». Une ordonnance du parlement de Paris renouvela cet interdit en 1420. Bientôt l'uniformité du
vêtement fut de règle et les femmes honnêtes se consolèrent en citant
ce proverbe.
► Puits, Réputation.

Repentir
Qui se repent est presque innocent.
Le repentir est source de vertu, car il est toujours difficile d'avouer ses
fautes. Balzac a écrit : « Les justes et les repentis seront appelés à la
droite du Père. » Un proverbe danois nous montre la difficulté du

repentir : « Le repentir est une bonne chose, mais il faut se garder de ce qui y expose. » Voltaire, dans *Olympie*, constate : « Dieu fit du repentir la vertu des mortels. »

▶ **Chat.**

Répondre
Qui répond paie.
Celui qui donne sa caution est tenu de payer en cas de défaillance.

Réputation
Une once de bonne réputation vaut mieux que mille livres d'or (Bretagne).

Ressembler
Ceux qui se ressemblent s'assemblent. — Qui se ressemble, s'assemble.
Proverbe qui se trouve déjà dans Homère...

Retour
À beau jeu, beau retour.
Se dit lorsqu'on veut faire entendre que l'on saura bien rendre la pareille.

Passez-moi la rhubarbe, et je vous passerai le séné.
Phrase proverbiale inspirée probablement d'une réplique de *L'Amour médecin* de Molière. Deux médecins d'avis contraire finissent par s'entendre. L'art du compromis ou l'esprit de l'ascenseur a fait bien des progrès... Mais ce proverbe est récent puisque le séné n'a été introduit en France que vers 1620.

Riche
Tout le monde ne peut pas être riche.
Un des lieux communs de Léon Bloy qui ajoute :

Il faut mourir riche.

On est assez riche quand on a le nécessaire.

Du riche prospère et opulent
Chacun est cousin et parent.

Curieusement, les riches et la richesse n'ont pas donné lieu à
beaucoup de proverbes. Notons :

Le plus riche n'emporte que son, qu'un linceul.
Et :

Riche homme ne sait qui lui est ami.
Que l'on trouve à « Ami ».
Cette phrase de Stendhal *(Vie de Rossini)* fait un très beau proverbe :
« Ce n'est pas tant d'être riche qui fait le bonheur, c'est de le devenir. »

Nos provinces sont, elles, un peu mieux fournies :

Le riche mange de l'or et chie du plomb (Auvergne).

Les sottises du riche sont des sentences (Bourbonnais).

Heureusement, un autre dicton *(Auvergne)* nous dit :

Riche qui peut, aisé qui sait, sage qui veut.

Et en *Bretagne* :

Je suis aussi riche que personne
Si je me satisfais de mon destin.

La *Provence* est tout aussi philosophe :

N'est pas riche celui qui a du bien,
Mais celui qui sait se contenter.
Pour consoler les pauvres, Gilbert Cesbron a écrit : « Les riches ne
connaîtront jamais ce qui n'a pas de prix »; et souvenons-nous du
Malade imaginaire : « Il faut qu'il ait tué bien des gens pour s'être fait
si riche. »

De toute manière, une sentence datant du XVIᵉ siècle nous enseigne :

Il n'est richesse que de science et santé.
▶ **Argent, Braire, Contentement, Habit, Homme,
Métier, Ruisseau, Sagesse, Santé, Travail, Valence,
Ventre.**

Rien
On ne fait rien de rien.
Quand on manque de tout, on ne peut rien réussir. De même, quelque droit qu'on ait, il est inutile de réclamer à qui n'a rien comme l'indique cet autre proverbe :

Où il n'y a rien, le roi perd son droit.

On ne fait rien pour rien.
Dans les services que l'on se rend, il y a toujours un espoir de retour.

Il n'y a que celui qui ne fait rien qui ne se trompe pas.

Rien ne se perd, rien ne se crée.
Lucrèce traduisant Épicure a écrit : « Rien ne vient de rien, rien ne retourne à rien. » Cet axiome devenu proverbe exprime bien l'idée de la permanence de la matière.

Qui rien ne sait, de rien ne doute.
Seuls les ignorants entreprennent une affaire sans en calculer les conséquences.
▶ **Propre, Risquer, Roi.**

Rire
Qui rit le matin le soir pleure.
Ce proverbe remonte au XVIe siècle. Nul ne peut prévoir le matin ce qui lui arrivera dans la journée.

Tel qui rit vendredi dimanche pleurera.
Vers des *Plaideurs* de Racine : la joie ne dure pas longtemps.

Au rire connaît-on le fol et le niais.

Trop rire fait pleurer.
Une joie excessive est souvent suivie de la tristesse.

Rira bien qui rira le dernier.

Entre rire et plaisanterie,
Beaucoup entendent leurs quatre vérités.
Juste observation qui nous vient de *Bretagne*.

Celui qui rit toujours trompe souvent.
Proverbe démenti par ce dicton :

Bouche qui rit ne blesse personne (Nord).

Nous ne pouvons quitter le rire sans citer Rabelais : « Mieux est de ris que de larmes écrire, pour ce que rire est le propre de l'homme » *(Gargantua)* ; et Beaumarchais : « Je me presse de rire de tout, de peur d'être obligé d'en pleurer » *(Le Barbier de Séville).*
▶ **Femme, Safran.**

Risquer
Qui ne risque rien n'a rien.
Un succès peut comporter des risques. Plaute a écrit : « Celui qui veut gagner doit nécessairement faire des avances. » L'homme sage se contentera d'un risque calculé, l'audacieux préférera le quitte ou double. Ce dernier se souviendra de :

On risque de tout perdre en voulant trop gagner.

Rivière
La rivière ne grossit pas sans être trouble.
Une grande fortune trop rapidement acquise a souvent une origine douteuse.

Autant vaudrait battre l'eau de la rivière.
C'est se donner du mal pour rien.

Les petites rivières ne sont jamais grandes.
▶ **Eau, Mer, Poisson, Voisin.**

Rois
Les rois ont les mains longues.
Constatation relevée par Le Roux de Lincy (1752), d'après Ovide, mais qui s'applique à tous les régimes.

Il ne parle pas au roi qui veut.
Ancien proverbe (fin du xvᵉ siècle). Aujourd'hui encore l'on n'aborde que difficilement les grands de ce monde.

Il ne faut pas être plus royaliste que le roi.
Phrase de Chateaubriand que l'on cite en proverbe lorsqu'on veut signifier qu'il est inutile de faire du zèle pour une cause que l'on défend.

Nouveaux rois, nouvelles lois.

Aujourd'hui roi, demain rien.
Démontre la vanité des choses. Mais cet autre proverbe nous donne l'espoir :

Hier vacher, huy (aujourd'hui) chevalier.
▶ **Catholique, Mourir, Parents, Rien, Souhaits, Vache, Voler.**

Rome
Tous les chemins mènent à Rome.
Un des lieux communs de Léon Bloy. Rome était le lieu où les chrétiens désiraient le plus aller, ainsi que l'attestent ces proverbes :

En demandant, on va à Rome.
Et :

Quand langue a à Rome va (xvie siècle).

Si cela arrive, je l'irai dire à Rome.
Cela n'arrivera certainement jamais.

Rome ne fut pas faite en un jour.
S'emploie pour souligner la difficulté d'une entreprise — ou, tout simplement, qu'on ne peut pas aller plus vite. Un autre proverbe nous enseigne qu'il faut, lorsque l'on séjourne à l'étranger, respecter les coutumes du pays :

Il faut vivre à Rome selon les coutumes romaines.

Qui bête va à Rome, tel en retourne.
Il ne fallait pas attendre, en allant à Rome, des miracles.
▶ **Amender.**

Rompre ▶ Plier

Rose
Il n'y a point de rose sans épines. — Nulle rose sans épines. — Rose ne naît pas sans piquerons.
Il n'y a point de plaisir sans peine. Rappelons-nous ce vers de Corneille : « Nos plaisirs les plus doux ne vont point sans tristesse. »

▶ **Artichaut, Beauté, Miel.**

Rossignol
Quand le rossignol a vu ses petits, il ne chante plus.
Adage signifiant que, lorsqu'on a des enfants, les soucis vous empêchent de chanter.
▶ **Météorologie.**

Rôtir
Rôtir le balai.
Passer de nombreuses années de sa vie dans un emploi sans y faire fortune.

Roue
La maîtresse roue fait tourner le moulin.
Une seule personne qui a de l'autorité fait agir tout le monde.

La plus méchante roue crie le plus.
Dans une réunion, c'est souvent ceux qui ont le moins d'importance qui occupent le devant de la scène.

Roux
Poil roux, ou très gentil, ou très méchant.
En général, les roux ont mauvaise réputation :

**Barbe rousse et noirs cheveux
Ne t'y fie pas, si tu veux.**
Le premier dicton laisse sa chance aux roux. Il nous vient de *Monaco*, ainsi que :

Quand poil roux a été fidèle, le diable est monté au ciel.
▶ **Barbe, Blois.**

Ruine
Bois vert, pain frais et belle fille sont la ruine d'une maison.

**Belle fille, pain frais, bois vert
Met la maison à désert.**

Bois vert, pain chaud et cidre nouveau,
Mettent la maison à vau-l'eau (Bretagne).

Ruisseau
Les petits ruisseaux font les grandes rivières.
En amassant peu à peu l'on devient riche.

Mon ruisseau de la rue du Bac.
Expression proverbiale digne d'être notée en faveur de Mme de Staël.
Elle exprime la douleur de l'exil. Alors qu'on lui vantait les beautés de
Coppet où elle fut exilée vingt ans, elle s'exclama : « Ah ! Il n'y a pas
pour moi de ruisseau qui vaille celui de la rue du Bac. »
▶ **Puits, Ventre.**

Ruse
Mieux vaut ruse que force.
Conseil ancien rapporté par Meurier (1568). Se rappeler que :

Plus fait douceur que violence.

S

Sac

Il faut lier le sac avant qu'il soit plein.
Il ne faut en rien dépasser la mesure. Il ne faut pas en vouloir trop (proverbe du XIIIᵉ siècle).

Il faut trois sacs à un plaideur : un sac de papiers, un sac d'argent et un sac de patience.
Il vaut mieux éviter les procès.

On frappe sur le sac pour que l'âne le sente.
On fait une réprimande imméritée à quelqu'un pour la faire sentir à une autre personne à qui l'on ne peut la faire impunément.

Il ne sort du sac que ce qu'il a.
Il ne faut pas compter sur autrui, mieux vaut être prévoyant.

Ils sont comme les sacs du charbonnier, l'un gâte l'autre.
Du danger des mauvaises fréquentations. Autre proverbe sur ce thème :

D'un sac à charbon, il ne saurait sortir blanche farine.

Se couvrir d'un sac mouillé.
Jolie expression qui « convient à ceux qui ne veulent jamais avouer leurs fautes ou qui se servent d'excuses aussi frivoles que si quelqu'un, pour se garantir de la pluie, mettait sur sa tête un sac mouillé » (Nicod, cité par Le Roux de Lincy).

Sac plein dresse l'oreille.
Les « oreilles » d'un sac plein se dressent fièrement et indiquent la richesse.
▶ **Battre, Farine, Fréquenter, Manger, Péché.**

Safran
Avoir mangé du safran.
Proverbe du xvie siècle à propos des personnes qui rient trop souvent ; le safran avait pour réputation « de dilater le corps et d'échauffer le cœur, et d'obliger à ouvrir souvent la bouche ».

Sage
Sage est qui fait de son tort droit.
Conseil qui date du xiiie siècle, heureusement compensé par :

Ce que sage fait est tenu bien fait (xve siècle).
Car :

En tout temps le sage veille (xvie siècle).
Cependant :

Les plus sages faillent souvent en bon chemin.

Il n'y a si sage qui parfois ne rage.
Il est des circonstances où même un sage sort de ses gonds.

Il n'est si sage qui ne foloie.

Le sage se conforme à la vie de ses compagnons.

On est toujours sage après coup.

En une étroite couche
Le sage au milieu se couche.
En toute chose, il faut savoir garder le juste milieu.
▶ **Fou, Modes, Temps.**

Sage-femme
Gros vent et sage-femme ne courent pas pour rien.
La sage-femme coûte cher.

Sagesse

Sagesse, beauté et gentillesse ne font bouillir aucun chaudron.

Trop de bonté n'enrichit que le cœur.

Sagesse et grand avoir sont rarement en un manoir.

Mieux vaut une once de fortune qu'une livre de sagesse.

La sagesse n'enrichit pas son homme. Un dicton nous dit :

Mieux vaut sagesse
Que richesse (Bretagne).

Et un autre :

Sagesse vaut mieux que force (xvᵉ siècle).

Toute la sagesse n'est pas enfermée dans une tête.

On a toujours intérêt à prendre conseil d'autrui.

Souvent de sagesse
Vient lenteur.

Un travail hâtif est souvent à refaire, mieux vaut réfléchir avant d'agir.
N'oublions pas :

Hâte-toi lentement.

Le doute est le commencement de la sagesse.

On ne peut clore cet article sans citer le conseil qu'Horace envoya à
Virgile : « Mêle à la sagesse un grain de folie. Il est bon quelquefois
d'oublier la sagesse. » (Voir plus haut à « Sage ».)

Saignée

Selon le bras, fais la saignée.

Proverbe remontant au xvɪᵉ siècle et toujours d'actualité, la « saignée »
s'appliquant aux redevances. Signifie aussi qu'il faut proportionner ses
dépenses d'après ses revenus.

Saint

Ne savoir à quel saint se vouer.
Être désespéré, ne plus savoir à qui avoir recours.

Comme on connaît les saints, on les honore.
On traite chacun selon son caractère.

Selon le saint, l'encens.
Il faut proportionner ses attentions selon le degré de puissance. Les hommes, ces pauvres bêtes avides de gloire et fous de vérité, se rendront-ils compte un jour qu'ils sont tous égaux?

La fête passée, adieu le saint.
Le plaisir une fois obtenu, on oublie ceux qui l'ont fait naître. Un bienfait (voir ce mot) est bien vite oublié.

Haleine de saint Colomban.
Se disait d'un homme ayant un souffle puissant. Méry, dans son *Histoire des proverbes,* explique celui-ci par le fait que saint Colomban souffla sur une cuve pleine de bière destinée au dieu Mars — et la brisa. Il existe de nombreux proverbes se rapportant aux saints. Citons les plus curieux ou instructifs :

Il a le mal Saint-François.
C'est-à-dire, il n'a pas d'argent (les franciscains ne doivent rien posséder).

Il est de la confrérie Saint-Hubert, il n'enrage pas pour mentir.
Saint Hubert est le patron des chasseurs et ceux-ci se vantent souvent, comme les pêcheurs d'ailleurs...

Saint Nicolas marie les filles avec les gars.

Saint Martin boit le bon vin
Et laisse l'eau courre au moulin.
Enfin, ce proverbe, souvent cité et tronqué de sa première partie :

C'est aujourd'hui la Saint-Lambert,
Qui quitte sa place la perd.
▶ **Affaire, Chandelle, Danger, Dieu, Offrande.**

Salaire ▶ Peine, Travail

Samedi ▶ Soleil

Sanctuaire
Peser une chose au poids du sanctuaire.
C'est l'examiner avec un soin attentif. Les Hébreux conservaient dans le Temple un étalon pour vérifier sur l'ordre du Sénat les poids et mesures.

Il ne faut pas essayer de pénétrer dans le sanctuaire.
Il ne faut pas se mêler des affaires intimes de son prochain.

Sang
Bon sang ne peut mentir.
Un proverbe écossais dit : « Le sang n'est pas de l'eau. » Lorsqu'on est issu d'une famille honnête, on doit maintenir sa réputation. Horace dit : « L'aigle belliqueux n'engendre pas de timides colombes. »

Qui perd son bien perd son sang.
La perte de son bien équivaut pour certains à la mort. Un autre proverbe atteste l'importance que l'on attache à la fortune :

Qui perd le sien perd le sens.
C'est-à-dire la raison.

Santé
C'est une belle baronnie que santé.
La santé est un capital précieux ainsi que l'attestent d'autres proverbes :

Qui n'a santé, il n'a rien ;
Qui a santé il a tout.
Et encore :

Santé passe richesse. — Deux bras et la santé font le pauvre aisé.

Netteté nourrit santé.
La propreté contribue à la bonne santé.

Qui est maître de sa soif
Est maître de sa santé (Bretagne).

De fortune et de santé il ne faut jamais se vanter (Savoie).
▶ **Fatigue, Mal, Riche.**

Sauce
Il n'est sauce que d'appétit.
La faim, mieux que tout ingrédient, fait apprécier n'importe quelle nourriture.

Il ne sait à quelle sauce manger ce poisson.
Comment supporter cette affaire, la résoudre.

La sauce vaut mieux que le poisson.
▶ **Appétit.**

Saucer
Tu es bien loin du plat pour saucer (Bourgogne).
Réponse que l'on fait à quelqu'un qui, dans une offre, est loin du compte.

Saucisson
Il a mangé du saucisson de Martigues (Provence).
S'emploie pour désigner une personne qu'on veut taxer de bêtise. L'origine de cette locution, d'après Quitard, est amusante. Les habitants de Martigues « se persuadèrent que les saucissons d'Arles étaient une espèce de fruit qui venait en plein champ comme les aubergines ». Ils plantèrent en conséquence les grains de poivre, épièrent leur germination. Ils crurent entendre les grains pousser et coururent en avertir les consuls. Le champ abandonné, un âne vint y brouter. La récolte ne se fit pas et « ce maudit animal fut accusé d'avoir mangé les saucissons en herbe ».

Sauge
Qui a de la sauge dans son jardin
N'a pas besoin de médecin.
Dicton renforcé par :

Sauge et lavande, je te dis,
Guérissent toute maladie.

Qui boit de la sauge,
De la Vierge se souvient.

Savoir
Ce que trois personnes savent est public.
Il ne faut dévoiler un secret à une tierce personne, car :

Savoir, c'est pouvoir.
L'origine de ce proverbe remonte probablement à Virgile : « Heureux qui peut savoir l'origine des choses » (*Géorgiques*, II). On le trouve sous la plume de Bacon à qui il est attribué.

De savoir vient avoir.
Le savoir permet — en principe — de mieux gagner sa vie (XVIe siècle).

Il fait bon ne rien savoir : l'on apprend toujours.
Chacun sait que plus on connaît moins l'on sait. Mais que plus on apprend, plus on veut savoir *(Auvergne)*. Variante :

Il fait bon vivre et ne rien...

Il vaut mieux un qui sait que cent qui cherchent (Auvergne).

Science
Grand' science est folie
Si bon sens ne la guide.
▶ **Expérience, Patience, Riche.**

Sécheresse
À grande seicheur
Grande humeur.
La sécheresse compromet les récoltes et ruine le cultivateur.

Secret
Écho et femme
Gardent le secret avec peine.

Secret de deux, secret de Dieu ;
Secret de trois, secret de tous.

Seigneur
À tout seigneur tout honneur.
Il faut rendre à chacun ce qui lui est dû d'après sa condition, son mérite.

Tandis que le vassal dort, le seigneur veille.
Si le vassal néglige ses devoirs envers le seigneur, celui-ci peut s'emparer de ses biens.

Tant vaut le seigneur, tant vaut la terre.
Un bon maître aura de bons serviteurs.

Amour, service de seigneur n'est pas héritage.
En cas de changement de maître, il ne faut pas compter sur son successeur.

En l'absence du seigneur se connaît le serviteur.
Le serviteur honnête redoublera de précautions pour faire fructifier les biens en l'absence de son maître.

N'est pas seigneur de son pays
Qui de son pays est haï.
Il faut savoir se faire aimer pour commander.

Qui avec son seigneur mange poires, il ne choisit pas les meilleures.
L'on doit s'effacer devant les grands.
▶ Grands, Maître, Pays, Valet, Voisin.

Sel
Table sans sel, bouche sans salive.
▶ Ami, Connaître, Femme.

Semer
Il faut semer pour recueillir.
De même que le cultivateur sème pour récolter, de même il faut travailler pour avoir droit à un salaire. Variante :

Il faut semer qui veut moissonner.
Car :

Qui ne sème ne cuit.
Encore faut-il faire attention car :

Le semer et la moisson
Ont leur temps et leur saison.
Mais il ne faut craindre un résultat improbable et semer avec espoir :

Il ne faut pas laisser de semer par crainte des pigeons.
Pour les hommes comme pour les plantes, n'oublions pas que :

Bonne semence fait bon grain
Et bons arbres portent bon fruit (xiiie siècle).

Qui sème dru récolte menu,
Qui sème menu récolte dru.

Qui sème tôt emplit son grenier.

Qui sème le vent récolte la tempête.

Qui partout sème ne récolte nulle part.
Il ne faut pas disperser ses efforts.
▶ **Météorologie (lune).**

Sens (Bon)
Un berger a souvent plus de sens qu'un savant (Côte d'Or).
▶ **Jeune, Perdre, Sang, Science, Tête.**

Septembre
Septembre est le mai de l'automne.
Proverbe du xviie siècle, souvent vérifié.
▶ **Météorologie.**

Service
Beau service, bien servir fait amis, vrai dire ennemis.
Rendre service vous crée des amis ; trop de franchise des ennemis.

Service d'autrui n'est pas héritage.
On n'est jamais sûr de conserver son emploi si l'on n'est pas son maître.
▶ **Seigneur.**

Servir
Qui sert au commun, sert à pas un.

On n'est jamais si bien servi que par soi-même.

Celui qui son maître sert sans faire vilenie
On le doit mieux aimer qu'amant ne fait amie.
La société féodale vante la fidélité ainsi que le confirme cet autre proverbe :

Qui sert et ne parsert, il ne doit profiter.
Qui marque que l'on doit une fidélité sans limite à son seigneur.
▶ **Maître, Plats.**

Seul
Quand on est seul on devient nécessaire.
Quelqu'un à qui on n'oppose aucune concurrence est sûr « de voir tout le monde recourir à lui, et se soumettre à ses conditions ».

Il vaut mieux être seul que mal accompagné.
Cependant :

Il vaut mieux péter en compagnie que crever seul
(Auvergne).
▶ **Compagnie.**

Siècle
Il faut être de son siècle.
Un des lieux communs de Léon Bloy.

Sien
À chacun le sien ce n'est pas trop.
Chacun doit jouir de ce qui lui appartient, sans qu'on vienne le lui disputer.

On n'est jamais trahi que par les siens.
Ne confiant qu'à des proches ses secrets, il est obligatoire qu'une trahison vienne d'eux et non des étrangers. L'on ne saurait trop se montrer prudent envers ceux qui nous entourent. Un autre proverbe du XIVe siècle dit :

Il n'est pire ennemi que ses proches.
Peut-être en relation avec la phrase de saint Matthieu : « Chacun a pour ennemi les gens de sa maison. »
▶ **Perdre.**

Sifflet
Si vous n'avez pas d'autre sifflet, votre chien est perdu.
Si vous n'avez pas d'autres moyens, vous ne pourrez pas réussir.

Singe
La pomme va au, est pour le vieux singe.
L'expérience est toujours payante. Autre proverbe :

Plus malicieux qu'un vieux singe.
Et aussi :

Adroit comme un singe de sa queue.

Payer en monnaie de singe.
Ne pas payer en argent comptant. Locution proverbiale qui remonte à saint Louis. Un tarif avait été établi pour les droits de péage qui étaient dus, sous le Petit Châtelet. Une clause prévoyait qu'un montreur de singe était exempt de droit s'il faisait des tours. Cet usage s'appliquait aussi aux jongleurs s'ils chantaient, d'où l'autre expression :

Payer en chanson de singe.

Caresses de singe.

Expression dont l'origine remonte à la croyance que le singe réservait ses soins à un seul de ses petits, qu'il étouffait par trop de tendresse, alors que les autres étaient libres d'aller à leur gré.

Plus le singe s'élève, plus il montre son cul pelé.

Désigne un parvenu qui fait montre de défauts soulignant son origine.

Faire comme le singe, tirer les marrons du feu avec la patte du chat.

Tiré des *Mimes* de Baif (xvie siècle).

Un singe vêtu de pourpre est toujours un singe.

▶ Âne, Apprendre, Femme, Vin.

Sobriété

Santé, sobriété.

Les slogans formeraient à eux seuls un recueil. Ce n'est pas notre propos mais nous n'avons pu résister au plaisir de noter celui-ci lorsque nous avons trouvé dans l'*Almanach breton,* année 1931 : « Bonne conduite et sobriété font le bonheur à bon marché. »

▶ Santé.

Soif

Plus on boit, plus on a soif.

Soldat

Ce qui tombe dans le fossé est pour le soldat.

Autrefois, les soldats avaient le droit de ramasser les fruits tombés. Les personnes avisées profitent de la négligence des autres.

La soupe fait le soldat.

Cité par Carmontelle (1781), alors que :

Bon capitaine, bon soldat.

Est cité par Gruter (1610).

Soleil
Le soleil luit pour tout le monde.
Tous les hommes ont le même droit au bonheur. Un proverbe arabe, d'une rare poésie, dit : « Le soleil est pour le brin d'herbe comme pour le cèdre. »

Le soleil n'échauffe que ce qu'il voit.
Les faveurs des puissants vont à ceux qui les fréquentent.

Soleil de mars qui émeut et ne résout rien.
Désigne une femme qui « allume » mais ne concède rien.

On adore plutôt le soleil levant que le soleil couchant.
On fait la cour à un jeune plutôt qu'à un vieux.

Avoir le soleil et le vent au dos.
Toutes conditions pour être heureux, alors que :

Voir le soleil aux yeux.
C'est être malheureux.

Chercher l'ombre du soleil.
C'est chercher l'impossible. Autre expression bien venue :

Faire honneur au soleil.
C'est se lever tard, puisqu'on laisse au soleil l'honneur de se lever le premier. Pour marquer son contentement, voici une autre expression fort heureuse :

Il est midi, le soleil me luit sur le ventre.
Les bienfaits du soleil sont souvent vantés :

Qui a le soleil ne meurt jamais,
Qui a le soleil n'a jamais nuit.
Deux proverbes nous invitent à ne pas être paresseux :

Qui dort jusqu'au soleil levant
Il meurt pauvre finalement.

Et :

Soit dans un pré, soit au soleil,
Est très nuisible pour le sommeil.

Pas de samedi sans soleil.

Le soleil par excellence
Au samedi fait la révérence.
Allusion à une légende qui veut qu'il y ait toujours le samedi un rayon de soleil pour faire sécher la chemise du dimanche du petit Jésus.

Là où entre le soleil
Le médecin n'entre pas.
Des bienfaits du soleil...
▶ **Dormir, Météorologie, Nouveau.**

Solognot ▶ Niais

Sommeil ▶ Porc

Songes
Songes sont mensonges.

Sot
C'est un sot en trois lettres.
C'est un homme dont la sottise est rapidement reconnue et non moins promptement exprimée, ce mot n'ayant que trois lettres. Molière le cite dans *Tartuffe*.

Sot comme un panier.
L'expression « sot comme un panier percé », qui s'applique aux gens prodigues, désigne aussi les gens sans mémoire, incapables de rien retenir.

Les sots sont heureux.
Montesquieu écrit : « La raison pour laquelle les *sots* réussissent toujours dans leurs entreprises, c'est que, ne sachant pas et ne voyant pas quand ils sont impétueux, ils ne s'arrêtent jamais. » Georges Bernanos, plus succinct, écrit : « On ne plaît qu'aux sots, qu'on rassure. » William Blake dans ses *Proverbes de l'enfer* dit avec humour : « Si le sot persistait dans sa sottise, il deviendrait sage. »

Dieu seul devine les sots.
Ils sont imprévisibles dans leurs actions comme dans leurs pensées.

À sot auteur, sot admirateur.

Boileau a tiré de ce proverbe ce vers admirable que l'on cite souvent :
« Un sot trouve toujours un plus sot qui l'admire. » Moins connue est
cette phrase de Mérimée : « Il ne faut jamais faire que les sottises qui
nous plaisent. »

▶ **Temps.**

Souffler
Souffler le froid et le chaud.

Dire tantôt du bien, tantôt du mal. Fleury de Bellingen donne l'origine
de ce proverbe : un satyre s'entretenait avec un villageois. Celui-ci
soufflait dans ses mains. Il lui en demanda la raison. « C'est pour les
chauffer », lui répondit-il. Plus tard, il le vit souffler sur son potage
brûlant. Il en demanda la raison. « C'est pour le refroidir », lui fut-il
répondu. Le satyre se retira, fâché, disant : « Je ne veux pas de commerce avec toi, puisque d'une même bouche tu souffles le froid et le
chaud. » L'Ecclésiastique indiquait déjà : « Si vous soufflez l'étincelle, il
en sortira un feu ardent ; si vous crachez dessus, elle s'éteindra ; et
c'est la bouche qui fait l'un et l'autre. »

Souhaits
Si souhaits fussent vrais,
Pastoureaux seraient rois.

De ce proverbe datant de 1495, S. Lentz, dans *Les Années-Sandwiches*,
fait : « Si les souhaits étaient des chevaux, les mendiants seraient gar-
çons d'écurie. »

Soulier
Chacun sait où son soulier le blesse.

Il y a des peines secrètes que nous sommes seuls à connaître.
Correspond à :

Nul ne sait mieux que l'âne où le bât blesse.

On est le mieux placé pour apprécier le dommage qu'on a subi.

Il n'y a si beau soulier qui ne devienne savate.

La beauté des femmes se fane avec l'âge.

▶ **Beauté, Héritier.**

Soumission
La soumission désarme la colère.
Ce proverbe est le fruit de l'expérience. Salomon disait déjà : « La
réponse douce apaise la colère » ; Plutarque : « L'eau tempérée dissipe
les inflammations, et des paroles douces calment la colère. »
▶ **Colère.**

Soupe ▶ Cochon, Femme, Pain, Pot, Soldat

Sourd
Le sourd frappe fort pour entendre le coup qu'il donne.

Il n'est pire sourd que celui qui ne veut entendre.
L'on perd son temps à vouloir convaincre quelqu'un qui est décidé
d'avance à ne pas changer d'avis... Se dit également de celui qui feint
de ne pas entendre une question, afin de ne pas y répondre.

Souris
La souris qui n'a qu'un trou est bientôt prise.
Il faut avoir plusieurs cordes à son arc, si l'on ne veut pas être très vite
à bout de ressources.

Ce qui ne fut jamais ni ne sera,
C'est le nid d'une souris dans l'oreille d'un chat.
Se dit en parlant d'une chose qui n'arrivera jamais.

Encore est vive la souris.
Se dit en parlant d'une personne que l'on croyait perdue et qui peut
encore se venger. C'est un des vers d'une ballade de Charles d'Orléans
où il répond à ceux qui le croyaient mort.
▶ **Chat, Rat.**

Subtilité
Mieux vaut subtilité que force.
Proverbe du xvie siècle.
▶ **Force.**

Suisse
Autant vaudrait parler à un Suisse
Et cogner la tête contre le mur.

Surplus
Le surplus rompt le couvercle.
Ce qu'on a de trop est plus nuisible qu'utile.

T

Table
On ne vieillit pas à table.
Un ancien proverbe précisait : « ... ni à la messe. »

Point de mémoire à table.
Les propos libres dits dans la franche gaieté ne doivent pas être rapportés au-dehors.

La table est l'entremetteuse de l'amitié.
Aujourd'hui l'on pourrait ajouter « et des affaires ». Meurier (1568) vante l'avantage des tables rondes :

**À ronde table n'y a débat
Pour être près du meilleur plat.**
▶ **Ami.**

Taille, Tailler
De toutes tailles bons lévriers.
La taille n'a rien à voir quant au mérite.

Tailler la robe selon le corps.
C'est mesurer ses possibilités selon ses moyens.

Taire ▶ Paix, Parler

Tambour
À bon tambour, bonne baguette.
À un homme méchant, il faut une bonne correction.

Tant
Tant tenu, tant payé.
Le salaire est proportionné à la durée du travail effectué.

Tant vaut l'eau, tant vaut la terre.
Le rendement d'une terre est proportionné à son arrosage.
▶ **Terre, Tonner.**

Tard
Il vaut mieux tard que jamais.
Vérité qui remonte à la fin du xve siècle ! D'où :

Il n'est jamais trop tard pour bien faire.
▶ **Vouloir.**

Teigneux
Jamais teigneux n'aima le peigne.
Un homme vicieux, malfaisant, ne souffre pas la morale.

Teint
Joie au cœur fait beau teint.
▶ **Jaune.**

Temps
**Le temps et l'usage
Rendent l'homme sage.**

Le temps dévore tout.
Tout périt, la gloire comme la mémoire. Tout passe, l'amour comme le souvenir. Paul Claudel est moins pessimiste : « Le temps, tout le consume et l'amour seul l'emploie » *(Conversations dans le Loir-et-Cher).*

Le temps est un grand maître.
Rien ne vaut l'expérience. Corneille cite ce proverbe dans *Sertorius.*

Le temps perdu ne revient point, ne se rattrape pas, ne se répare jamais.
Les variantes indiquent combien ce proverbe est véridique, ainsi que celui-ci :

Il n'y a chose moins recouvrable que le temps (XVIe siècle).

Il y a un temps pour s'en aller et prendre congé.
Il faut savoir prendre congé avant de devenir importun.

Il viendra un temps où les chiens auront besoin de leur queue.
Une chose ou une personne qui, aujourd'hui, vous paraît sans intérêt peut devenir utile, voire nécessaire.

Qui a temps ne doit rien.
Avant l'échéance, un créancier n'a aucun droit.

Qui a temps a vie.
Il n'y a pas de situations, si désespérées soient-elles, qui ne trouvent remède :

Tant qu'il y a de la vie, il y a de l'espoir.

Il y a temps pour tout.
Chaque chose doit prendre sa place.

Après bon temps, on se repent.
Après une vie de plaisirs, le temps amène les regrets.

La plus belle épargne est celle du temps.
Il faut employer chaque minute de sa vie, car celle-ci est courte.
« Ménagez le temps, car la vie en est faite. » Autre proverbe :

On croit user le temps, c'est le temps qui nous use.

Le temps ne fait rien à l'affaire.
Une œuvre ne se juge pas au temps passé à l'accomplir mais à sa beauté. Oronte, dans *Le Misanthrope*, indique qu'il a passé un quart d'heure pour faire un sonnet, Alceste lui répond : « Voyons, Monsieur, le temps ne fait rien à l'affaire. »

Qui gagne du temps, gagne tout.
Dans une situation désespérée, gagner du temps peut permettre de trouver une solution heureuse, car :

Avec du temps et de la patience, on vient à bout de tout.

Changement de temps
Entretien de sot.

L'on parle du temps lorsqu'on ne sait pas quoi se dire — ce qui est le propre des gens sans conversation :

**Le temps beau, bon et fâcheux,
Est l'entretien de qui n'a mieux.**

Selon le temps, la manière.

Il faut savoir profiter des occasions, s'y adapter. Marque l'opportunisme.

Il faut prendre le temps comme il vient.

Marque le fatalisme. Le proverbe ajoute :

... Les gens pour ce qu'ils sont, et l'argent pour ce qu'il vaut.

Il fait un temps de demoiselle, ni pluie, ni vent, ni soleil.

Joli proverbe recueilli par Oudin. La patience nous est enseignée par :

**Avec la paille et le temps
Se mûrissent les nèfles et les glands.**

Le Roux de Lincy cite cette longue litanie sur le temps d'après Meurier :

Il est temps de bâtir, temps de démolir. — Il est temps de besogner, temps de chômer. — Il est temps de donner, temps de garder. — Il est temps de parler et temps de rire. — Il est temps de haïr et temps d'aimer. — Il est temps de parler et temps de se taire, etc.

▶ **Amour, Attendre, Avarice, Mœurs, Passer, Pluie, Vache.**

Tendresse
Tendresse maternelle
Toujours se renouvelle.

L'amour maternel est infini et toujours prêt à pardonner.

Tenir
Il vaut mieux tenir que courir.
La possession vaut mieux que l'espérance. Il est préférable de posséder un peu plutôt que d'espérer beaucoup, ainsi que le proverbe suivant le confirme :

Un tiens vaut mieux que deux tu l'auras.
Les Anciens disaient : « Il vaut mieux avoir l'œuf aujourd'hui que la poule demain » ; ou encore : « Mieux vaut maintenant un œuf que dans le temps un bœuf. »

Quand on est bien, il faut s'y tenir.
Lorsqu'on occupe un poste qui vous convient, il ne faut chercher à en changer.
▶ **Espérer, Tant.**

Tentation
Le plus sûr moyen de vaincre la tentation, c'est d'y succomber.
Quitard attribue ce proverbe à une femme galante, la présidente Drouillet. S'il est indulgent envers cette femme, en revanche il s'indigne qu'Helvétius ait osé dire : « En s'abandonnant à son caractère, on s'épargne du moins les efforts inutiles qu'on fait pour y résister. » On attribue souvent ce proverbe à Tristan Bernard qui a écrit dans *Le Cordon bleu* : « Le meilleur moyen de faire cesser la tentation, c'est d'y succomber. »

Terme
Qui a terme ne doit rien.
Une créance non échue ne peut être exigée.

Le terme vaut l'argent.
Lorsqu'on obtient un délai de paiement, on peut espérer trouver l'argent pour éteindre une dette.

Terre
Nulle terre sans guerre.
Celui qui possède est sujet à procès, à querelles.

Six pieds de terre suffisent au plus grand homme.
Dans la mort, tous les hommes sont égaux.

Il n'y a pas de terre sans voisins.
Jean-Baptiste Rousseau composa une ode d'après la réponse que fit un vieux paysan à Louis XIV, qui faisait agrandir le parc de Versailles pour la troisième fois. L'ode se termine ainsi :
« Vous avez beau vouloir élargir les confins :
Quand vous l'agrandiriez trente fois davantage,
Vous aurez toujours des voisins. »

Tant vaut l'homme tant vaut sa, la terre.
L'effort du cultivateur est récompensé, quelle que soit la qualité du sol.

Les proverbes se rapportant aux cultivateurs vantent le travail :
Bonne terre a besoin de bons cultivateurs (xvie siècle).

Terre bien cultivée, moisson espérée.

De bonne vie bonne fin,
De bonne terre bon pépin.
▶ **Chemins, Guerre, Marier, Seigneur.**

Testament ▶ Maison

Tête
Avoir la tête près du bonnet.
Sous les Valois, les fous portaient un bonnet particulier, d'où l'expression qui signifie : être voisin de la folie. Également : être porté à la colère.

Mauvaise tête et bon cœur.
Se dit de ceux qui ont de la bonté, mais trop de vivacité.

Autant de têtes, autant d'avis.

Mal de tête veut dormir ou paître.
Un mal de tête est parfois soulagé si l'on dort ou si l'on mange.

Grosse tête, peu de sens.
Il ne faut pas se fier aux apparences. Un autre proverbe dit :

En petite tête gît grand sens.
Aucune observation scientifique n'accrédite ces proverbes, mais la loi des compensations est souvent à l'honneur dans les proverbes, ainsi :

D'un petit homme souvent grand'ombre.

Ou encore :

Un grand nez ne gâte jamais beau visage.

Quand on n'a pas bonne tête, il faut avoir bonnes jambes.
▶ **Douleur.**

Thym
Donner du thym,
C'est faire l'amour sans fin (Bretagne).

Tisons
Les tisons relevés chassent les galants.
Lorsqu'une jeune fille voulait repousser un galant, elle lui donnait rendez-vous chez elle et, nous apprend Quitard, « courait se cacher [...] après avoir relevé les tisons du feu ; signifiant par là sans doute que l'un et l'autre ne devaient pas avoir un foyer commun ».
▶ **Prendre.**

Tisser ▶ Faire

Titre
Le titre ne fait le maître.
Il faut être digne de la fonction qu'on exerce.

Les plus vieux titres ne sont pas les meilleurs.
▶ **Médecin.**

Tomber ▶ Dos, Trop

Ton
C'est le ton qui fait la musique, la chanson.
C'est la manière dont il s'exprime qui dénote la véritable intention de celui qui parle. Souvent c'est moins ce qu'on dit qui blesse que la manière dont on le dit.
▶ **Manière.**

Tonneaux
Ce sont les tonneaux vides qui font le plus de bruit.
Afin de cacher leur ignorance, certaines personnes dissertent à tort et à travers — font beaucoup de bruit pour rien.

Tonner, Tonnerre
Quand il tonne, il faut écouter tonner.
Quand on n'y peut rien, il faut laisser faire.

Contre le tonnerre ne pète.
Il ne faut pas aller à l'encontre du bon sens : quand on n'y peut rien, on laisse agir.

Toutes les fois qu'il tonne, le tonnerre ne tombe pas.
Les menaces ne se réalisent pas toujours.

Tant tonne qu'il pleut.
Après les menaces viennent les coups. À force de tirer sur la corde, elle casse.

Toujours ne dure orage ni guerre.
Les plus mauvaises choses ont une fin.

**Il n'est si grand sur la terre
Que n'abatte un coup de tonnerre.**
Nul, si puissant qu'il soit, n'est à l'abri d'un événement imprévu.

**Quand il a tonné et encore tonne,
La pluie approche et montre la corne.**
Autre proverbe « météorologique » :

**En mars quand il tonne
Chacun s'en étonne ;
En avril s'il tonne
C'est nouvelle bonne.**

Torchons
Il ne faut pas mêler les torchons et les serviettes.

Emploi aujourd'hui fréquent de ce proverbe. Au xixᵉ siècle, le torchon désignait les domestiques, la serviette les bourgeois.

Toujours
Toujours va qui danse.

Quelle que soit la manière dont on danse, on s'amuse toujours.
▶ **Pêcher.**

Tourangeaux
**De Tourangeaux et Angevins,
Bons fruits, bons esprits et bons vins.**

Un des rares dictons géographiques élogieux. Est-ce dû au fait que les rois de France séjournèrent dans cette région privilégiée où, aujourd'hui encore, l'on trouve bons fruits, bon accueil et excellents vins?

Tout ▶ Propre, Ventre

Trahir ▶ Siens

Travail, Travailler
Qui hait le travail hait la vertu.

Renvoie à cet autre proverbe :

L'oisiveté est la mère de tous les vices.

Et aussi à :

L'exercice est la mort du péché.

**Souvent celui qui travaille mange la paille
Celui qui ne fait rien mange le foin** (Agen).

**Celui qui ne travaille pas poulain
À coup sûr travaillera rossin.**

Poulain = jeune ; *rossin* = vieux *(Agen)*, proverbe venant de :

**Il faut travailler en jeunesse
Pour reposer en vieillesse** (xviᵉ siècle).

Il est remarquable que le travail en général n'ait pas donné lieu à plus de proverbes. Citons :

Si de beaucoup travailler on devenait riche
Les ânes auraient le bât doré.
Ce qui est décourageant pour les travailleurs. De *Provence* :

Il ne fait pas bon travailler quand la cigale chante.
▶ **Barbier, Boulanger, Cordonniers, Forgeron, Matelot, Métier, Ouvrier.**

Trépassé
Il va à la messe des trépassés ; il y porte pain et vin.
Dicton qui veut que, après une messe d'enterrement, l'on festoie en l'honneur du mort. L'origine de cette coutume remonte à la plus haute antiquité.

Tristesse
De tristesse et ennui nul fruit.
Proverbe du xvie siècle.

Tromper, Trompeur
Celui qui agit par procureur est souvent trompé en personne.
Mieux vaut régler ses affaires soi-même. Un autre proverbe :

À trompeur trompeur et demi.
Nous indique qu'il y a plus rusé encore que celui qui croit l'être. D'ailleurs, la morale est sauve avec :

Aujourd'hui trompeur, demain trompé.
▶ **Renard, Rire.**

Trop
Souvent tombe qui trop galope.
À vouloir trop entreprendre l'on risque l'échec *(Auvergne)*. À propos de charité, un dicton *(Bretagne)* nous rappelle que :

Mieux vaut trop
Que trop peu.
Qui vient peut-être de cet ancien proverbe du xiiie siècle :

En nul trop n'a reson, n'en poi se petit non.
C'est-à-dire : dans tout ce qui est trop il n'y a raison, et dans peu il n'y a que peu.
▶ **Surplus.**

Trou
À petit trou, petite cheville.
Il faut, en tout, établir une proportion.

Autant de trous, autant de chevilles.
Se dit en parlant de ceux qui se tirent toujours d'affaire.

Qui ne rapièce pas un petit trou en rapiècera des grands.
Mieux vaut résoudre une difficulté tout de suite avant qu'elle ne devienne une catastrophe *(Auvergne)*.
▶ **Argent, Rat, Souris.**

Truie
Tourner la truie au foin.
C'est détourner l'attention pour mieux tromper, ou encore, « détourner la conversation du but où elle doit tendre pour la diriger vers un autre but où elle ne doit point aller » (Quitard).

Tuer
Tel tue qui ne pense que frapper.
On fait parfois plus de mal qu'on ne voulait en faire — que ce soit en paroles ou par action.

Quand l'un dit tue ! l'autre dit assomme !
Se dit de deux personnes qui sont en accord total.

U

Union
L'union fait la force.
Célèbre maxime notée par Panckoucke (1749). Sur ce même thème, rappelons le fameux :

Tous pour un, un pour tous.
Des *Trois Mousquetaires.*

Usage
L'usage fait loi.

Usage rend maître.
Proverbe remontant au XIIIe siècle.

V

Vache

Qui mange la vache du roi, à cent ans de là en paie les os.
Qui s'attaque à plus puissant que lui s'en repentira longtemps.

Viendra le temps où la vache aura besoin de sa queue.
Tout finit par servir, il ne faut rien jeter.

Vache de loin a assez de lait.
De loin, les choses paraissent toujours belles.

Il est sorcier comme une vache.
Se dit d'une personne qui ne sait rien prévoir ni deviner.

Les bonnes vaches ne vont pas à la foire.
On ne les vend pas *(Agen)*.

Quand une vache blanche entre dans une étable, une vache blanche en sort cent ans après.
Tel père tel fils, la force de l'habitude *(Auvergne)*.

Les vaches qui remuent tant la queue, ce ne sont pas celles qui ont le plus de lait.
Un des plus beaux de nos dictons *(Auvergne)*. Ceux qui s'agitent beaucoup, qui font beaucoup de vent ne sont le plus souvent que des incapables.

▶ **Affaire, Brebis, Chien, Diable, Homme, Météorologie, Métier, Mourir.**

Vaisseau

Un vaisseau vide sonne plus haut que le plein.
► **Tonneaux.**

Valence

C'est un avocat de Valence,
Longue robe et courte science.

Valence avait mauvaise réputation au XVIe siècle, puisqu'on trouve encore :

Les médecins de Valence,
Longues robes et peu de science.

Et :

Petite conscience et grande diligence
Font l'homme riche à Valence.

Valériane

Valériane et pimprenelle
Guérissent la maladie la plus rebelle.

Valet

En pont, en planche et en rivière, valet devant, maître derrière.

En cas de danger, le maître envoie son serviteur en reconnaissance.

Il n'y a pas de grand homme pour son valet de chambre.

Dans l'intimité, les grands perdent leur prestige (attribué à Mme Cornuel).

Autant de valets, autant d'ennemis.
► **Héros, Maître, Noces, Vin.**

Valeur

La valeur n'attend pas le nombre des années.

Vers de Corneille dans *Le Cid*, devenu proverbe.

Valoir

Tant vaut la chose comme elle peut être vendue. — Tant vaut la chose comme on en peut avoir.
Proverbe du XVᵉ siècle qui prouve qu'un bien n'a que la valeur qu'autrui lui reconnaît.

Il vaut mieux subjuguer qu'aiguillonner.
Mieux vaut convaincre que contraindre *(Auvergne)*.

La chose n'a pas grande valeur si elle ne vaut pas la peine qu'on la demande (Bretagne).

Il vaut mieux un bon reste que deux mauvais morceaux (Nord).

De même que :

Il vaut mieux aller à l'armoire qu'à l'apothicaire.
Armoire = garde-manger.
▶ **Mieux, Tard.**

Vanité

La vanité est la mère du mensonge.
L'homme qui veut paraître ment pour paraître au-dessus de sa condition. La réputation du vaniteux nous est donnée par ce dicton :

Vaniteux, p'tit faiseux (Nord).

Car :

Qui se vante s'embrème.

La vanité n'a pas de plus grand ennemi que la vanité.
On hait la vanité dans les autres en proportion de ce qu'on est vain soi-même, a dit un homme d'esprit. Sacha Guitry a noté : « La vanité, c'est l'orgueil des autres. »

Vase

Quand le vase est trop plein, il faut qu'il déborde.
Lorsqu'un sentiment violent — haine ou amour — arrive à son paroxysme, il faut qu'il s'exprime.

Veau
Faire le pied de veau.
Expression proverbiale qui a pour origine le peu d'assurance qu'ont les veaux sur leurs pieds, ce qui les amène à tomber souvent sur leurs genoux. Signifie : faire des révérences, flatter bassement quelqu'un.

Veau mal cuit et poules crues font les cimetières bossus.
Proverbe remontant au xve siècle.

Quand on est veau c'est pour un an ;
Quand on est âne c'est pour longtemps, pour la vie.
Proverbe entendu plusieurs fois en *Bretagne*.

Changement de pâture réjouit les veaux.
Le changement rompt la monotonie, pour les veaux comme pour les humains *(Nord)*.
▶ **Mourir.**

Velours
Faire patte de velours.
« Le chat ne nous caresse pas, a dit Rivarol, il se caresse à nous. » C'est ce que font les fourbes pour mieux nous nuire.
▶ **Habit, Vin.**

Vendanges ▶ Panier

Vendre
Qui vend le pot dit le mot.
Un bon vendeur parle toujours le premier.

Un quartier fait vendre l'autre.

On vend au marché plus de harengs que de soles.

Il y a plus de fous acheteurs que de fous vendeurs.
Les marchands connaissent mieux leurs intérêts que les acheteurs.

Qui vend sa paille vend son grain,
Qui vend son fumier vend son pain (Auvergne).
▶ **Marchand, Promesse.**

Vendredi
Grand comme un jour sans pain, comme le Vendredi saint.
Une journée sans manger paraît interminable.
▶ **Rire.**

Vengeance
La vengeance est un plat qui se mange froid.
Proverbe souvent cité mais d'origine relativement récente. Rappelons cette parole d'Homère *(Iliade)* : « La vengeance est plus douce que le miel » ; et celle de Juvénal *(Satires)* : « La vengeance est la joie des âmes basses. »

La vengeance est le plaisir des dieux.

À qui veut se venger, trop souvent il en coûte.

Venir ▶ Attendre

Vent
Selon, suivant le vent, la voile.
Il faut proportionner ses ambitions à ses possibilités.

On va de tout vent à un même endroit.
Avec des moyens différents, on arrive aux mêmes résultats.

Il pleut à tous vents.
Un malheur peut toujours nous tomber dessus.

Il faut que le vent soit bien mauvais pour n'être bon à personne.
Il est rare que ce qui est mauvais pour les uns ne soit pas bon pour les autres.

Le vent n'est ni chasseur ni pêcheur.
Il contrarie les chasseurs et les pêcheurs.

Jour de vent,
Jour de tourment.
Le vent est maléfique.

Vent au visage rend l'homme sage.
L'adversité contribue à la sagesse de l'homme.

Jeter la plume au vent.
C'est prendre une résolution au hasard.

Le vent nettoie le froment
Et les vices le châtiment.
Le châtiment absout les vices comme le vent nettoie la balle du froment.

Il faut faire tourner le moulin lorsque le vent souffle.
Il faut savoir profiter des circonstances bénéfiques.

De nombreux dictons prévoient le temps suivant la direction du vent. D'une manière générale, nous dit Van Gennep dans *Le Folklore du Dauphiné*, le vent du nord ou *bise* annonce le beau temps, le vent du sud annonce la pluie. Un dicton les résume :

Vent du nord, beau temps.
Vent du midi, pluie.
Vent du sud-est, tempête.
Vent du sud-ouest, orage.

Il est impossible de transcrire les innombrables dictons locaux faisant référence au vent. Rien que pour le *Dauphiné*, il en existe des dizaines. À titre d'exemple, citons celui-ci que nous avons souvent entendu, enfant, à Grenoble :

La Moucherotte a son chapeau
Berger, prends ton manteau.

Ou :

Quand le casque de Néron se cache, il va pleuvoir.

En *Sologne* :

L'vent d'galarne (d'ouest) **ou vent solaire**
Rend tous les cerfs solitaires.

À *Monaco* :

Le lebeche (vent du sud-ouest) **dit :**
Je ne me mets pas à souffler sans eau.

On en trouvera d'autres à Météorologie.

▶ **Avocat, Brebis, Femme, Gouvernement, Nef, Pèlerin, Pluie, Prospérité, Sage-femme, Semer.**

Ventre
Ventre affamé prend tout en gré.

Variante créée par La Fontaine :
Ventre affamé n'a point d'oreilles.
Proverbe fort ancien puisque l'on cite déjà une phrase de Caton à ce propos : « Il est difficile, citoyens, de se faire entendre du ventre qui n'a point d'oreilles. » La faim est mauvaise conseillère et peut conduire les hommes aux pires extrémités. En revanche :

Ventre plein donne de l'assurance (Auvergne).
Et cet adage qui met en valeur ce qui est petit :

En petit ventre gros cœur (xvie siècle).

Ventre pointu n'a jamais porté chapeau.
Une femme enceinte dont le ventre « pointe » aura — paraît-il — une fille.

À ventre soûl, cerises amères.
Lorsqu'on est rassasié, les meilleures choses perdent toute saveur, tout leur prix.

Grain à grain, la poule remplit son ventre.
Les petits ruisseaux font les grandes rivières, les petites économies les grandes fortunes.

Tout fait ventre.
Tout aliment — raffiné ou commun — peut apaiser la faim. Cependant :

**Il vaut mieux avoir trou ou reprise aux cotillons
Que pli au ventre** (Auvergne).

Et, du xvie siècle :

**Celui-ci est bien mon oncle
Qui le ventre me comble.**
▶ **Argent, Colombe, Soleil, Velours.**

Ver
Il y a un ver dans chaque pomme.
Toute chose comporte des inconvénients.

Il faut toujours tendre un ver pour avoir une truite
(Auvergne).
▶ **Pêcher.**

Verges
Donner des verges pour se faire fouetter.
Donner des armes contre soi-même.

Vérité
Toute(s) vérité(s) n'est (ne sont) pas bonne(s) à dire.
Quelque sûr de votre droit, il n'est pas toujours prudent de dire ce que
vous savez. Beaumarchais, dans *Le Mariage de Figaro,* écrit : « Toute
vérité n'est pas bonne à croire. » Déjà, au xv⁰ siècle, existait ce proverbe :

Vérité engendre haine.
Proverbe complété par :

D'une vérité vaut mieux que haine cachée.

Il n'y a que la vérité qui offense, qui blesse.
Les reproches qui nous touchent le plus sont ceux que l'on mérite.

La vérité se cache au fond d'un puits.
La vérité est souvent difficile à découvrir.

La vérité en deçà, erreur au-delà.
Pensée de Pascal, devenue proverbe. Il est extrait de ce contexte :
« Plaisante justice, qu'une rivière ou une montagne borne ! Vérité en
deçà des Pyrénées, erreur au-delà. »

Qui dit toute la vérité finit pendu au gibet.

L'huile et la vérité finissent par venir au sommet.
Ce n'est pas toujours vrai, mais mieux vaut croire ce proverbe et agir
comme si la vérité devait un jour vous servir. Voltaire a écrit : « La

vérité est un fruit qui ne doit être cueilli que s'il est tout à fait mûr »
(*Correspondance*, 22-12-1761) ; Helvétius : « La vérité est un flambeau
qui luit dans un brouillard sans le dissiper » *(Maximes et Pensées)* ; et
G. de Lévis a forgé cette maxime : « Le temps use l'erreur et polit la
vérité » *(Maximes et Prétextes).*

La vérité est dans le vin.
In vino veritas. Un homme ayant trop bu se laisse aller à dire des
paroles imprudentes qui peuvent être la vérité. Un autre proverbe nous
enseigne que :

Le vin entre et la raison sort.

La vérité sort de la bouche des enfants.
Antique proverbe déjà cité par Platon (IVe siècle av. J.-C.) !

L'homme est de glace aux vérités,
Il est de feu pour le mensonge.
La Fontaine, « Le Statuaire et la Statue de Jupiter ».

À dire vérités et mensonges, les vérités seront les dernières crues (Agen).
▶ **Lampe, Merde, Rire, Service.**

Verres
Qui casse les verres les paie.

Correspond à :

Les casseurs seront les payeurs.
▶ **Vin.**

Vertu
Vertu gît au milieu.
Du latin *in medio stat virtus.* Il est curieux que la vertu, comme le vice,
n'ait donné lieu qu'à peu de proverbes :

Vertu excelle force.

Vertu seule fait l'homme parfait (XVe siècle). — De tout rien qui n'a vertu (XVIe siècle).

La vertu trouve toujours sa récompense.

La Rochefoucauld nous dit : « Nos vertus ne sont, le plus souvent, que des vices déguisés », et Jules Renard : « L'homme naît avec ses vices ; il acquiert ses vertus. »

▶ **Homme, Honneur, Nécessité, Noblesse, Patience, Travail.**

Vessies ▶ Lanterne

Viande
Il n'est viande que d'appétit.
On ne trouve succulent que ce que l'on mange avec appétit. De même, le changement est apprécié :

Nouvelle viande donne goût.

Vice
Ces haines vigoureuses
Que doit donner le vice aux âmes vertueuses.
Les « haines vigoureuses » d'Alceste (*Le Misanthrope*, I, 1) sont passées en proverbe. F. Bac pense que s'il n'y a plus de proverbes concernant les vices c'est parce qu'ils sont devenus des *habitudes*.

▶ **Homme, Ignorance, Vent, Vertu.**

Vie
Tant qu'il y a de la vie il y a de l'espoir.

Il n'est vie que d'être bien aise.

Plus de biens que de vie.
Bien que riche, il va bientôt mourir.

Qui méprise la vie est maître de celle d'autrui.
Ceux qui ne craignent pas la mort n'hésitent pas à la donner.

Vie de cochon, courte et bonne.
Ne pas confondre « vie de cochon » au sens de « vie sans plaisir ». Ce proverbe signifie au contraire que l'on mène une vie pleine d'excès, que l'on prend les plaisirs à pleins bras, au point d'abréger ses jours pour mieux en jouir. Mais ne pas oublier que :

De mauvaise vie mauvaise fin (xvᵉ siècle).

Ou si l'on préfère :

Il n'est vie que de faire bonne chère,
Mais la fin n'en vaut rien (xvıᵉ siècle).

Il faut faire vie qui dure.
Il faut ménager ses ressources afin d'en jouir longtemps, mais :

Nous n'avons que notre vie en ce monde.
Nous indique qu'il faut jouir des biens que nous possédons avant qu'il soit trop tard. Bref :

Telle vie, telle mort.
▶ Temps.

Vieux (Vieille, Vieillesse, Vieillir)
Nécessité fait trotter les vieilles.
La nécessité redonne des forces, même à ceux qui n'en ont plus.

Il faut devenir vieux de bonne heure, si on veut l'être longtemps.
Il faut éviter les excès dès son jeune âge si l'on veut préserver sa santé. Moyennant quoi, l'on vit médiocrement toute sa vie.

Vieille charrette crie à chaque tour.
Plus on avance en âge, plus il est difficile de faire des efforts.

En conseil écoute le vieil.

Les vieux font place aux jeunes.
À mesure que les jeunes avancent dans la vie, les vieux s'en retirent.

Il faut vieillir ou mourir jeune.
La vieillesse est un mal inévitable, un naufrage.

Vieux roussin demande jeune pouliche.
Proverbe du xıııᵉ siècle qui a dû inspirer celui-ci :

Un vieux chat aime les jeunes souris.
Curieusement, la vieillesse n'a pas donné lieu à l'éclosion de beaucoup de proverbes. Citons ce merveilleux proverbe persan : « Un bon vieillard ressemble à un bon vin qui a déposé sa lie. »

Plus on est vieux
Plus on est bête.
Si les vieillards ont de l'expérience, ils radotent parfois *(Bretagne)*.
▶ **Ami, Bête, Femme, Jeune, Mort, Neige, Oiseau, Oisiveté, Table, Travail, Vin, Vivre.**

Vigne
Vigne double si elle est close.
À l'abri des chapardeurs, la vigne double sa production.

Avoir la vigne de l'évêque.
Jolie expression que l'on employait pour dire qu'un homme et une femme avaient passé leur première année de mariage sans s'en repentir.

Vigne grêlée,
Vigne vendangée.
Car la grêle détruit le raisin.
▶ **Mourir.**

Vilain
À vilain vilain et demi.
Envers un avare, il faut se montrer encore moins généreux que lui.

Il n'est danger que de vilain.
Seuls les hommes sans éducation sont à craindre.

Nul n'est vilain si le cœur ne lui meurt.
Seuls les hommes sans cœur sont méprisables.

Oignez vilain, il vous poindra ; poignez vilain, il vous oindra.
Soyez généreux envers les vilains, ils seront insolents ; soyez fermes avec eux, ils vous en seront reconnaissants.

Vilain enrichi ne connaît parent ni ami.
On n'a pas attendu les nouveaux riches pour faire ce constat puisque ce proverbe est cité par Meurier (1568).
▶ **Bottes, Gentilshommes, Peine.**

Vin

Le vin est tiré, il faut le boire.
Se dit d'une affaire où l'on est trop engagé pour reculer.

À bon vin point d'enseigne. — À bon vin ne faut point d'enseigne.
Ce qui est bon n'a pas besoin d'être vanté.

Après bon vin, bon cheval.
Quand on a bu un coup, on fait aller son cheval plus vite.

Le vin trouble ne casse pas les dents. — Vin aigre nuit aux dents.

On ne connaît pas le vin au cercle.
Il ne faut pas se fier aux apparences. Ce n'est pas en voyant une barrique que l'on peut dire que le vin sera bon.

Chaque vin a sa lie.
Toute chose a ses inconvénients.

Vin, fille, faveur et poirier sont difficiles à conserver.

Vin versé n'est pas avalé.
Ou : Il y a loin de la coupe aux lèvres.

Bon vin, mauvaise tête.

Le vin est le lait des vieillards.
Comme le lait nourrit les enfants, le vin soutient les vieillards.

Lait sur vin est venin,
Vin sur lait est souhait.

Vin sur lait c'est santé, souhait,
Lait sur vin c'est venin.

Vin sur lait bienfait,
Lait sur vin venin.

Un bon verre de vin enlève un écu au médecin.

Qui vin ne boit après salade
Est en danger d'être malade.

Un verre de vin est une chaude fourrure. – Un verre de vin vaut un habit de velours.

Un verre de vin est la chemise d'un capucin.

Lorsqu'on est en sueur, il faut changer de chemise ou boire un verre de vin. On sait que les capucins ne portent pas de chemise. D'où ce proverbe.

Le bon vin réjouit le cœur de l'homme.

Venu tout droit de l'Écriture sainte, *Bonum vinum laetificat cor hominis*, ce proverbe fait encore autorité.

Longue sécheresse, lac de vin (Auvergne).

Cette province nous donne encore :

Le vin est un bon valet mais un fichu maître. – Le vin pour boire, l'eau pour se raser. – Or, ami, vin, serviteur, le plus vieux est le meilleur. – Après la soupe, un coup de vin vole un écu au médecin.

En *Bourgogne* :

Au matin, bois le vin blanc. Le rouge au soir, pour faire le sang.

En *Bretagne* :

Le vin tue plus de gens que n'en guérit le médecin.

L'*Almanach du marin breton* contient plusieurs sentences sur ce thème. Aujourd'hui nous avons un slogan : « Santé, sobriété ».

En *Provence* :

Injure de vin aisément s'oublie.

En *Savoie* :

Un verre de vin tire souvent mieux que deux bœufs.

Le Roux de Lincy cite de nombreux proverbes ou expressions proverbiales concernant le vin :

Vin de cerf (qui fait pleurer). – Vin de lion (qui rend furieux et querelleur). – Vin de renard (qui rend subtil et malicieux). – Vin de singe (qui fait sauter et rire).

Parmi les proverbes :

Vin à la saveur et pain à la couleur. ― Vin et confession découvrent tout. ― Vin usé, pain renouvelé est le meilleur pour la santé. ― Le vin est bon qui en prend par raison. ― Où l'hôtesse est belle le vin est bon. ― Qui bon vin boit Dieu voit.

L'expression « s'enivrer de son vin » signifie « avoir trop bonne opinion de soi-même, s'entêter de ses propres idées ».

▶ Acheter, Âge, Aviser, Beaune, Eau, Femme, Issoire, Marie, Meursault, Moine, Pain, Saint, Tourangeaux, Vérité.

Violent
Tout ce qui est violent n'est pas durable.

Comme l'orage, tout ce qui est excessif ne dure pas longtemps.

Virgule
C'est une virgule dans l'encyclopédie.

Expression plaisante pour désigner une personne qui ne brille pas par son intelligence.

Vivre
Il faut que tout le monde vive.

Les moyens de vivre doivent être donnés à chacun.

On ne sait ni qui vit ni qui meurt.

On ne sait ce qui peut arriver, de même qu'on ignore l'instant de sa mort.

Qui a honte de manger a honte de vivre.

Se dit pour encourager une personne timide.

Qui vit comme chat et chien
Jamais n'a repos ni bien.

Celui qui se querelle toujours n'a ni tranquillité ni fortune.

Qui vivra verra.

Vieux proverbe (1495) qui marque une fatalité devant les événements, car :

En vivant l'on devient vieux (XVIe siècle).

Pour vivre heureux vivons cachés.
Vers de Florian (« Le Grillon ») devenu proverbe.

Qui veut vivre sain
Dîne peu et soupe moins.
Proverbe du XVIe siècle. Un autre proverbe complète ce conseil et crée une vie idéale :

Qui vit en paix dort en repos (XIIIe siècle).

Autre conseil :

Fais de la nuit nuit, et du jour jour,
Et vivra sans ennui et dolour (XVIe siècle).
▶ **Cul, Rome, Savoir.**

Voir
Un vu vaut mieux que cent entendus.
▶ **Aveugle, Entendre.**

Voisin
Qui a bon voisin a bon matin.
Le bon voisinage est une providence qu'il faut cultiver.

Un grand seigneur, un grand clocher, une grande rivière sont trois mauvais voisins.
Trop de puissance, de richesses autour de soi peuvent être nuisibles.

L'on doit avoir joie du bien à son voisin.
Il faut se réjouir et non envier le bien qui arrive à son prochain.
▶ **Avocat, Clocher, Femme, Médecin, Terre.**

Voix
Pommes, poires et noix
Font gâter la voix.
▶ **Peuple.**

Voler, Voleur
Qui vole un œuf vole un bœuf.
Le moindre larcin montre que l'on est capable d'en commettre un plus grand. Ce proverbe est d'une actualité toujours brûlante.

Les grands voleurs pendent les petits.
Ceux qui condamnent, ou font condamner, les voleurs sont souvent
plus coupables qu'eux.

**Sept tailleurs, sept tisserands, sept meuniers, comptez
bien : cela fait vingt et un voleurs** (Auvergne).

Plus juste est peut-être ce dicton :
Souvent celui qui accuse vaut moins que celui qui vole.

La justice est égratignée dans ce dicton :
On pend les petits voleurs
Mais on épargne les grands (Bretagne).

Si tu voles un pain, tu es un voleur
Si tu en voles plusieurs, tu es un roi (Provence).
▶ **Habit, Larron, Meunier.**

Volonté
La bonne volonté est réputée pour le fait.
On doit tenir compte autant des bonnes intentions que des actes.

À bonne volonté ne faut la faculté.
Ne faut = ne manque pas. On verra ci-dessous que, selon le mot de
saint Paul : « Vouloir, c'est pouvoir. »

Vosges
Qui est connu en Vosges
N'est pas inconnu partout.

Vouloir
Il faut vouloir ce qu'on ne peut empêcher.
Proverbe qui marque la résignation mais qui rend la vie plus heureuse.
Un autre proverbe nous le confirme :

Il faut faire de nécessité vertu.

De toute façon :

Il vaut mieux tard que jamais.

Vouloir, c'est pouvoir.

À qui veut assez rien ne faut.
Faut = manque. Sage proverbe remontant au XVIᵉ siècle. Celui qui se
contente de peu est heureux.

Celui-ci ne veut qui tard veut.
À reculer toujours une affaire, on prend le risque de faire croire que
l'on s'en désintéresse.

Voyager
Qui veut voyager loin ménage sa monture.
Au propre comme au figuré. Il faut ménager aussi bien ses forces que
ses facultés, sous peine d'infarctus dirions-nous aujourd'hui.
▶ **Amender, Pierre.**

Vrai
Le vrai peut quelquefois n'être pas vraisemblable.
Boileau, dans son *Art poétique*, a donné naissance à ce proverbe.

Y

Yeux
Les yeux sont le miroir de l'âme.

Quatre yeux voient mieux que deux. — Deux yeux voient plus clair qu'un.

L'œil du maître engraisse le cheval. — L'œil du fermier vaut fumier.
Quand on surveille ses affaires, elles se portent mieux.

Œil pour œil, dent pour dent.
C'est la loi du talion : rendre coup pour coup.

Quand on a mal aux yeux, il n'y faut toucher que du coude.
Geste presque impossible.

Qui veut guérir ses yeux doit s'attacher les mains. — À l'œil malade, la lumière nuit.

Il vaut mieux se fier à ses yeux qu'à ses oreilles.
On est plus sûr de ce qu'on voit que de ce qu'on entend.

Jeter de la poudre aux yeux.
L'origine de cette expression remonte aux Jeux olympiques : les coureurs les plus rapides faisaient lever la poussière qui recouvrait la piste dans le dessein d'aveugler leurs adversaires.

Œil luisant vaut argent (Auvergne).
▶ **Cœur, Ministre.**

SOURCES

Cette promenade au pays de nos ancêtres a été possible grâce aux travaux de nos prédécesseurs.

L'ouvrage de LE ROUX DE LINCY est le fournisseur royal des parémiologues. Nous y avons longuement puisé. Son titre exact est :

Le Livre des proverbes français
précédé de
Recherches historiques sur les proverbes français
et leur emploi
dans la littérature du Moyen Âge et de la Renaissance
Paris, 1859

Il s'agit de la seconde édition, revue, corrigée et augmentée (t. I, 409 pages, t. II, 619 pages, rééd. Slatkine, 1968).

Cet ouvrage contient les proverbes recueillis notamment par :

LAMESANGÈRE, *Dictionnaire des proverbes français*, 1821.

MEURIER, *Recueil des sentences notables et dictons communs*, 1568, rééd. 1617.

OUDIN, *Curiosités françaises*, 1640, rééd. Slatkine, 1971.

PANCKOUCKE, *Dictionnaire des proverbes français*, 1749.

Le meilleur commentateur des proverbes français est PIERRE-MARIE QUITARD. Anecdotes historiques et littéraires abondent dans son ouvrage intitulé :

*Dictionnaire
étymologique, historique et anecdotique
des proverbes
et des
locutions proverbiales de la langue française*
Paris, 1842

Notre autre source principale a été :
CLAUDE AUGÉ, *Nouveau Larousse illustré*, Paris, s.d. (1898).

Parmi les ouvrages récents, signalons :
— *Dictionnaire des proverbes, sentences et maximes* de MAURICE MALOUX, Larousse, 18ᵉ tirage, 1960.
— *Dictionnaire des proverbes et dictons* choisis et présentés par FLORENCE MONTREYNAUD, AGNÈS PIERRON et FRANÇOIS SUZZONI, Les Usuels du Robert, 1980 (le domaine français occupe les 295 premières pages).
— La très jolie série publiée par les Éditions Rivages : *Proverbes et dictons d'Auvergne, de Basse-Bretagne, de Bourgogne, du Pays d'oc, provençaux.*
— *Paroles de Provence*, Éditions Créer, 1984.
— Les études réunies par FRANÇOIS SUARD et CLAUDE BURIDANT qui annoncent un renouveau sur les recherches parémiologiques. Elles ont été publiées par l'université de Lille en 1984, sous le titre :

Richesse du proverbe
Tome I : *Le Proverbe du Moyen Âge*
Tome II : *Typologie et fonctions*

Notons aussi :
« Rhétorique du proverbe », in *Revue des sciences humaines*, n° 163.

Que le lecteur ne soit pas surpris de trouver cité en tête de rubrique LÉON BLOY : la lecture de son *Exégèse des lieux communs* est à l'origine de notre dictionnaire. Ainsi que *Bouvard et Pécuchet*. En effet, il faut démythifier l'opinion trop souvent répandue qu'un proverbe est une sentence ennuyeuse. Grâce au classement alphabétique des mots clefs, nous offrons au lecteur une promenade que nous espérons enrichissante et joyeuse. À l'exemple de Quitard, nous avons voulu éclairer le proverbe d'une pensée. Heureusement, les mots qui forment un proverbe sont là pour nous rappeler que l'on peut construire sa vie grâce à la sagesse des auteurs anonymes des proverbes : ils les ont créés en tenant compte de l'expérience de leurs ancêtres. À nous de savoir en profiter.

Parus dans Le Livre de Poche :

Claude Duneton

La Puce à l'oreille   n° 5516
Anthologie des expressions populaires
avec leur origine.

Quelle est l'origine de la curieuse expression à la mode :
prendre son pied ?... Pourquoi dit-on, lorsqu'on ne se sent
pas bien, qu'on n'est pas *dans son assiette*, ou au contraire
qu'on *reprend du poil de la bête*, si l'on va mieux ? Pourquoi
passer *l'arme à gauche* veut-il dire « mourir » et *mettre à
gauche* « faire des économies » ?...

Ce livre a pour objet de répondre à toutes ces questions.
Ce n'est pas un dictionnaire mais un récit, écrit à la première personne par un écrivain fouineur, sensible à l'originalité du langage.

Un récit alerte, souvent drôle, qui mêle l'érudition au
calembour, mené à la manière d'une enquête policière et
qui aiguillonne à vif la curiosité du lecteur.

Nouvelle édition revue et augmentée

Henriette Walter

L'Aventure des mots français venus d'ailleurs

n° 14689

Saviez-vous que « jupe » vient de l'arabe, « épinard » du persan, « violon » de l'italien, « braguette » du gaulois ? Si le français est pour l'essentiel issu de la langue latine, il s'est enrichi à toutes les époques de mots venus des quatre coins du monde, du grec, du celtique, mais aussi de l'italien, de l'espagnol, du portugais, de l'arabe, du japonais, du turc...

En linguiste érudite, mais aussi en amoureuse des mots et en conteuse pleine d'humour, l'auteur de *L'Aventure des langues en Occident* (Grand Prix des lectrices de *Elle* 1995) nous raconte ici cette passionnante histoire, qui nous entraîne sur les champs de foire du Moyen Âge, dans les ports, dans les ateliers ou dans le sillage des explorateurs. Un vrai roman, qu'un index complet permet aussi d'utiliser comme un dictionnaire, au gré des curiosités du lecteur.